教育的関係の解釈学

坂越正樹 監修　丸山恭司・山名 淳 編

東信堂

はじめに──なぜいま教育的関係か

「教育的関係」というキーワード

　いま、「教育的関係」が揺らいでいる。「教育的関係」は、伝統的な意味においては、「成長しつつある人間に対する成熟した人間の情熱的関係」（ヘルマン・ノール）と捉えられてきた。だが、メディア・リテラシーの領域などに典型的にみられるように、社会の急速な変化によって、「教育的関係」のなかで先行世代の方が後続世代よりも優越するという前提が無条件には受け入れられない事態が生じている。また、情報化社会への移行にともなって、「教育的関係」は、人間どうしの関係に比重を置く思考法から事物やネットワークとの関係を重視する思考法へと移行しているようにもみえる。「教育的関係」は、伝統的に教育の主要な場とみなされてきた学校、家庭、地域社会と交錯するかたちで、いまや電子空間とも密接にかかわっている。そうした変化にともなって、教育をめぐる関係に求められてきた「情熱」が、はたして現代の文脈においてもなおどれほどの範囲で有効か、と問う者もいるだろう。

　強調しておかねばならないが、「教育的関係」を揺るがせるそのような時代状況は、この術語の重要性をただちに失効させるものではない。むしろ、「教育的関係」が動揺するこうした事態に注目することによって、そもそも教育とは何であるかをあらためてその根底から問い直す契機が獲得されるのではないだろうか。本論集は、そのような見通しのもとに、「教育的関係」について教育哲学の立場から考察を試みるものである。「教育的関係」という術語の意味について、「教育的関係」に関する諸先行研究の位置づけおよびその批判的吟味について、またこの語を中核として考察を進める際に意識されるべき歴史的および社会的な文脈については、本論集の起点ともいえる第１章でより詳しく論じられているので、そちらを参照していただきたい。ここでは、「教育的関係」論という議論の森に分け入る第一歩として、あるエピソードにふれることから始めたい。

半世紀前の〈未来〉

小松左京の作品に『空中都市008』（講談社、1968年）という子ども向けのSF小説がある。そこでは、大原家のほしおくんとつきこちゃんの21世紀初頭における都市生活が描かれている。小松は、自分の子ども（当時、小学生）と同じくらいの世代に向けて、時代がどちらに向かっているかを物語のかたちで指し示そうとした。

半世紀前に描かれた〈未来〉の自動車は、「しょうとつをよける

図1　20世紀中半に思い描かれた〈未来〉
（原典：谷口健雄・絵「つづきえばなし 空中都市008」『めばえ』10月号、小学館、1969年、22-23頁。原作は、小松左京『空中都市008』講談社、1968年。）

ためのレーダー装置」を備えており、「中央交通管制局」の「中央電子脳」にアクセスすれば、行き先を指定するだけで自動運転が可能になる。「市役所や郵便局や……ニュースセンターやそんなものがぜんぶ集まっている」ような「情報センター」ができあがり、あらゆる情報がそこで集中管理されている。新式の電車は、レール上のエアクッションによって滑るように走り、東京・大阪間を1時間でつないでいる。買い物はテレビ電話で品物を選ぶだけ。あとは、購入者の宛先を読み取り機が認識して、都市の地下につくられたネットワーク状のベルトコンベアを通って自宅の「買い物シュート」まで運んでくれる。小松の作品が刊行された翌年1969年には、幼児雑誌『めばえ』に「空中都市008」の「つづきえばなし」が掲載された（図1）。最新のテクノロジーに支えられてピクニックに興じる家族の様子などは、当時の子どもたちをどれほど喜ばせたことだろうか。

『めばえ』同年1月号には、新幹線「ひかり号」が紹介され、富士山を背景にして自家用車と競争するように疾走する風景が描かれている。1960年代、日本では経済成長率が年平均で10パーセント以上であった。いわゆる高度経済成長期の真っ只中で、科学技術や交通網の発展の象徴となった新幹線という〈現在〉と『空中都市008』に描かれた〈未来〉は、幼児雑誌というメディアのなかで一体

化していた。読者としての子どもたちには、意外とこの〈現在〉と〈未来〉が直線的に結びついたものとして想念されていたかもしれない。

ビルドゥング（＝自己と世界の力動的な関係性）が変化する

　それ以降の日本の「発展」は順風満帆なものではなかったが、それでも小松が空想した〈過去の未来〉の多くは、驚くほど今日の社会状況——つまり彼が予想しようとした21世紀前半——において現実のものとなっている。逆にいえば、現在の社会における多くの構成要素は、半世紀前には想像の中にしか存在しなかった。当時、人々は今とはまったく異なる環境を生きていた。〈未来〉のものとして小松が描写したファクシミリは、とうの昔に普及した。現実は〈過去の未来〉を飛び越えてしまい、今の子どもたちはその使い方を知らないことも少なくない。小松は端末通信機器の発展を予測していたが、電車の乗客の半分くらい（あるいはそれ以上）がケイタイを操作しつつ「儀礼的無関心」を装いながら目前の画面を眺める光景までも思い描いていたかどうかはあやしい。

　21世紀になると子どもたちは変わってしまうのだろうか。小松はそのような問いを提起して、約半世紀前の子どもたちが大人になってどう感じるかを想像しつつ、「まえがき」で次のように述べている。「［大人になったあなたたちは］『子どもって、ちっとも変わらないんだなあ。』と思うでしょう。そして、『だけど、世の中はずいぶん変わってしまった。』と思うかもしれません」（小松左京『空中都市008—アオゾラ市のものがたり』講談社、2014年（初版は1968年）、11頁）。

　「世の中」は変わるけれど、子どもは「ちっとも変わらない」ということはありうるのだろうか。子どもは最初から文化を背負って誕生するわけではない。そのかぎりにおいて、子どもは「変わらない」。問題は、変化した「世の中」と接触した後の子どもの変化である。小松は、作品の巻末に「おうちのかたへ」という小文を付して、当時の大人に向かって、そっと本音を吐露している。「二十一世紀の子どもの生活というものを、きちんとえがきだすのは、ほんとうはとてもむずかしいことです。……『家族』というものの形が変わりかけているかもしれないし……子どもたち自身がずいぶん変わるかもしれません」（同上書、219頁）。

　今日、環境（物理空間上であれ、電子空間上であれ）がますます人工物によっ

て被われるようになっているようにみえる。そうなると、人間と世界との関係性とその力動的な変容過程が変わらざるをえない。つまり、教育学の術語でいえば、ビルドゥング（Bildung）が変わる。そして、ビルドゥングが具象化した形態（Bildungsgestalt）、つまり人としての在り方が変わる。さらにいえば、ビルドゥングに手を添えて支えようとする営みにも変更が迫られる。すなわち、教育も変化するのである。

未来に対する操舵室としての教育

　20世紀には夢物語のうちに属していた新たなテクノロジーが実際の世界で飛躍的に発展したことによって、環境はますます人間の望む方向で加工される可能性を高めている。だが、その一方で、環境をその根底から破壊するかもしれない大きな力もまた、人間の手によって生み出されている。そのような大きな環境変化が人間や社会にもたらす作用は、にわかには見通すことができない。未来社会とそこに生きる人間の有り様を展望するという課題は、本論集において扱いうる範囲を大きく超えている。

　ただし、教育との関連でいえば、すでに1990年代に社会学者のニクラス・ルーマンが予言のごとく次のように述べていたことは、ここで思い起こされてもよいだろう。

>　「ほぼ十年来、リスクとか不安とかいったテーマが好んで論じられるようになり、いまでは公共の議論の主役になっている。教育学もまたこの空気に影響されて、自己の意味論的在庫を吟味することになるに違いない。そうすれば、教育学も、不安を伴わずして解放は達成されないということを告白せざるをえないであろう」（ルーマン, N.『社会の教育システム』（村上淳一訳）東京大学出版会、2004年、270頁）。

　社会の大きな変革の時代にあって、教育や教育学はどちらの方に舵取るか。ルーマンは、そうした時代には「教育すべき若者を、未知のままであり続ける未来に対応できるようにするための教育学が、なければならない」（同上書、270-271

頁）と述べた。「未来が未知であるということ」が一つのリソースとなり、それにもとづいて何かを決定したり行動したりできるような次世代の人々を育成することが重視されるべきである、とされた。たんに知識を習得することだけではなく、そうした知識をもって不確定な未来に向けて何かを仕掛けていくことこそが、教育の目的としても重視されるのだと、ルーマンは21世紀に向けた教育の変化を喝破したのである。

　未来が不確定であるのは、何も今に始まったことではない。だが、人間が人工的に環境を創造できる範囲を拡げていくほどに、〈いま〉の先を統御したり予測したりする度合いが大きくなっていく、あるいは、少なくともそのような統御や予測がなされるはずだという期待が高まっていく。だが同時に、人工的な環境の肥大化が社会の変容を加速させたり人造の力を増大させたりすることで、そうした速度や力の作用が何をもたらすかを言い当てることがますます難しくなる。ルーマンの予言は、教育が見通しがたい社会の操舵室にならねばならない、といった主張に同調しているように響く。

「教育的関係」論を問い直す

　リスク管理社会化にともなって、人間形成はますます外的なシステムに管理され、そのシステムのために必要な〈主体〉という名の客体が教育の名のもとに〈生産〉される傾向が強まるのではないか。グローバリズムの影響であらゆることの世界標準化が進行するのではないか。都市的な機能空間やデジタル空間に世界が被われることによって、諸活動の効率性のみがますます重視されるようになるのではないか。学校は、そのような包括的な管理と標準化と効率主義に子どもたちを馴化させるための機関と化すのではないか。そのように言い切ることができれば威勢はよいのだろうが、事態はもっと複雑である。AIやデジタル革命に関する議論を一瞥してみると、それらが管理からの自由の余地を生み出し、画一的でないものを創発することを促し、効率性に回収されないような生きることの意味や幸福に関する思考をも活性化するという主張もみられる。だが、事態が複雑であると述べたのは、それだけを念頭に置いてのことではない。

　たしかに人間と人間自身が生み出した環境との関係は大きく変わりつつある。だ

が、21世紀になっても、地域があり、家族があり、そして学校がある。この半世紀のうちに人類が手中にした文明の利器は、ビルドゥングに手を添える営みとしての教育を脅かし、だが同時にその営みに新しい可能性を付与してきた。その利点と欠点は、教育のフィールドごとに一様ではない。そして、（今はまだ少なくとも、慎重に述べなければならないが）どのフィールドにも人間どうしの関係性がある。この関係性をどのように捉えるべきか。

　「教育的関係」論は、そのような人間と人間の〈あいだ〉の問題を中心として、教育の現在をあらためて問う教育学的思考の実験場である。ノールが強調したような先行世代の「愛と権威」と後継世代の「信頼と服従」が織りなす「教育的関係」は、今もなおその重要性を主張しうるのか。高度な科学技術に支えられた人工的な環境の肯定的な威力を歓迎する者は、「愛と権威」などというわずらわしい問題をスキップして教育について語りうることを肯定的に捉えるかもしれない。逆に、そのような時代の傾向を危惧する者は、社会の変化への適合に尽くされることのない教育固有の論理があるのではないかと考えて、世代間の関係調整という問題領域が不易であることの方を強調するかもしれない。議論の立ち位置を狭めることをせず、また多様な論争点も排除することなく、広義の「教育的関係」論を展開することが、本論集において目指されることになる。

本論集の特徴

　すでに冒頭で述べたとおり、本論集の執筆者の多くは教育哲学を専門としている。とりわけ解釈学を基盤として「教育的関係」論に臨むことになる。ここでは解釈学をかなり広義に捉えている。多様なテクストを対象とすることはもちろんのこと、人間と文化に関する諸事象をある種のテクストとみなすことにより、それらをも対象として解釈することを試みるものである。

　第1章で詳しく検討されるノールの「教育的関係」論が本論集の基軸となることは、すでに述べたとおりである。それに続く各章は、この第1章を念頭に置きつつ、さまざまな方向に「教育的関係」論を開いていく。すべての章の冒頭に「本章の概要」を付して、問題関心の方向性と概要を提示している。第1章から最終章までの「本章の概要」を一瞥していただければ、本論集全体の鳥瞰図が得

られる仕組みとなっている。また各章を締めくくる箇所には「今後の課題と展望」を置き、それぞれの論考をもとにして何がいえるのか、またどのようなさらなる展開が期待されるのか、ということについて言及している。各章末尾には、さらに考察を深めたい読者のために文献案内の欄を設けて、関連する推薦図書を 2 冊ずつ挙げることにした。

　本論集は全 16 章からなる。そこに三つのコラムが挿入されて、「教育的関係」とのつながりのなかで自由な筆致で関連する議論が展開されている。各章やコラムにおけるキーワードは、道徳、家庭、生の哲学、文化の悲劇、雰囲気、共存在、ケア、言語、共同体、すれちがい、主体、他者、メディア、政治教育、高等教育、戦争、教職教育、とさまざまである。また、そこで注目される哲学者や思想家も、ノールをはじめ、ヘルバルト、フレーベル、ニーチェ、シュタイナー、ジンメル、ヴェーニガー、アガンベン、ナンシー、ルーマン、ウィトゲンシュタイン、ホール、アドルノ、と幅広い。だが、上述した「教育的関係」論への基本的な問題関心を共有しているという点においては、どの執筆者も相違ない。

　「教育的関係」を問うことは、そのまま教育を問うことになる。「教育」の範囲は教育しようとする意図によって規定されるのか、あるいはそうした意図なしの作用にも「教育的」なるものを認めるのか。教育的な「関係」の範囲は、人間どうしの関係か、あるいは事物をも含むか。教育は自律的な営みとして捉えられるべきか、それとも社会に組み込まれた一機能システムとみなされるのか。「教育的関係」をまなざす者は、必然的にさまざまな教育の根本問題にあらためて向き合うことになるだろう。本論集に対するご批評を仰ぐことを契機として、教育哲学およびその他の分野との間で「教育的関係」をめぐる対話が生じることになれば、執筆者にとって望外の喜びである。

山名　淳

目次／教育的関係の解釈学

はじめに―なぜいま教育的関係か ……………………………………………… i
　「教育的関係」というキーワード ……………………………………………… i
　半世紀前の〈未来〉 …………………………………………………………… ii
　ビルドゥング（＝自己と世界の力動的な関係性）が変化する ………………… iii
　未来に対する操舵室としての教育 …………………………………………… iv
　「教育的関係」論を問い直す …………………………………………………… v
　本論集の特徴 …………………………………………………………………… vi

第1章　いまどのような教育的関係か―ノール教育的関係論再考
坂越正樹　3

本章の概要 …………………………………………………………………… 3

第1節　近代的人間関係としての教育的関係 …………………………… 4
　（1）教育的関係の成立 ……………………………………………………… 4
　（2）ノールの教育的関係論 ………………………………………………… 5
　（3）近代と前近代のはざま ………………………………………………… 6

第2節　教育的関係の現在 ………………………………………………… 7
　（1）ノールの教育的関係論批判 …………………………………………… 7
　（2）教育的関係論再構築の可能性 ………………………………………… 8

第3節　教師と児童・生徒の関係再論 …………………………………… 10
　（1）状況可変的な教育的関係 ……………………………………………… 10
　（2）教師の存在意義 ………………………………………………………… 11
　（3）教えることの復権 ……………………………………………………… 13

今後の課題と展望―生徒の前にあえて立ちはだかる教師 ………………… 15
さらに勉強したい人のための文献案内 ……………………………………… 17

第2章　J.Fr. ヘルバルトと教育的関係論
―〈関係へのまなざし〉と道徳の基礎

杉山精一　**18**

本章の概要 …………………………………………………………………… 18

第1節　何のために学ぶのか …………………………………………… **19**
(1)「知」の衝撃―シラーとフィヒテ ………………………………… 19
(2) 議論する「場」―「自由人協会」での活動 …………………… 20

第2節　「知」の分岐点 …………………………………………………… **21**
(1)「知」の誕生をめぐる議論 ………………………………………… 21
(2)「知」の生起するプロセス ………………………………………… 22

第3節　「私」と世界との〈関係〉―「学ぶ」ということ ………… **23**
(1)「時間と空間」の認識をめぐる分岐点 …………………………… 23
(2)「学ぶ」ということ―自己省察 …………………………………… 24
(3)「関係へのまなざし」と道徳の基礎 ……………………………… 25

今後の課題と展望―〈関係〉を議論する「場」を作ろう ………… **26**
(1) 問いの「関係」を吟味しよう ……………………………………… 26
(2)〈関係〉を議論する「場」を作ろう ……………………………… 27

さらに勉強したい人のための文献案内 …………………………………… **29**

第3章　フレーベルとその弟子による「教育的家庭」像の提唱と展開
―19世紀ドイツの教育的関係醸成の一事例として

松村納央子・諏訪佳代　**30**

本章の概要 …………………………………………………………………… 30

第1節　フレーベル学校論にみる「教育的家庭」の提唱………………31
　（1）教育の前提としての男性性・女性性……………………………31
　（2）寄宿制学校での「教育的家庭」―男性性・女性性そして子ども……33

第2節　フレーベル幼稚園教育論にみる「教育的家庭」………………34
　（1）『母の歌と愛撫の歌』にみる母性・父性………………………34
　（2）家庭を訪れる"誠実で父性的な友人"としての教育者…………35
　（3）幼稚園に集う「兄弟姉妹」と母性を担う女性幼稚園教師……36

第3節　ペスタロッチ・フレーベルハウスの「家庭的雰囲気」………37
　（1）幼稚園において「家庭的雰囲気」はなぜ重要か………………38
　（2）「母親的教育者＝精神的母性」という図式……………………39
　（3）幼児期の教育における「父性」欠落は当時の「家庭」の鏡像でもある……40

今後の課題と展望………………………………………………………41

さらに勉強したい人のための文献案内……………………………43

第4章　生の哲学に基づく教育的関係の可能性
　　　　―ニーチェ思想とシュタイナー教育学の交差点
　　　　　　　　　　　　　　　　　　衛藤吉則・松原岳行　**44**

本章の概要……………………………………………………………44

第1節　生の哲学の隆盛とその時代背景………………………………45
　（1）生の哲学の系譜……………………………………………………45
　（2）ニーチェが見た時代／ニーチェの時代批判……………………46

第2節　生の哲学としてのニーチェ思想………………………………47
　（1）初期思想―教養論としての生の哲学……………………………47
　（2）中期・後期思想―意志の形而上学としての生の哲学…………49
　（3）ニーチェ思想の教育学的意義と限界……………………………50

第3節　シュタイナーからみた親和的なニーチェ像
　　　　　―生の哲学に基づく教育の形　52
（1）出会いと生の哲学をめぐる交差点　52
（2）教育観にみる親和性　54
第4節　生の哲学の展開としてのシュタイナー教育学　55
（1）起源としての文化批判と教育学への展開　55
（2）ニーチェ的「生の哲学」を超えて―「教育術」の成立　56

今後の課題と展望　58

さらに勉強したい人のための文献案内　60

第5章　ゲオルク・ジンメルの思想における関係論とその可能性
　　　　　―ヘルマン・ノールの「教育的関係」論との接点と隔たり
　　　　　　　　　　　　　　岡谷英明・山名淳　61

本章の概要　61
第1節　ジンメルにおける関係性へのまなざし　61
（1）ディルタイとの隔たり　61
（2）相互作用の「形式」に注目するジンメル　64
第2節　人間・事物・文化―ジンメルにおける貨幣の哲学　64
（1）貨幣のような人間―「大都市生活と人間精神」における関係論　64
（2）貨幣化する文化―『貨幣の哲学』における関係論　65
（3）「文化の悲劇」　66
第3節　ノールにおける「教育学における世代の関係」問題　68
（1）精神科学的教育学における関係論　68
（2）「教育的関係」論の両極性　70

第 4 節　ジンメルとノールにおける関係論の相違と接点……………72

今後の課題と展望─「文化の悲劇」を超える「教育的関係」論の可能性へ………74

さらに勉強したい人のための文献案内……………………………………77

第 6 章　戦後ヴェーニガーにおける政治的陶冶と教育的関係
渡邊隆信・田中崇教　79

本章の概要………………………………………………………………………79

第 1 節　公民教育から政治的陶冶へ………………………………80
(1) ナチ期以前と以降…………………………………………80
(2) 政治的陶冶の強調…………………………………………82
(3) 戦後教育への批判…………………………………………83

第 2 節　政治的陶冶論における教育的関係の拡張
　　　　　─パートナーシップ論への関与に基づいて………85
(1) 政治的陶冶論と教育的関係の接点
　　　─ヴェーニガーによるパートナーシップ論への関与……85
(2) ヴェーニガーによる政治的陶冶への関心の意義
　　　─教育的関係論の再解釈可能性………………………89

今後の課題と展望………………………………………………………91

さらに勉強したい人のための文献案内……………………………94

コラム 1　ドイツの高等教育改革と変容する学生の学修環境（髙谷亜由子）…95

第7章　教育学における他者論の問題
　―教育的関係論と陶冶論の視点から
　　　　　　　　　　　　　　　　　　櫻井佳樹・大関達也　**97**

本章の概要 97
第1節　教育的関係論から見た他者の問題 **97**
　（1）権力関係における他者 97
　（2）相互主体的関係における他者 100
　（3）倫理的関係における他者 102
第2節　陶冶論から見た他者の問題 **104**
　（1）教育と陶冶 104
　（2）フンボルトの陶冶論 105
　（3）フンボルト陶冶論における「他者」 107
　（4）「陶冶」概念の修正と「他者」 109
今後の課題と展望 **110**
　さらに勉強したい人のための文献案内 112

第8章　共存在と教育的関係―J.-L. ナンシーの共同体論にもとづく検討
　　　　　　　　　　　　　　　　　　　　野平慎二　**113**

本章の概要 113
第1節　教育的関係と共同体 **114**
　（1）共同体の概念 114
　（2）共同体への関心 115
第2節　ナンシーの共同体論 **116**
　（1）共同体をめぐる幻想 116

(2) 共同体と死 …………………………………………………… **118**
　　(3) 存在の分有 …………………………………………………… **119**
　第3節　共存在と教育的関係 ………………………………………… **120**
　　(1) 人間形成の可能性の条件としての共存在 …………………… **120**
　　(2) 教育的関係における応答と倫理 ……………………………… **122**
　今後の課題と展望 ……………………………………………………… **123**

　さらに勉強したい人のための文献案内 ……………………………… **125**

第9章　目的的行為としての〈教える〉と〈ケア〉の接続
　　　　　　　　　　　　　　　　　　　　　　矢野博史　**126**

　本章の概要 ……………………………………………………………… **126**
　第1節　教育的関係と〈ケア〉の分断 ……………………………… **127**
　　(1) 学校システムの成立、そして教育的関係と〈ケア〉の分断 … **127**
　　(2) 目的的行為に〈ケア〉は取り込めるだろうか ……………… **128**
　第2節　システムにおける〈ケア〉の反転 ………………………… **128**
　第3節　看護実践にみる目的的行為としての〈ケア〉とその限界 … **130**
　　(1) 堂々巡りする〈ケア〉 ………………………………………… **130**
　　(2) 堂々巡りするしかないのだろうか …………………………… **132**
　第4節　〈ケア〉の規範化は超えられるか ………………………… **133**
　　(1) 先取りを停止する ……………………………………………… **133**
　　(2) 〈われわれ〉の成立 …………………………………………… **134**
　今後の課題と展望 ……………………………………………………… **137**

　さらに勉強したい人のための文献案内 ……………………………… **139**

第 10 章　すれちがいの人間形成論

藤川信夫　**140**

本章の概要 …………………………………………………………… 140

第 1 節　あるコントから ……………………………………………… **140**

第 2 節　人間の変化のレベルとすれちがい ………………………… **142**

(1) レベル 1 の変化とすれちがい ………………………………… 142
(2) レベル 2 の変化とすれちがい ………………………………… 144
(3) レベル 3 の変化とすれちがい ………………………………… 149

第 3 節　レベル 4 の変化 ……………………………………………… **150**

(1) すれちがいの自覚を超えて …………………………………… 150
(2) アナロジーによる新たな人間形成の可能性 ………………… 151

今後の課題と展望 …………………………………………………… **152**

さらに勉強したい人のための文献案内　　　　　　　153

第 11 章　言葉の経験がひらく、共同体の可能性
　　　──「狐の言葉」と「無知な教師」をつなぐもの

奥野佐矢子　**154**

本章の概要 …………………………………………………………… 154

第 1 節　「わかる」とはどういうことか──「狐たちの言葉」をめぐって ……… **155**

(1) 石牟礼道子の語る「狐たちの言葉」 ………………………… 155
(2) 「狐たちの言葉」／「標準語」 ………………………………… 156

第 2 節　言葉の「力」をめぐって …………………………………… **157**

(1) 石牟礼の「詩(うた)」がもたらすもの……………………………………157
　　(2) 石牟礼の声を体験するということ…………………………………158

第3節　〈言語活動の経験〉がひらく、「共同体」の次元……………160
　　(1) 〈言語活動の経験〉をめぐって………………………………………160
　　(2) 動物の音声／人間の言葉の「閾」……………………………………161
　　(3) 言い得ないものとしての〈言語活動の経験〉………………………162

第4節　〈言語活動の経験〉の射程―「無知な教師」をめぐって………163
　　(1) 無知な教師は、何を教えたか…………………………………………163

今後の課題と展望………………………………………………………165

さらに勉強したい人のための文献案内…………………………………167

コラム2　戦争を伝える（寺岡聖豪）……………………………………168

第12章　教育的関係の存立条件に対する
　　　　　　ルーマン・ウィトゲンシュタイン的アプローチ
　　　　　　―教師と子どもたちの関係はどのようにして生まれるのか
　　　　　　　　　　　　　　　　　　鈴木篤・平田仁胤・杉田浩崇　　**170**

本章の概要………………………………………………………………170

第1節　教育的関係が存在することの不思議さ……………………171

第2節　「学級づくり」としての教育的関係の成立・維持と解消
　　　　　ルーマンの社会システム理論からのアプローチ…………172
　　(1) 人格、役割、プログラム、価値を通した予期……………………173
　　(2) 認知的予期と規範的予期………………………………………………174
　　(3) 相互浸透による教育的関係の成立と維持……………………………175
　　(4) 相互浸透の解消による教育的関係の崩壊……………………………177

第 3 節　教授 – 学習を支える教育的関係？
ウィトゲンシュタインの言語ゲーム論からのアプローチ……178

(1) 規則のパラドックス……179
(2) プラスなのかクワスなのか……180
(3) 共同体：大胆で突飛な解決案……181
(4) 教育的関係のパラドックス……182

第 4 節　教授 – 学習における教育的関係の維持と崩壊
ウィトゲンシュタインのアスペクト論からのアプローチ……183

(1) アスペクト転換から見た教育的関係……183
(2) ウィトゲンシュタインの治療方法……184
(3) 謎なぞと類比的な教育的関係……185
(4) 教育的関係の成立と綻ぶ可能性……187

今後の課題と展望……188

さらに勉強したい人のための文献案内　190

第 13 章　学校における教育的関係の編み直し
―道徳教育における教師の立ち位置に着目して
小川哲哉・上地完治・小林万里子　**191**

本章の概要……191

第 1 節　道徳教育における教師像
―「子どもの主体的な学習を促す教師の指導」という問題……192

(1) 子どもに寄り添う教師……192
(2) 子どもどうしの関係を築く教師……193
(3) 道徳授業を展開する教師―道徳授業論にみる教師の役割……194
(4) 授業における教師の主導性……195

第2節　考え、議論する高校道徳 …………………………………… **195**
- (1) 茨城県の高校道徳教育実践 ………………………………… 195
- (2) 公共問題の授業実践 ………………………………………… 197

第3節　シティズンシップ教育が道徳教育に示唆すること ……… **200**
- (1) 道徳の教科化とシティズンシップ教育 …………………… 200
- (2) 社会的で構成的な道徳教育へ ……………………………… 203
- (3) 社会的で構成的な道徳教育における教育的関係 ………… 204

今後の課題と展望 …………………………………………………… **207**

さらに勉強したい人のための文献案内 ……………………………… 209

第14章　メディア利用のイデオロギー性と抵抗可能性
―メディアのイデオロギー性へいかに抵抗するか

時津　啓　　210

本章の概要 ……………………………………………………………… 210

第1節　教育学におけるメディアに関する議論 …………………… **210**
- (1) 危険物／教授メディアとしてのメディア ………………… 210
- (2) 広義のメディア ……………………………………………… 211

第2節　メディア利用のイデオロギー性 …………………………… **213**
- (1) メディア利用と教育的関係 ………………………………… 213
- (2) メディア利用に内在するイデオロギー …………………… 215

第3節　教育実践としてのカルチュラル・スタディーズ ………… **217**
- (1) ホールと「ポピュラー芸術」運動の歴史的位置づけ …… 217
- (2) ホールのメディア教育論 …………………………………… 218

今後の課題と展望 ……………………………………………………… 220

さらに勉強したい人のための文献案内 ……………………………… 222

第 15 章　ポスト・トゥルース時代の教育的関係
　　―アドルノの政治教育論から
白銀夏樹　223

本章の概要 ………………………………………………………………………223
第 1 節　ポスト・トゥルースの時代と教育 ……………………………223
　(1) ポスト・トゥルースの時代 ……………………………………………223
　(2) ポスト・トゥルース時代の学校教育 …………………………………224
第 2 節　ポスト・トゥルース時代の教師の困難とその歴史的文脈 ……225
　(1) ポスト・トゥルース時代の教師の困難 ………………………………225
　(2) ポスト・トゥルース時代の教育的関係の歴史的文脈 ………………226
第 3 節　アドルノの教育論 ……………………………………………228
　(1) 「脆弱な自我」の批判 …………………………………………………228
　(2) アドルノにおける社会の真実と教育 …………………………………230
今後の課題と展望 …………………………………………………………231

さらに勉強したい人のための文献案内 ……………………………… 235

第16章　教職倫理教育
　　　——教師として倫理的に適切な判断ができるために、何がどのように教えられるべきか

　　　　　　　　　　　　　　　　　　　　　丸山恭司・丸橋静香　**236**

本章の概要 …………………………………………………………………… 236

第1節　教職倫理教育の必要性
　　　——なぜ専門職倫理として教職倫理が教えられねばならないか ……… **236**
　（1）教職の専門職化とその現状 ………………………………………… 236
　（2）教職倫理の根拠としての教育的関係 ……………………………… 237

第2節　教職倫理教育の原理 ……………………………………………… **238**
　（1）教育的関係——教職を規定するもの ……………………………… 238
　（2）教職倫理の内容 …………………………………………………… 242

第3節　教職倫理教育の方法としてのケースメソッド ………………… **244**

今後の課題と展望 …………………………………………………………… 247

　　さらに勉強をしたい人のための文献案内 ………………………… 250

コラム3　教師教育（塩津英樹）………………………………… **251**

おわりに ……………………………………………………………………… 253
事項索引 ……………………………………………………………………… 257
人名索引 ……………………………………………………………………… 261

執筆分担一覧

◎監修者
坂越　正樹（さかこし・まさき）　　　広島大学（第 1 章）

◎編　者
丸山　恭司（まるやま・やすし）　　　広島大学（第 16 章、おわりに）
山名　淳（やまな・じゅん）　　　東京大学（はじめに、第 5 章）

◎執筆者
杉山　精一（すぎやま・せいいち）　　　神戸市外国語大学（第 2 章）
松村　納央子（まつむら・なおこ）　　　山口学芸大学（第 3 章）
諏訪　佳代（すわ・かよ）　　　東京都立南多摩看護専門学校(非)（第 3 章）
衛藤　吉則（えとう・よしのり）　　　広島大学（第 4 章）
松原　岳行（まつばら・たけゆき）　　　九州産業大学（第 4 章）
岡谷　英明（おかたに・ひであき）　　　高知大学（第 5 章）
渡邊　隆信（わたなべ・たかのぶ）　　　神戸大学（第 6 章）
田中　崇教（たなか・たかのり）　　　広島文教女子大学（第 6 章）
髙谷　亜由子（たかたに・あゆこ）　　　文部科学省（コラム 1）
櫻井　佳樹（さくらい・よしき）　　　香川大学（第 7 章）
大関　達也（おおぜき・たつや）　　　兵庫教育大学（第 7 章）
野平　慎二（のびら・しんじ）　　　愛知教育大学（第 8 章）
矢野　博史（やの・ひろし）　　　日本赤十字広島看護大学（第 9 章）
藤川　信夫（ふじかわ・のぶお）　　　大阪大学（第 10 章）
奥野　佐矢子（おくの・さやこ）　　　神戸女学院大学（第 11 章）
寺岡　聖豪（てらおか・せいごう）　　　福岡教育大学（コラム 2）
鈴木　篤（すずき・あつし）　　　大分大学（第 12 章）
平田　仁胤（ひらた・よしつぐ）　　　岡山大学（第 12 章）
杉田　浩崇（すぎた・ひろたか）　　　愛媛大学（第 12 章）
小川　哲哉（おがわ・てつや）　　　茨城大学（第 13 章）
上地　完治（うえち・かんじ）　　　琉球大学（第 13 章）
小林　万里子（こばやし・まりこ）　　　岡山大学（第 13 章）
時津　啓（ときつ・けい）　　　広島文化学園大学（第 14 章）
白銀　夏樹（しろかね・なつき）　　　関西学院大学（第 15 章）
丸橋　静香（まるはし・しずか）　　　島根大学（第 16 章）
塩津　英樹（しおづ・ひでき）　　　島根大学（コラム 3）

教育的関係の解釈学

第1章　いまどのような教育的関係か
―ノール教育的関係論再考

坂越正樹

本章の概要

　AIは教師に代わりうるのか。AIに代表されるSociety5.0が標榜される今日、既存の多くの職業が10年後には存在しなくなるという。そのような中で小学校教師と中学校教師は生き残り、必要とされる職業群の中に入っている。はたして本当にそうなのだろうか。実際にはICTを駆使したeラーニングやコンピュータベースで学習者との応答が可能な自学自習教材の開発、反転授業コンテンツの活用が大きく進んでいる。人間関係に悩む子どもたちにはむしろ対人的でない学びの方が成果をあげている事例もある。教育的関係を人とものとの関係にまで拡張する論もあるが、そうなるとモノローグ的自己内対話も含めてすべての経験、事象が教育的関係ということになる。そこでは人と人、教育者と被教育者の関係は希な偶発的関係でしかなくなるのであろうか。

　本書の表題としている「教育的関係」は、大人と子ども、成熟した先行世代と未成熟の後継世代の関係としては、人間が家族生活、社会生活を営みはじめるのと同時に成立したであろう基本的な人間関係である。それを教師と生徒、教育者と被教育者の関係として、また単なる知識伝達・受容的関係ではなく愛と権威、信頼と服従に基づく人格的な関係として教育学の基礎概念に位置づけたのは、20世紀初頭からドイツで活躍したヘルマン・ノール（Nohl, H.）である。ノールの教育的関係論はその後視点の狭さや大人＝成熟、子ども＝未成熟モデルへの批判を受け、教師と生徒の対等なパートナーシップ的関係や子どもと教師に限らない子ども相互間の関係、異質な大人との関係、さらには様々なメディアとの関係へと現代的に展開されている。本章では、ノールの教育的関係論を踏まえながら、

あえて教育者と子どもの人格的関係のあり様について考察する。

第1節　近代的人間関係としての教育的関係

(1) 教育的関係の成立

　教育的関係の成立は、教育という概念の形成とともに考えられる。宮澤康人は、「子供と大人の間になんらかの人間関係があり、そのなかに事実上の教育（的人間）関係が、当事者の意図の有無にかかわらず、生じ、その事実に対する反省的意識として、教育という概念がゆっくり形成されてきた」（宮澤 1998: 25）と指摘している。宮澤によれば、教育という概念の形成は、共同体の生活行動全般からの教育行動の独立、あるいは共同体の人間関係一般からの「教育関係」の析出に対応する。この概念形成と関係性の析出にともなって、教育の方法とそれを行使する主体を明らかにすることが不可欠になってくる。それが近代教育の原型である。すなわち、「人間形成の過程に主体が目的意識的に、方法的自覚をもって働きかける教育といった営みは、近代の産物にほかならない」（宮澤 1998: 28-29）のである。確かに、大人と子どもとの世代的人間関係の起源は、近代をはるかにさかのぼるであろう。しかし、共同体の生活行動と人間関係全体の中で様々な機能を発揮していた大人と子どもの世代的関係が、近代における共同体の変容や機能分化を経ることによって、可視的な「教育的関係」として出現するのである。

　このような関係の意義を自覚的に教育理論に取り入れ、教育学の中核的カテゴリーとして位置づけたのは、1920年代から60年代のドイツ教育学に大きな作用を及ぼし、いわゆる精神科学的教育学を構築したノールである。宮澤は、ノールの教育的関係論が教育的「関係」よりも「教育的」関係を論じたものであること、教育をとりまくマクロの視点を欠くと同時にミクロの教育実践に浸透している権力性を見失わせたことを指摘し、その限定性を明らかにしている。しかし、ノールの教育的関係論は、まさに宮澤の「教育関係」の析出状況に符合するものである。すなわち、人間形成的機能を担っていた共同体の近代的変容、解体という事態に対して、教師と生徒の教育的共同体を再構築しようとしたのが、ノールの教育的関係論にほかならない。またノールによって、教育的関係が教育学的言説とし

て学問的市民権を獲得したことも確かであり、それが近年まで学校における教師と生徒の関係を語る上で、基礎的なモデルとなってきたのである。

(2) ノールの教育的関係論

　教育的関係は、ノールにおいて「成熟した人間の成長しつつある人間に対する情熱的関係」(Nohl 1978: 128ff.)として捉えられる。同時にそれは「成長しつつある人間が自らの生と生活形式を獲得しうるよう、彼自身のために存在する関係」である。「成長しつつある者にとって、教育的影響は原則として生き生きとした人間から生ずるのであり、事物、理念、価値の体系からではない」がゆえに、この関係はまた人格的な形式のパーソナルなものでなければならないのである。

　ノールは、この関係の基本モデルを家庭の両親と子どもの関係に見いだしている。教育共同体としての家庭は、本来その内部の雰囲気によって大きな人間形成力を有し、それは受容的な母親に代表される愛と要求的な父親に代表される権威、そして子どもの側からの信頼と服従によって支えられている。このモデルが学校の教師と生徒の関係にも適用される。教師は一方で生徒の主観的生命性を尊重しながら、他方で文化や社会の要求に対しても責任を負っている。両者を統合した上で、生徒の成長に奉仕することが教師の課題となる。すなわち、一定の文化内容を確信することから生じる教師の形成意志、変革意志は、生徒の自発性と固有の存在を前にした意識的抑制によって純化されるのである。ノールによれば、教師の「伝道的文化意志」と生徒の「成長への意志」との相互交渉の中に、教育的関係の本質が存在する。そしてそこでは教育者と被教育者の成熟の度合いに格差の存在することが前提とされ、同時にこの格差を縮小し被教育者を自立した人格とすること、換言すればこの関係それ自体を解消することがめざされている。ノールはこの意味において教育的関係を他の生の諸関係とは区別される独特の関係と呼ぶのである。

　このような教育的関係は、ノールの言葉によれば「永遠の生の関係を表現するもの」であるがゆえに、いつの時代においても存在してきた。ノールによって教育的関係と呼ばれた事柄そのものへの実践的関心及び理論的反省の萌芽は、すでにソクラテス、ルソー、ペスタロッチー、ヘルバルトにおいても認められるが、とり

わけ近代における「子どもの発見」は、教育的関係を不可欠のものとして要請することになった。つまり、固有の権利を有する成長途上にある子どもを、大人の厳しい生活現実の直接的影響から保護ないし隔離し、両者の隔絶を人格的情緒的な大人と子どもの共同体的関係の中で調停することが求められたのである。

(3) 近代と前近代のはざま

　同時に、教育的関係は19世紀末ドイツの時代史的文化史的状況の中で、特徴的な展開を見ることになる。すなわち、「文化批判」運動と、そこでの教育批判を受け継いだ改革教育運動の中で、「ドイツ民衆の精神生活の崩壊」を招いた「伝統的学校」に代わるものとして、教育的関係が求められたのである。これらの運動の推進者にとって、「伝統的学校」は「高次の国民的精神文化」を創造するにはまったく不適当なものと見なされた。それは、たとえば開かれた対話の形での人格的関係を許さない専制的な「権威」理解によって特徴づけられた。家庭もまた人格的結びつきを失い、ゲゼルシャフト化する社会の中で、子どもの生への十分な準備をなしえないものと見なされた。学校や家庭の無力さに直面して生起した諸々の改革運動の中で代表的なものが、青年自身の創造的な生の形成の力に期待する青年運動である。自律的な生の形成、つまり「内的真実性をもって固有の責任で固有の規定をすること」(マイスナー宣言1913年)への要求のもとに、青年にふさわしい生の形式が求められ、この運動から「共同体生活」、「自己教育」への憧れとともに、「権威」、「指導者－服従者」関係への要請が生起してくる。青年運動は、「すべての個々人は他者に対し教師であり、生徒である」ということによって、伝統的な世代関係の形式を覆すものであったが、それは同時に従来の学校や家庭には存在しなかった教育的関係の必要性を認識し、その新しいモデルをつくり出したのである(小川 1985: 70)。そこでの関係は、指導者がその人格性と模範性に基づいて選ばれ、服従者の自由意志によって承認されるというものであった。ノールが『教育学における世代の関係』(Nohl 1914: 111ff.)の中で、教育的関係論を最初に基礎づけたのもこの青年運動との関わりにおいてであった。そこでは、教師の側での愛と権威、生徒の側での信頼と服従というタテの個人的人格的な関係が構想され、教育活動の決定的基盤として位置づけられていた。

宮澤は、このようなノールの教育的関係論を、近代における「教育関係」の析出を前提にしてはじめて成立しえた概念であるとして、西洋近代独自の「大人－子ども」関係を概念化した一つの典型と見なしている。同時に宮澤は、それを「近代における人間関係、とくに子育てをめぐる、人間関係の全般的貧困化の過程で造りだされたイデオロギー」として捉える必要性を指摘している。換言すれば、ゲマインシャフトの衰退過程で、かつてはすべての大人によって担われていた教育者の役割が特定の大人に集中化され、そこに特別な人格としての教師という専門家の出現を要請することとなったのである。宮澤は、ノールの教育的関係論を「共同体的生活からの教育機能の析出によってつくりだされた、特殊な人間関係であり、言ってみれば、蒸留水のように純粋にしてかつ不毛な関係であるかもしれない」（宮澤 1998: 60）と結論づけている。

第 2 節　教育的関係の現在

(1) ノールの教育的関係論批判

　ノールの教育的関係論は、ドイツ教育学の基礎的概念に位置づけられた反面、多様な社会的背景や諸条件を個人的な人格的関係に矮小化したこと、またその理念的な性格が批判されてきた。とりわけ批判理論の立場からは、その「牧歌的」性格のゆえに社会的現実を隠蔽し、権威的な「支配－服従」関係を正当化するイデオロギーとして機能していることが批判された。さらに 1980 年代になると、その関係構造自体の解体が指摘されるようになる。メンツェ（Menze, C.）は、近代の教育思想全体が問いにふされ、客観的普遍的に妥当する規範が是認されない今日的状況において、いかなる目的であろうと他人に対して当然のこととして要求しえないことを指摘する（メンツェ 1980: 91）。ノールの言う、教師の「伝道的文化意志」はもはや正当化されえず、権威の根拠とはなりえない。そこでは教師と生徒の間の成熟度の格差は存在せず、両者の関係は対等の権利を有するもの同士が自由な決断に基づいて、最終的な結論に達しえない問題について暫定的に了解しあう「相談」的、「パートナーシャフト」的関係になるのである。

　さらに、いわゆるポストモダン論議の中で教育的関係の終焉が語られる。ギー

ゼッケ（Giesecke, H.）は、教育的な行為意図と行動モデルが多くの社会領域に浸透している現代社会の教育化現象により、市民社会における教育の基本であった「未来」概念の価値が低落し、「現在」性が優位を占めていることを指摘する。そこでの教育は、すべての人間存在が不完全であり欠陥を有していることを前提とする。その結果、事物と人間の固有の尊厳や目的が見失われ、信頼するに足る大人の経験の価値も消失してしまった。ギーゼッケによれば、それは同時に世代差の消滅、すなわち子どもの大人化と大人の子ども化を意味している。一方で大人と子どもとの関係は、マスメディアや同世代からの社会化によってその意味を失い、他方で文化的な知識、職業資格が急速に老朽化するため、大人もまた教育されるべき存在として捉えられるようになったのである（Giesecke 1985: 30ff.）。

同様にヴュンシェ（Wünsche, K.）は、世代差の消滅から教育運動の終焉を宣言する。彼は18世紀以降の教育を、「新しい人間」として子どもを発見し、複製的な世代の再生産を否定して世代関係を変容させるという意味において、人間の更新をめざす全体的運動であったとする。近代の教育は現在を克服するという目標をもって始まったため、その成果は比較的短期間しか通用しないことになる。この通用期間はますます短縮化され、ついには教育がその成果を達成したその時点で、自らを無効なものとするという事態を招いてしまう。ヴュンシェは教育運動の歴史を、「父親－後継ぎ」関係から「教師－生徒」関係を経て「学習者－学習者」関係へという世代の解体過程として理解するのである。いまや人間は「恒常的可能態」となり、教育システムは多面的な交換過程を可能にするものとなる。そこでは「いかなるヒエラルヒーもアイデンティティも固定されず」、教育運動は終焉するのである（Wünsche 1985: 434）。このような大人と子どもの世代差の消滅とともに、それによって支えられていた「教師－生徒」のタテの関係も機能しなくなり、依然としてそれを基盤としている学校はますます危機的状況に陥ることになる。

(2) 教育的関係論再構築の可能性

ノールが概念化したような教育的関係、すなわちタテの成熟度の格差を前提として、それを一対一の人格的情緒的関係によって補償しようとする試みは破綻を宣告された。しかしその一方でメンツェは、現代においても教育的関係という言

葉によって指し示されていた事態が消失したわけではなく、「教育的関係と不可分に結びつけられた諸現象」を理解し、説明する新たな理論が要請されていることを指摘する。

これに関わって、これまでの教育的関係をめぐる論議を俯瞰し、その問題構成を整理・分析した渡邊隆信は、その特徴を三点において抽出している。一つは、子どもの他者性を認め、対等な地位に立つ存在として対話や共同決定をともに遂行していくという、「主体－主体」関係において教育的関係を捉える立場である。もう一つは、教育的関係の問題圏を、学校に限定するのではなく、子どもの生活世界で織り成される多様な関係性にまで広げていき、そのなかに「教師－生徒」関係を位置づけるという立場である。三つ目は、個の成立を前提にした上で個と個の関係を問題にするのではなく、個に先立って存在する「関係」と「共同体」状態から教師と子どもを見る立場、共同体における多様な関係を前提にした子どもや大人の人間形成の意義を重視する立場である（渡邊 2009: 178）。

主体－主体関係

第一の立場を代表するのは、コミュニケーション的相互行為論に基づくものであり、教師と生徒を「主体－主体」関係として、協同的で民主的な関係とすることをめざすシェーファー（Shäfer, K.H.）、シャーラー（Schaller, K.）の関係論に示されている。彼らは、従来の教育的関係が教師と生徒との「権威的格差、支配的関係」を容認し、生徒の成熟と自立よりも「未熟さと隷属性」を生じさせる危険性を免れないと批判して、それに代わる民主的、合理的なコミュニケーションと相互作用的な関係の構築を主張する（Shäfer/Schaller 1971: 123）。そこでの生徒は相互交渉的な行為のプロセスを教師とともに推進する主体として位置づけられる。つまり、このプロセスに参加するすべての者は、他者のいかなる権力関心の拘束からも解放されていなければならないのである。この立場では、コミュニケーション的な相互作用そのものを実現することが第一の目標となり、そのための手続きや規則、また他者と自由に偏見なく語り合うことのできる対話能力の形成が最重要視されることとなる。

関係の多様性

　第二の立場は、「教師－生徒」の二項的関係の限定性を解除し、「生徒－生徒」関係はもちろん、家族きょうだい間の関係、地域近隣の人間関係、いわばタテ・ヨコ・ナナメの子どもの生活世界に存在するすべての関係性の中での成長を視野に入れようとするものである。子どもの成熟・成長がその生活世界全体との関わりの中で生起することは当然であり、学校の教室空間においても、つねにノール的な「教師－児童・生徒」関係のみが出現しているわけではなく、その場面場面に応じて多様な人間関係が展開されている。では、網の目のような人間関係のネットワークの中で教師の役割はいかなるものなのか。教師と生徒の関係は他の多くの関係と同列で、生徒にとっての教師の存在は偶々視野に入った対象の一つに過ぎないのだろうか。

個に先立つ関係

　第三の立場は、個の成立を前提として個と個の関係を論じる西欧の伝統的「関係カテゴリー」を問い直すものであり、個に先行する関係あるいは共同体から教師の存在や子どもの生を捉えようとするものである。この立場を代表する宮澤は、母子未分化の一体性を起点とし、家族、地域社会、国家、人類社会といった入れ子構造的共同体の規範を体現するものとしての教師について語っている。教師と児童・生徒がつねにすでに共存在としてあるような関係がここで想定されている。宮澤は、教師という個と生徒という個の関係構造から教育を考えることを批判するが、教師存在の意味、生徒存在にとってのその意味は欠かせないものとして認めている（宮澤：高橋・広瀬 2004: 55）。

第3節　教師と児童・生徒の関係再論

(1) 状況可変的な教育的関係

　教育的関係を先にみたように、「教師－児童・生徒」の二項的関係から解き放つことの意義は、今日の子どもたちを取り巻く状況からみてきわめて大きい。子どもたちの生活世界の中で学校の占める位置は相対的に縮小され、さらに教室の

中の「教師－生徒・児童」関係の希薄化は多くの場面で認められる。ソーシャルネットワークを通した関係性は無限に拡散し、その仮想空間に生きる子どもたちはすでに個にこだわることをやめ、相互浸透的で融合的な自我の中に安住しているかのようである。このような関係性の中で可能な、また子どもと社会にとって望ましい成熟・成長の方途を模索することが必要であろう。

　他方で、拡散した人間関係の中で「古典的な」教育的関係はもはや不要なものとなったのであろうか。必ずしもそうではないことを、先に「教育の終焉」を宣告したギーゼッケがノールの教育的関係論を批判的に再評価しようとする試みを手がかりに考えてみたい。ギーゼッケは、子どもの世界が自ずから形成されるのでなく、そのためには人格的な媒介を要するということを是認する。「世界はただ印象や作用、要求、期待が混淆したものであり、ちょうどテレビ番組のようなものである。世界すなわち自然や文化を認識するには、一方で科学を、他方でそれと結びついた教授学を必要とする。教授学なくして学習可能性はない。このように開かれた世界の媒介は、子どもや青少年にとってパーソナルな形でのみ、教師によってのみ可能である」(Giesecke 1977: 255)。知識や行動様式の媒介にとってきわめて重要な人格的次元は、生活経験のレベルからすでに存在するのであり、そこに教師の優越性が根拠づけられる。教育的関係はそのかぎりで対等のものではなく、何も媒介するものがなくなったときにのみ、シンメトリックな関係が想定されるのである。しかし、そのときにはこの関係の存在意義も消滅する。同時にギーゼッケは教師の優越性に次のような限定をする。「たとえば授業で個人的な、あるいは政治的な生活が話題となる場合」、今日の多元的社会では規範は合法性の枠内でそのつどの個人的合意にゆだねられているのであるから、実際に何がオプションとしてあるのかは、もはや教師に拘束されるのではなく、ただ選択肢として示されるだけである。ギーゼッケは、このような観点では教師と生徒は対等のものであるとする。

(2) 教師の存在意義

　したがって、ノールにおけるようなそれ自体調和的で一次元的な「教師－生徒」関係は存在せず、関係はそのつどの状況に依存するものとなる。それは同じ

授業時間の中でも変化するし、変化しなければならない。「事実の媒介が主目的であるかぎり、教師は教授学的専門家として支配的であるが、規範的観点の論議が現れたとたん、それは変化する」のである。つまり、ギーゼッケはここで、「教師がそのシステムの——たとえば学問的規則の遂行において——体現者として、教授学的専門家としてあるか、選挙権のある市民としてあるかによって」教育的関係が変容するという役割論を展開している（Giesecke 1977: 256）。確かに、教育的関係から相互的な結びつきが生じ、ときに友情的な関係が生じることもある。しかしそれはもはや教育的関係ではなく、人間関係一般の固有の尊厳と原理が妥当するような関係である。しかしギーゼッケによれば、それは「例外であり、教育者は両者の関係形式の差異を明確に保ち続けることに注意深くあらねばならない」とされる。「結びつき」概念は家族や同年代集団、精神療法施設のためにとっておかれるべきであって、通常の教育的状況で重要なのは、むしろ「距離をとった交わりの形式、同一化よりも礼儀正しさと尊敬」なのである。ギーゼッケは教師の専門職性を、「子どもがそこに入り得るような関係のあり方を、教師がいかに規定するか」に示されるものであると強調する。関係は子どもや生徒の側からは規定されないのである。

またギーゼッケは、教育的関係が子どもの現在と同時に未来にも方向づけられている、というノールの洞察は正当であると評価する。それが意味するのは、まず子どもの基本的欲求がつねにそのつどの時点で受容され、未来のために延期されないこと、他方で子どもの現在的存在にとらわれてはならないということである。子どもは「つねに今、後でようやく必要なこと」を学ばねばならない。そこに容易には克服されえない矛盾がある。教師による子どもの生活への干渉は、通常の生活では必要な学習の提供が準備されないという理由でのみ、そのかぎりにおいて、必要なのである。ギーゼッケは教師の専門職性という現代的観点から、ノールが教師に付与した権能を根拠づけようとする。職業的教育者には、通常の生活で学習しえないことを学習可能とすることが期待されており、それに応えなければならない。個人としての教育者への観点ではなく、この専門職的権能の観点においてのみ子どもは教師への信頼を発展させるのである。一方でギーゼッケの立場では、ノールが教育的関係の中核と見なした強力な人格的情緒的結びつきは、子どもの

自律と解放のためにはむしろ障害となるのである。

(3) 教えることの復権
学習と教授
　ヴュンシェが指摘したように、教師と児童・生徒が「学習者－学習者」あるいは「主体－主体」関係にあるという立場に基づいて、教育から学習への転換が今日的な趨勢として認められる。このような教師と児童・生徒が学習者仲間であるという考え方や、学習の共同体としての教室という考え方に警鐘を鳴らすのはビースタ（Biesta, G.）である。そこでは「教えることがどのようなものであるか、教師の仕事はどのようなものであるか、教えられることや、教師との出会いによって、生徒が何を得るのか」ということについて見失われているのではないかというのである（ビースタ 2018: 2）。ビースタの意図は、今日の学習の時代における教えることの回復の試みであり、教えること、そして教師の存在意義と重要性を再発見することである。

　ビースタによれば、教育の課題は「世界の中に、世界とともにある他の人間を成長した存在にする」（ビースタ 2018: 13）ことにある。そこに教育者の責任や義務が生じるのであるが、それは合理的に正当化されるといった性質のものではなく、教育者の願い、教育的関心であって、他者の自由を実現するという関心、他者の存在の質に貢献するという心的な意志である。また、教育者の責任は、他の人間に、成長した仕方で存在したいという希望を引き起こすことにある。その希望は、生徒たちの内在性の中断や、彼ら自身の意識の中断あるいは断絶として、外部から呼び出されるものである。仲間として対等に分かりあう関係ではなく、現在の自己を否定することになるかもしれないリスクを伴いつつ他者に語りかけられる瞬間に、生徒は主体であることを呼び覚まされるのである。この経緯を「学習」から「教育」への再転換の文脈で具体化すれば、学習者を「生徒化」することとされる（ビースタ 2018: 41）。「生徒化」とは、「学習すべき題材を選択し、題材を学習者のレベルに合わせて変えて、学習者がその内容を手にいれることができるために最も適切な機会を作り出し、学習進度をチェック、評価する」ことである。教育において重要なのは、生徒が「ただ」学習するということではなく、「つねに

何かについて学習すること、具体的理由をもって学習すること、誰かから学習すること」なのである。この指摘は、先に見たギーゼッケの教師論につながるものである。

ビースタは、現在普及しつつある教師がファシリテーターとしてのみ存在し、それ以外では自律的な学習プロセスだけがあるというような教育＝学習論をロボット掃除機の自動学習にたとえる。「ロボット掃除機はその仕事を自律的に自分自身で行う。より興味深いことに、何度も使っているうちにより効率的に仕事ができるようになる。掃除機は特定の部屋に対して知的に適応し、環境に合わせて適応できる。ロボット掃除機は学習することができる。さらに配置されたどんな新しい環境にも適応する仕事をより効率的に行うようになる。」（ビースタ 2018: 70）ここでは、教育は学習者中心の試みとして捉えられ、学習者が自らの理解を構成し、自らのスキルを形成する一方、そうしたプロセスが生じるように配置を提供するのが教師の仕事とされる。生徒は確かに能動的に環境に順応し適応するスキルとコンピテンスを獲得することができるが、何に適応するかを評価する基準は自己自身からは生み出せないのである。

不和としての教授

教えることは、発達や成長、将来のためのコンピテンスを身に着けさせることではなく、主体である他者としての生徒に向けて発せられる異質なものとして作用する。ビースタは、これを「不和としての教授」、「共約不可能な要素」と呼び、生徒の世界にとって異質な事実を生み出すこととしている（ビースタ 2018: 129）。この「不和としての教授」は、現時点では不明な成長した主体をめざすという意味で、先を見通せないものへの志向、存在していないものへの志向によって特徴づけられる。そこでの教育的関係は、他の人間について彼がどのような行為をするか確かな知識がない状況で求められる信頼関係である。行動が予測可能であるなら信頼を贈与する意味がなく、予測不可能なリスクを負う関係を引き受ける責任と自由が教師に課されているのである。このような関係の基底には、ノールの教育的関係論においてギーゼッケが否定した人格的情緒的要素が存していると思われる。教授学的専門職的責任に基づくだけでは、あえて「不和」として生徒の前

に立ちはだかる必然性が見いだせないのである。

　さらにビースタは、教師として存在することが何を意味するのかと問う。教室の後ろに立つか、前に立つかの二者択一ではなく、第三の選択肢がその答えとなる。教えることは、「生徒の資質や素質を構成するだけでなく、不和として作用し、生徒が世界の中に主体として存在するという不可能性の可能性──可能性として見通すことができない可能性──に向かうようにする」（ビースタ 2018: 148）ことなのである。

今後の課題と展望──生徒の前にあえて立ちはだかる教師

　ビースタが指摘する教育と学習の関係は、ギーゼッケが教師の専門職性の根拠をそこに見出す「教授」の意義の再確認につながっている。ビースタが、教育においては、生徒が「ただ」学習するということではなく、「つねに何かについて学習すること、具体的理由をもって学習すること、誰かから学習すること」であると述べるとき、教授・学習の内容を媒介として成立する教師と生徒との関係、つまりその内容の適切な学習指導と評価の責任と能力を有した教師の存在を想定している。

　またビースタは、新しい学習論が内包する逆転的機能を次のように解き明かしている。「流行りのテクノロジー媒介教育、たとえば TED、MOOCs、You Tube の教育映像も、ある人が話し説明し、他のものが見て聞いて学ぶ従来型のやり方である。」（ビースタ 2018: 65）その意味で、AI や ICT を活用した学習もそのモニターの向こうにいる「ある人」を想定していると言えるだろう。つきつめれば、最新の学習方法も「ある人」が「他のもの」に「何ごとか」を学ばせているということになる。「ある人」が生徒にとって関係性の希薄なバーチャルな存在であっても、また「何ごとか」が生徒にとって関心を喚起しないものであっても、生徒は生徒にとっての「何ごとか」を学んでしまう。自律的学習者は、学習者なりの解釈枠組みで学び、意味を形成することができる。批判され過去のものとされる教授の伝達モデルからさえも生徒は学びうるのである。

　しかし、このような教授・学習内容を媒介とした教育的関係であっても、それ

が環境に順応するスキルの自律的習得や生徒自身の連続的意味形成を前提とする状況においては、必ずしも人格的関係、教師と生徒とのパーソナルな関係を必要としないであろう。むしろテクノロジーに媒介された学習、二次元的（いまや三次元的、四次元的）キャラクターに代替される可能性が大きい。あえて生身の人間、教師が児童・生徒と関係を構築する意義はどこに存するのか。

　ビースタもギーゼッケと同じく、「誰かから学習する」という言い方で、そこに人格的な関係性、パーソナルな関係性が必要であることを肯定している。さらにビースタはその関係の中に、「権力の行使」あるいは「対話的関係的な権威」が入り込むことを是認する（ビースタ 2018: 32）。もちろんそれは専制的なものを意味しているわけではないが、生徒にとっては一種の障壁、自己の連続的順応的成長に「望まざる中断」を及ぼすものである。それは教師と生徒の関係にとってリスクをもたらすものでもある。しかし、そのリスクなしには生徒が主体として世界に存在するよう仕向けることができないのである。「不和」としての教育的関係、「共約不可能」な関係こそが、生徒が主体として世界に存在することへと導く。

　このようなビースタの指摘は、今日の教育の状況を逆照射するようなインパクトを持っている。しかし同時に、そこに想定される「教師」の姿は実際の教室で容易に実現できるものではない。教師が自己の存在を賭して生徒の存在に向き合い、生徒の成長にあえて「中断」を強いて世界に存在する主体とすること、この責務を引き受けることで新たな教育的関係が成り立つのである。

注
　「教育的関係」と「教育関係」：本章においては基本的に「教育的関係」の語を使用する。論者によっては、教師－生徒関係以外の生徒の成長に関わる多様な関係を「教育的関係」とし、教師と生徒の二者関係を「教育関係」とする場合もある。ドイツ語圏でもノール自身、"Pädagogische Beziehung" と "Pädagogischer Bezug" の二つの術語を用いているし、"Erzieherisches Verhältnis" の語を使用する場合もある。ノールにおいては初期の青年運動研究時期には "Erzieherisches Verhältnis" の語が、中期ゲッチンゲン大学での教育学理論研究の時期には "Pädagogischer Bezug" の語が見いだせるが、明確な使い分けがされているわけではなく、「指導者－服従者」、「大人（成熟者）－子ども（未成熟者）」、「教師－生徒」の同様の事態をさすものとして用いられている。

引用参考文献

小川哲哉，1985，「ドイツ青年運動に関する一研究」，『教育学研究紀要』第31号．
坂越正樹，2001，『ヘルマン・ノールの教育学の研究』風間書房．（※本章はこの文献の一部を下敷きに加筆改訂したものである．）
高橋勝，広瀬俊雄（編著），2004，『教育関係論の現在』川島書店．
ビースタ，G.，上野正道（監訳），2018，『教えることの再発見』東京大学出版会．
宮澤康人，1998，『大人と子供の関係史序説－教育学と歴史的方法』柏書房．
宮野安治，1996，『教育関係論の研究』渓水社．
メンツェ，C.，1980，「現代ドイツ教育学における根本思想の変化－教育的関係の解釈をめぐって－」，教育哲学会（編）『教育哲学研究』第42号．
渡邊隆信，2009，「教育的関係論の問題構制」，教育哲学会（編）『教育哲学研究』第100号記念特別号．
Behnisch, M., 2005, *Pädagogische Beziehung*. Würzburg.
Giesecke, H., 1985, *Das Ende der Erziehung*. Stuttgart.
Giesecke, H., 1997, *Die pädagogische Beziehung*. Weinheim/München.
Kreis, H., 2018, *Herman Nohl: Durch Erziehung Lebenswelt gestalten?* Bad Heilbrunn.
Kron, F.W., 1986, *Vom pädagogischen Bezug zur pädagogischen Interaktion*. In: Pädagogische Rundshau, 40.Jg.Ht.5., S.549.
Nohl, H., 1914, *Das Verhältnis der Generation in der Pädagogik*. In: Ders.: Pädagogische Aufsätze. Berlin-Leipzig 1929(2).
Nohl, H., 1978(8), *Die pädagogische Bewegung in Deutschland und ihre Theorie*. Frankfurt am Main.
Schäfer, K.H./ K.Schaller, 1971, *Erziehungswissenschaft und kommunikative Didaktik*. Heidelberg.
Springer, S., 1987, *Das erzieherische Verhältnis in der Pädagogik der deutschen Landerziehungsheimbewegung*. In: Pädagogische Rundschau, 41.Jg., Ht.3.
Wünsche, K.,1985, *Die Endlichkeit der pädagogischen Bewegung*. In: Neue Sammlung, Jg.25.

さらに勉強したい人のための文献案内

①**高橋勝，広瀬俊雄（編著），2004，『教育関係論の現在』川島書店.**
　　ヘルマン・ノールを含む「教育的関係論」の展開について、その全体的問題構成を理解するために好適の書。教師－生徒の関係に限らず多様な関係のあり方と関係それ自体の中で生成する子どもの経験・変容について学ぶことができる。

②**ビースタ，G.，上野正道（監訳），2018，『教えることの再発見』東京大学出版会.**
　　本章で一部のみ紹介したが、「教育より学習」という今日の教育状況において、環境順応的自律学習論を批判し、あえて教育が生徒の人間存在に関わることの必然性を提起し、そこでの教師の責任をあらためて問いかけている。今読まれるべき書。

第2章　J.Fr.ヘルバルトと教育的関係論
―〈関係へのまなざし〉と道徳の基礎

杉山精一

本章の概要

　道徳を論じる際に、よく語られる寓話がある。プラトンの『国家論』に登場する「ギュゲスの指輪」の話をご存じだろうか。ギュゲスはある日、自分の姿を自在に消すことのできる不思議な指輪を偶然手に入れる。悪いことをしてもばれない究極の能力を手に入れたギュゲスは、おのれの欲望のままに悪の限りを尽くし、権力さえも手に入れる……。

　この物語のメッセージは、とてもシンプルである。人は「不正がばれたら困る」と考えて、しぶしぶ道徳に従っているのであり、もし不正がばれないのであれば誰でも不正を行なう方が得だと考える。つまりこの問題を克服しない限り、人は道徳など人ごとで正義を行わず、国家の正義も存在しないことになる。

　この話に触れて、ネット社会を連想する人も多いだろう。顔が見えないことをいいことに、悪意ある攻撃や不正を行う現代のギュゲスである。約2400年前に語られたこの寓話の思考実験は、今も生きている。どのような道を歩めば、「私」は不正を犯さず道徳的な感情と意志に目覚め、人として成長し社会とかかわりながら生きていけるのか。その明確な知の根拠とプロセスを、「私たち」は開拓していけるのか。

　近代教育学の古典的人物、ヘルバルト（J.Fr.Herbart, 1776-1841）もこの問いにとり組んだパイオニアのひとりであり、この普遍的な問いの先に「私たち」がいる。フランス革命、カント哲学を経て、新たな知の地殻変動が起きつつあった18世紀末、若きヘルバルトが学んだイエナでは、きら星のごとく知の巨人たちが新たな知の歩みを始めていた。ゲーテとシラー、哲学の新たな地平を切り開いたフィヒテ

とシェリング、文学ではシュレーゲル、ヘルダーリン。ヘルバルトはそのただ中にいて、様々な知のパイオニアとの出会いや友人との哲学的議論を通じ、思索を深めていく。その「学び」の軌跡をたどることは、「ギュゲスの指輪」と私たちの〈関係〉を考えるひとつのヒントとなる。

第1節 何のために学ぶのか

(1)「知」の衝撃——シラーとフィヒテ

若きヘルバルトの学びの足跡をたどってみよう。
人はなぜ学ぶのだろうか。ヘルバルトもまた、この普遍的な問いを抱えてイエナの学生となる。この問いに明確な方向性を与え、18世紀末イエナの学生たちに影響を与えた二人の人物がいる。シラーとフィヒテである。

1789年、シラーは大学就任講演「世界史とは何か、また何のためにこれを学ぶのか」で、学ぶことの意味について学生たちに語りかけた。

シラーは、学ぶ人には二つのタイプがあるという。
「パンの学者」と「哲学的頭脳」の人である。パンの学者とは、自分の生活状態ばかりを気にかけ「つまらぬ名誉欲を満足させる」人であり、断片的な知識の寄せ集めで満足する人である。他方、哲学的頭脳の人は「己の学問の中心点」を目指し、学問の本質的洞察に立ち入るまで満足しない人である。シラーは学生たちに、哲学的頭脳を持って学ぶことの大切さを訴えた。

次にフィヒテ（J.G.Fichte, 1762-1814）である。
ヘルバルトがイエナ大学に入学した1794年、フィヒテが赴任する。若きヘルダーリンは、講義を聞いた感動を友人にこう語っている。

「フィヒテは、今やイェーナの魂です……これほど深遠で精力に溢れた精神の人を、僕は外に知らない。」（Hölderlin 1923=1969: 188）

フィヒテは赴任早々「学者の使命」「社会における人間の使命」、さらに「人間自体の使命」の講義を行い、学生たちの心をゆさぶった。

「完全性は人間の……最高の目標であって、無限に完成していくことが人間の使命である。……青年たちは……力強く人類に働きかけ、かれらが自ら得た教養

を……広く普及させ、かくて至る所で……同胞を文化の高次の段階に……引き上げることを使命としている。」(J.G.Fichte 1966=1998: 14)

　フィヒテは続けて、この使命を実践していくことが学びの目的であり、自分は「思索と教授」を通じて、学生たちとこの使命を共有していきたいと述べている。この言葉通り、フィヒテは学生たちとの知的交流を深めていく。

　そのメンバーの中心にヘルバルトがいた。

(2) 議論する「場」―「自由人協会」での活動

　学ぶには、共通の志を持った仲間と議論する「場」が必要である。

　フィヒテがイエナ大学に赴任した直後、彼の哲学に影響を受けた若者たちが哲学・文学研究のアカデミックな会を立ち上げた。会の名称は「自由人協会」(Literarische Gesellschaft der freien Männer. 以下「協会」と略記) という。

　メンバーの多くは、地方都市出身の若者たちである。(Flitner 1985: 8) 大学を卒業した後は地元に帰り、親の勧めに従って牧師か役人になる若者たちであった。(Marwinski 1992: 96)

　だが、彼らは目覚めてしまう。

　フランス革命直後の新たな時代のうねりと、文学や哲学に触発された精神的高揚のただ中にあって、パンのために生きるのではなく、新たな時代を切り拓く自己形成のあり方を求めて、彼らは精神の旅に出る。

　メンバーたちは、フィヒテの強い影響を受けつつ、それぞれの歩むべき道を模索しながら、互いに影響し合っていた。

　後に外交官、政治家として活躍したリストとシュミット。文学の世界に生きたグリース。ヤコービ主義を貫き、シェリング哲学と対決し続けたケッペン。ヘルバルトを、ペスタロッチーへ導いたフィッシャー。ヘルバルトに最初の哲学研究のきっかけを与えた孤高の哲学者ヒュルゼン。そのひとり一人が、若きヘルバルトの人間形成に大きな影響を与えている。

　彼らは問いかけていた。「私たち」は時代の精神とどう向き合い、知の探求を実現する道を切り拓いていくのか。その思いは、1795年に印刷された「協会」の会則に、こう凝縮されている。

「あらゆる善と真理への内的な愛に満ちながら…（中略）…人間性の目的を推進していくために、また真理の普及に寄与し、その法則に普遍的な妥当性を与えるために、私たちはひとつにまとまるのである。――真理は私たちの唯一、そして最も崇高な目標である。」(Marwinski 1992: 112.)

ヘルバルトは、真理を探求する仲間たちとの熱き議論の「場」を経て思索を深めていく。

第2節 「知」の分岐点

(1)「知」の誕生をめぐる議論

人はどうすればギュゲスになることなく、自分（私）の感情を確かな行為へと導いていけるのだろうか。

人間の理性能力に深い洞察を試みたカント以後、18世紀末の哲学界では、様々な哲学的立場が生まれていた。なかでもフィヒテは、この時期哲学のトップランナーであった。

人間の理性能力の限界を条件づけたカントに対して、フィヒテはあらゆる知を根拠づける自我の自己定立、すなわち絶対的自我によってカントを越えようとする。それはカントにおいて限界づけられていた理性能力を超越する自我の宣言であった。

フィヒテの影響を受けたシェリングは、絶対的自我の背後に神の姿を重ね合わせながらフィヒテから出発する。けれども自我の表象のもとにあると思われた自然に、自我と同じ精神の発露を感じたシェリングは自然哲学を構想し、やがてフィヒテから離れていく。自我と自然、人間の内的精神と外的自然は、シェリングにとって絶対的な精神が顕現する同一の方向性を持つものであった。二人は知の絶対性を確信しながらも、有限者である我々が、いかにしてそれを学の体系として獲得できるかという一点で、立場を異にしていた。

では、同じくフィヒテの強力な影響下にあったヘルバルトはどうだったのだろうか。彼は、フィヒテに出会って2年後の1796年、「自我は絶対的な存在ではない。」(K.16-25)[1] と述べて、フィヒテ哲学に疑問を投げかけ、次第にフィヒテから離れ始

めている。この時期の彼の論文からは、次のような問いを読み取ることができる[2]。

　唯一ただひとつの概念から、道徳的感情が生まれるのではない。それは多様な経験世界と自我との〈関係〉を経て生まれるのではないか。では、どのようにしてそのプロセスと方法を学問的に根拠づけることができるのか。

　〈関係〉への問いは、後にヘルバルトが心理学的領野を開拓していく原点となる。彼は明らかに、フィヒテやシェリングが目指した方向とは異なる道を歩もうとしていた。

(2)「知」の生起するプロセス

　ヘルバルトが抱いたフィヒテ哲学への疑問とはどのようなものだったのだろうか。フィヒテから離れ、独自の思索を深めつつあった1798年、ヘルバルトは独自の自我論を展開しようとしていた。

　論文「最初に問題となる知識学の構想」で、彼は次のように述べている。

　「自我の概念は、……偶然成立する。」(K.1-96)

　「自我の持続的な活動は……ひとつの志向性を見いだすだろう…志向性は、言葉の一般的な意味において意欲である。」(K.1-99)

　「感情の交替、感情の様々な緊張、そして感情の結びつきから、多種多様な思考の交替が成立する。」(K.1-102)

　「持続」という時間的属性を持ち、しかも「偶然性」をもつ自我は、絶対的自我とは対局に位置している。なぜならフィヒテの自我には、どのような偶然性も存在しないからである。絶対的自我とは、あくまでもそれ自体で自律した知を生み出す存在であり、時間という概念は視野に入っていない。

　この論文で、彼は重要な四つのキーワードに触れている。

　自我の「偶然性」「持続性」「感情」「交替」である。ヘルバルトは、自我の持続的な感情の対立や交替を経て概念が意識に根づき、そのプロセスを経て、対象への「志向性」や「意欲」が生まれると考えていた。この四つのキーワードが示すように、彼は自我が多様に変化する現実との〈関係〉において成立すると考えていた。

　だが、ここでひとつ課題が残されることになる。

「偶然性」「持続性」という属性を持ち、「感情の交替」から多様な思考へと自在に変貌していく自我は、どのような経験のプロセスを経て、確固たる意志の領域へと導かれていくのだろうか。

この時点でヘルバルトとペスタロッチーとの理論的な距離はさほど遠くはない。なぜなら、多様な自我活動をひとつにまとめ、意欲へと向かわせる〈持続的な注意力〉の端緒こそ、直観教授の理論であったからである。

ヘルバルトがブルクドルフでペスタロッチーの授業を参観するのはこの論文を書いた1年後、1799年夏頃のことである。(杉山 2001: 106)

第3節 「私」と世界との〈関係〉―「学ぶ」ということ

(1) 「時間と空間」の認識をめぐる分岐点

ヘルバルトの知的立場を、もう少し詳しく見ていこう。すでに述べたように、彼はフィヒテが構想した自我の無限性に、感情と思考が活動する根拠を見いだすことができなかった。仲間たちと活発に議論する「場」を経験し、その活動に知のリアリティを感じていたヘルバルトは、自我が経験世界とかかわりあう多様な活動、すなわち時間と空間の相対的な次元で感情や概念が生まれ、意識のうちに根づくと考えていた。

このとき、克服すべき知の問題として浮上してくるキーワードがある。経験認識の能力、「直観」である。カントにおいて、経験は感性と悟性という二つの能力によって認識されていた。

それは人間に先天的に備わっていると同時に、受動的な能力である。この感性的直観の形式によって現象界の認識が限定されることで、実践理性の活動する場が確保されていた。けれどもそれでは、道徳的な意志の活動する世界は認識の対象としては認知されない。

このフラストレーションに対して、フィヒテは絶対的自我を構想することでカントを越えようとした。つまり自我に理論的な認識の能力だけでなく、実践的自由の能力を確保することで乗り越えようとしたのである。シェリングも、その出発点においては、フィヒテと一致していた。二人は哲学的立場を異にしても、認識能力の認

知という点では、カント哲学の延長線上にいた。
　一方ヘルバルトは、カントが経験認識の前提としていた感性的直観の形式に異議申し立てを行うことで、彼らとは異なる知の領域へ踏み出そうとした。この考えを具体的な形で提示したのは、1802 年、ゲッチンゲン大学に提出した哲学的命題である。(K.1-278)
　ここでヘルバルトは、カントの感性的直観の形式、「空間と時間に関する表象」が人間に本来的に備わっていることに疑問を投げかけている。すなわち、時間と空間の認識が、アプリオリで受動的な能力ではなく、自我の志向する対象への意識活動を経て後天的に獲得されると考えたのである。
　ヘルバルトは、人間の認識能力と意志の関係をカント的な英知界でも、フィヒテとシェリングの絶対的な自我でもなく、経験認識の新たな可能性を予感させる「直観」の理論をたぐりよせることで、知が生起し道徳的意志の活動する「場」を確保しようとしていた。

(2)「学ぶ」ということ─自己省察

　時間と空間のアプリオリな認識をしりぞけ、現実の時空で多様に変化する自我（私）の活動を、どう認識し、コントロールできるのか。ヘルバルトは、まず自己意識に「注意深くなる」ことから始めている。
　「私は、学ぶことにおいて本当に注意深くあろうと思う……」(K.1-71)
　この学びの深まりと、彼自身の研究活動は同一の方向性を持っていた。
　「私たちの仕事は、与えられた概念を抽象化し、比較すること、その様々に異なる特徴を分け、ひとつにまとめることである。そのために、注意深いまなざしが必要である。」(K.1-87)
　この学びのプロセスを、彼は家庭教師をしていたカールの教育でも実践していた。カールにも、同じことを求めている。
　「あなたは自分自身で判断することを学ばなければなりません。でも自分の判断を教師や友人に報告し、それを彼らの意見と比較してみましょう。…何よりもまず私が望むことは、あなたが集めたものを…あなたの心と注意深く比較するということを忘れないでいただきたいのです。」(K.16-186)

自我活動の最初の端緒である感覚を研ぎ澄まし、意識に上ってくる概念を他の意見と比較し、判断すること。「注意深い」認識と思考の持続性を維持することで明確な概念が形成され、判断力が生まれると彼は考えた。

その端緒が「注意深いまなざし」であった。

教育学における本格的なデビュー作『ペスタロッチーの直観のABC』（1802）には、「注意深いまなざし」の重要性と、それが教授にとって重要な出発点であることが繰り返し述べられている。

「注意力の緊張とその維持は、あらゆる教育の最も重要な予備的問題である。」（K.1-159）

「教授の筋道とは……その指示によって注意力の散漫を避け、注意力を呼び起こし、持続させることを手に入れることである。」（K.1-166）

教授とは、意識を集中し対象へと向かう志向性を準備することから始まる。そのプロセスを、生徒だけでなく教師自身も体感し準備すること。それが、彼が教授に求めたものであった。

(3)「関係へのまなざし」と道徳の基礎

ヘルバルトはこの「注意深いまなざし」の回路（教授）が、道徳的心情を育てると考えていた。彼は、次のように述べている。

「（様々な関係へのまなざしによって）この道徳的心情の根が十分に広がったその後で、人間の注意力を自分自身へと振り向かせる時間が訪れるのである…多くのものの関係へのまなざしは……本来道徳性の基礎なのである。」（K1-149）

「関係へのまなざし」とは、対象から距離をおきつつ、自分と対象との関係を注意深く吟味する、ある種の心理的態度である。すぐに価値判断を下すのではなく、大切なのはまず対象に注意深く目を向けること、自分を取り巻いている世界をじっくり観察する客観的な目線である。

その目線を、彼は「教授」における直観において開拓しようと試みた。当時、ペスタロッチーに関心を持ち直観理論に興味を示していた1800年の講演で、彼は人々に次のように呼びかけている。

「自分自身を再び見つめ直すための、そうした時間を持つことによって、人間は

自分だけではなくて、自分を取り巻くまわりの世界も理解するのです。そのとき人は、注意深いまなざしと自分本来の力で、自分と世界に注意を向け、自分自身だけではなく世界に対しても、これをきびしく吟味する検閲官になれるはずなのです。」（K.1-121）

若きヘルバルトは、その後自我形成における理論的位置づけの根拠（心理学）を構想し、経験世界との〈関係〉に「教授」という学問的な概念の領域を提供することで、教育学のパイオニアとなっていく。

私たちが、あたり前のように現在使う「教育的関係」という言葉も、実はドイツ観念論との知的闘いを経て、経験世界との関係を深く洞察した彼の知の延長線上に位置している。

今後の課題と展望—〈関係〉を議論する「場」を作ろう

(1) 問いの「関係」を吟味しよう

先にも述べたように、注意深い「関係へのまなざし」とは、対象から距離をおき、いわばメタレベルで自分と世界との関係を比較・吟味する、ある種の心理的態度である。すぐに価値判断をするのではなく、まず対象と自分との関係性に目を向けることになる。

すると自分と世界との注意深い「関係へのまなざし」は、様々な問いの「関係」を浮かび上がらせる。ひとつ例を挙げよう。ある日の講義で、こんな議論があった。

Kさんの問いである。

「先生、よく大学で『良い教師とは何ですか』とか、『理想の教師は、どんな教師ですか』と聞かれることがありますが、私は何か居心地の悪さを感じます。というのも、これらの問いは暗黙の了解として『学校（一条校）の教師になる』ことを前提にした問いであって、フリースクールや多様な価値観をもったオルタナティブな『学びの場』では、はたして有効な「問い」なのでしょうか。」

すると、それを聞いていた別の学生が反論した。

「そうかなぁ。そもそも大学の教員養成課程は、一条校の教師を養成するところ

であって、フリースクールのスタッフを養成するところではない。Kさんの疑問は理解できるけれど、あまり現実的でない気がする。」

すると、Kさんはこう反論した。

「私の疑問は現実的な問いだと思う。たとえば、教育の様々な課題に取り組んでいるNPOの代表の方で、教員免許を持っていない人はたくさんいます。『良い教師とは何か』にこだわる教師や学生たちは、この問いの暗黙の「関係性」に縛られて、無意識のうちに一条校以外の教育を遠ざけているのではないでしょうか。社会で今、何が起きているのか、何が問題になっているのかにもっと目を向けるべき時代だと思います。一条校の枠だけでしか通用しない問いから学生は解放されるべきだと思う。」

さて、みなさんはどう考えるだろうか。

(2)〈関係〉を議論する「場」を作ろう

記憶のアウトソーシング化が進み、外部化がますます加速している。「検索」はしても「思索」は後回しになっている時代である。

今「ギュゲスの指輪」について議論するどのような「場」が可能なのだろう。ヘルバルトが歩んだ思考の足跡は、もはや歴史のかなたにあるのだろうか。

ヘルバルトは、当時フィヒテやシラーの影響を受けた若者たちが創設した学問サークル（「協会」）で議論を重ね、彼らとともに新たな時代の扉を押し開けた。ヘルバルトの知の歩みにおいて興味深いことは、思考を深めていくには、考える時間とともに議論する「空間」（場）が必要だということである。

今、私たちの周りで何が起きているのだろう。

今日社会課題に積極的に取り組むNPOや企業が増えている。自治体が起業家育成をサポートし、チャレンジする若者たちが増えている。異業種連携があたり前のように行われ、金融業界はフィンテックやRPA（Robotic Process Automation）が進み、かつてないほどの変革が急速に進行しつつある。

また、近年国際協力に積極的に参加し、様々な価値観に触れながら新しい支援の形を模索する若い人たちがいる。教育の場では、戦争体験・原爆の悲惨さを、どのように次の世代に伝えていくのかが議論され、被爆体験を語り継ぐ「体験継

承者」に取り組む若い世代がいる。
　このような変革期に、学校は時代のフロントランナーを、どのような「場」で育てていくのだろう。あるいは、もはや学校という「場」にとらわれることなく、社会と「私」との〈関係〉を切り結ぶ新たな「場」が必要とされる時代なのだろうか。今、「私たち」が問われている。

注
1　本論文中、引用及び参照したヘルバルトの論文は、すべて下記の全集による。またその末尾に全集の略号（K）、巻数、頁数を示す。
　　J.Fr.Herbarts Sämtliche Werke,hrsg. von K.Kehrbach,O.Flügel u.Th.Fritzsch,
　　19Bde.,Langensalza 1887-1912, 2 Neudruck Aalen 1989.
2　1796 年と 1798 年の論文は、以下の通りである。
　（1796 年の論文）
　　1.SPINOZA und SCHELLING; eine Skizze.（スピノザとシェリング）
　　2.Versuch einer Beurtheilung von SCHELLING's Schrift: Über die Möglichkeit einer Form der Philosophie überhaupt.（シェリングの論文「哲学一般の形式の可能性について」に関する評価の試み）
　　3．Über SCHELLING's Schrift: Vom Ich,oder dem Unbedingten im menschlichen Wissen.（自我について、あるいは人間知の無制約性について）
　（1798 年の論文）
　　1．Über philosophisches Wissen und philosophisches Studium.（哲学知と哲学研究について）
　　2．Erster problematischer Entwurf der Wissenslehre.（最初に問題となる知識学の構想）

引用参考文献
大橋良介，1993，『絶対者のゆくえ』ミネルヴァ書房．
シラー，新関良三（訳），1959，「世界史とは何か、また何のためにこれを学ぶか」，新関良三ほか（訳）『シラー』筑摩書房所収．
杉山精一，2001，『初期ヘルバルトの思想形成に関する研究』風間書房．
杉山精一，2008，「「教育的思考」の実践例―教師志望 K くんへのメッセージ―」，小笠原道雄（編）『教育的思考の作法―教職概論』福村出版所収．
杉山精一，2012，「ヘルバルトの道徳教育論―「検索」から「思索」へ―」，小笠原道雄（編）『教育的思考の作法④道徳教育の可能性―徳は教えられるか―』福村出版所収．
杉山精一，2015，「ヘルバルトにおける教育の哲学的水脈―知の経験と「場」―」，小笠原道雄（編）『教育哲学の課題「教育の知とは何か」』福村出版所収．
プラトン，田中美知太郎（訳），2005，『クレイポトン　国家論』岩波書店．
ヘルバルト，三枝孝弘（訳），1980，『一般教育学』明治図書．
ヘルバルト，高久清吉（訳），1972，『世界の美的表現』明治図書．
ヘルバルト，是常正美（監訳），1982，『ペスタロッチーの直観の ABC の理念』玉川大学出版部．

Asmus, W., 1968, Johann Friedrich Herbart Eine pädagogische Biographie. I. Teil:Der Denker (1776-1809)./ Ⅱ.Teil: Der Lehrer(1809-1841)1970 Heiderberg.

Flitner, W., 1985, Die Litterarische Gesellschaft zu Jena.Eine philosophische Vereinigung der Schüler Fichtes 1794-1799, abgedruckt in: Ders., Studien zur Bildungsgeschichte, Paderborn/München/Wien/Zürich.

Hölderlin Sämtliche Werke Historisch-Kritische Ausgabe begonnen durch Norbert v. Hellingrath fortgeführt durch Friedrich Seebass und Ludwig v. Pigenot, zweiter Band, Gedichte/Hyperion/Briefe 1794-1798, 1923 Berlin.＝手塚富雄ほか（訳），1969,『ヘルダーリン全集 4 論文／書簡』河出書房新社．

J.G.Fichte: Gesamtausgabe der Bayerischen Akademie derWissenschaften I, 3: J.G. Fichte,: Werke, 1794-1796, hrsg von R.Layth u.a., Stuttgart-Bad Cannstadt 1966.＝隈元忠敬ほか（訳），1998,「学者の使命に関する数回の講義　第一講」(1794)『フィヒテ全集・第 22 巻 教育論・大学論・学者論』哲書房所収．

Marwinski, F., 1992, Wahrlich, das Unternehmen ist Kühn..."Aus der Geschichte der Literarische Gesellschaft der freien Männer von 1794/99 zu Jena, Jena und Erlangen.

Raabe, P., 1959, Das Protokollbuch der Gesellschaft der freien Männer in Jena 1794-1799, in: Festgabe für Eduard Berend zum 75. Geburtstag am 5. Weimar.

さらに勉強したい人のための文献案内

①デュルケム，É.，麻生誠，山村健（訳），2010,『道徳教育論』講談社学術文庫．
　　深い自己省察から、個人と経験世界との関係を洞察したヘルバルトに対して、その力点を社会にシフトさせながら理論的地平を切り拓いたのがデュルケムである。道徳と社会の「関係」について、彼の深い洞察が凝縮されている名著であり、今なおその輝きを失ってはいない。

②『西田幾多郎哲学論集Ⅲ　自覚について 他四篇』岩波文庫，1989.
　　生物学者の福岡伸一さんは、その著『福岡伸一 西田哲学を読む』(明石書店) のなかで、自らが提唱した「動的平衡」の理論と西田哲学が似ていることに驚いている。フィヒテの影響を受けた西田哲学と生物学者の思考の歩みが、知の水脈で交錯する。本書に収められている「場所的論理と宗教的世界観」は、今なお「知」を誘発する論文である。

第3章　フレーベルとその弟子による「教育的家庭」像の提唱と展開
―19世紀ドイツの教育的関係醸成の一事例として

松村納央子・諏訪佳代

本章の概要

　家庭において「成長する子ども」と「教育する大人」とが一対の存在として語られるようになったのは、そう歴史の長いものではない。また、現在、成人こそが男女の性差を問わず子どもの教育に対し責任を負う、という認識が広く共有されているが、それも歴史を経た上でのものである。

　18世紀のドイツ文化圏においては「家庭」・「家族」という語で想起される範囲が現在とは異なっていた。いわゆる「全き家（das ganze Haus）」と呼ばれる形態で、家父長一家のみならず、徒弟・職人・下男・下女まで至る、生産共同体としての「家」であった。「全き家」の中で、大人と子どもの関係は家長たる父親に圧倒的な権威が付与され、その権威の下に子どもの教育がなされることは自明のことであった。よって、その家業に子どもも将来従事することを前提に、教育は父親の監督下において家庭内で完結しうるものでもあった。しかし、生産技術の進歩や新たな流通・販売網が整備され、自宅外に新たな職場、さらに新たな職業が登場するに伴い、公領域と私領域との分離が進み、「全き家」は解体を辿り、家族は以前よりも小人数で構成されるようになった。そして、家庭が小規模化するにつれ、家庭の外に教育機能が移されていった。このような経緯を踏まえ、ドイツにおける「子ども―大人（教育者）」の図式、とりわけ幼児教育における「子ども―男性」ならびに「子ども―女性」という図式もまた変容した。本論では幼稚園創設者フレーベル（Fröbel, Fr. 1782-1852）と、彼の縁戚で19世紀末ベルリンにおいて労働者階級の子どもを対象とする民衆幼稚園の運営に尽力したシュラーダー＝ブライマン（Schrader-Breymann, H. 1827-1899）が「家庭」という語

を用いながらどのような教育的関係を描出したかを再考する。

第1節　フレーベル学校論にみる「教育的家庭」の提唱

(1) 教育の前提としての男性性・女性性

　「人間は条件づけられて現れます。父と母に、これら双方を結合してひとつにしているもの、つまり愛によって条件づけられます」(Fröbel 1809=1977, 251)。これはフレーベルがスイス・イヴェルドンのペスタロッチ学園に滞在中、故国シュヴァルツブルク・ルードールシュタット候妃に宛てた書簡に著した一文である。彼は子どもと父と母との関係性が必ずしも一般に正しく理解されているとは考えていなかった。この書簡において彼は「非行少年（Gassenbube）」(Fröbel 1809=1977, 334) が現れるのは、父と母が「合自然的」で「合目的的」に振る舞わないため、そして民衆学校において父と母の代理人として働きかける教師が不足しているためであることを指摘した。

　では、その「合自然的」・「合目的的」とはどのような振る舞いに看てとれるものか。フレーベル自身は1811年以降大学にて結晶学を修めるべく一時期教育から距離を置いていた。が、同年8月フレーベルは27項目にわたる命題（フレーベルの思想研究においては「球体法則観」と呼ばれる）を記した。この命題を巡る思考実験において、フレーベルは諸現象の源泉に神を定置している。その座をxとして、そこから時間と空間とに応じて＋極と－極とが同時に現出する。xとそれぞれの極からの（概念的な）距離は同等であるが、その現出方向は正反対である。この点で、＋極と－極は対立している。現出様態によって特徴づけられる対立の一例としてフレーベルは外延（Extensität）と内包（Intensität）とを想定した。その対立は、とりわけ人間の性質に関しては純粋な対立ではない。

　フレーベルは、世界に現出するもの全てに外延と内包双方の力が備わると認めた上で、人間の特性に関して男性（Mann）に悟性（Verstand）を、女性（Weib）に感覚（Empfindung）を付与した。また、「学問（Wissenschaft）」についても男性性と女性性双方の特性をみとめる。フレーベルによれば、「知るということは学問ではない。-schaftという接尾辞は多様なものの統合を意味している」のであり、

「精神を通じて知るということはまだ学問ではない。感覚を通じて知るということもまだ学問ではない。双方が結合して、学問である」（Fröbel 1811: 335）。この思考実験の結論として、第18命題「婚姻のみが、完全なる学問である」、第19命題「学問は婚姻と同様に完全であればあるほど、純粋で、完成され、なにより幸福なものである」、第21命題「それゆえ男性と同様、女性は学問へ、そしてその学問の貫徹へ向かうよう規定されている」が記された。この思考実験に従って、フレーベルは男性と女性に特性があり、それ故相補的な関係を見立てようとしていたのである。

1813年次兄が死去し、その遺児の教育を義姉から懇願されたフレーベルは、1816年に一般ドイツ教育舎を開設し、次兄の遺児やその他の子どもに対し教育活動を展開する。この時、教育舎は開設当初から寄宿制を採用した。フレーベルは1818年に結婚するが、その結婚を控えた同年2月、彼は以下のように自問自答している（Fröbel 1818: 121）。

> あらゆる活動、あらゆる生、それらは被造物たる人間の存在表出である。が、人間の使命はどのような方法で神から授けられうるのか、また授けられてしかるべきなのか？
> a) 内から：なぜなら、神は人間の内に息づいているから。
> b) 外から：なぜなら、人間は神の内に息づいているから。

この自答は、さらに男性と女性との差異に及ぶ。

> 人間は男性と女性とに生まれる。人間において生の表出（Lebensäusserung）の規定はどう分かれるのか？
> 男性においては神の内の人間の生によって、女性においては人間の内なる神の生によって。

フレーベルにおいて「神」は事物の法則性そのものでもある。その解釈に従えば、男性は内から外への活動をなす傾向が強く、諸現象へ近づき、推論する性

質を備えている。従って、男性は表出される多様な事物が存在する領域で活動する。他方で女性は「内なる神の生によって」感覚で得た事物を内省する傾向が強い。その本質を常に多様性や多面性において表現しようと努めるという男性の特質、そしてあらゆる多様性を自分の中でひとつに結合し、織り込むという女性の特質を有することを認めること、これがフレーベルにおける「合自然的」で「合目的的」に振る舞うことである。

(2) 寄宿制学校での「教育的家庭」―男性性・女性性そして子ども

この見解を基に、フレーベルは自ら主宰する教育舎を「教育的家庭」として構成し、生徒との教育的関係を醸成しようと努力する。実際、フレーベルは自身の妻を教育舎の「母」・「主婦」として紹介し、1820年代の著作において彼女について面倒見の良い、注意深い母、生徒の第二の母と位置づけ、教育舎の家庭的雰囲気を高めようとしたのである。では、その雰囲気のなかで醸成される教育的関係とはどのようなものであったか。

フレーベルは週刊誌『教育的家庭（Die erziehende Familie）』（1826）を出版、この中に「婚約」（1826a=1977）と題した小論を掲載した。この論文の冒頭で、彼は「家庭生活のなかのことがらや祭りごとのうちでも、最も美しく最も賛美されるものは婚約日である」（1826a=1977: 274）とする。婚約は、男性にとっても女性にとってもそれまでの生活を省み、男女ともに個人としての「外的な生活」を統合するという段階への端緒とされた。

この論においてフレーベルは女性性を「人間の品位を自己のうちに予感しており、至高なものを唯一の感覚として自己のうちにいだきはぐくみつつある、そしてこの両者のために光や明晰、形および発展を熱望している」（1826a=1977: 278）点に見いだす。他方男性性は「人たるものの本質および使命を、また人間性の観念を革新し、それを自己の根本思想として認めており、そしてこの両者のために生命と表現と発展と現実とを切望している」点に見いだされる（1826a=1977: 278）。男性性と女性性とは、等しく価値を有するものとして、どちらがより上位となるかという意味での優先順位を与えられるものでもなかった。

また、この「婚約」において興味深いのは「婚約日は二重の喜びの日」と言及

する点である。単純に新たな家庭の誕生が約束されるだけではなく、男女それぞれの両親が改めて自分たちの子どもの力が発揮されていることを確認すると同時に、それぞれの世代で「意識的な共同の家庭的課題」を想起する契機となる。言い換えれば、婚約や婚姻は「子ども」によって再び結びつく両性を確認することと同時に、最終的には人類の調和と発展を予感することと密接に関わっている。婚約や婚姻は、この男性性や女性性を子どもも大人も意識する契機として設定された。フレーベルの男女の婚約・婚姻におけるこの二重の意味付与は、若い男女の間に子どもが誕生すると、子どもを中心として新たな調和の段階へと向かう。それは、子どもの共同感情（Gemeingefühl）の発露によって明らかとなる。人間はその様々な力を表出するが、その力は人間関係の中で展開される、と『人間の教育』では語られる。そして、「意識的な共同の教育的課題」を意識した男女の下に誕生した子どもにはすでに神性が内在し、また発露することをその父母が理解している。その理解ゆえに、子どもの内にも共同感情を表出する条件が整っていることになる。子どもが生を受けて初めて示す共同感情は微笑である。乳児の最初の微笑は「最初の身体的（自然的）な自己発見の表現」（Fröbel 1826b=1964: 上 40）であるが、母親や父親にとっては感じ、知覚し、自省する契機としての微笑である。この微笑はまず母と子との関係の中で現れ、次に父や兄弟姉妹との関係において展開され、長じては一般の人達と子どもとの間にも感じ、その感情を基に人間は発達を遂げるのである。

第2節　フレーベル幼稚園教育論にみる「教育的家庭」

(1)『母の歌と愛撫の歌』にみる母性・父性

　男性性と女性性双方が発揮されることを前提とした教育は、後年の幼稚園教育論において更に父性と母性に導かれた「教育的家庭」醸成を促すものとなる。ただし、既に『人間の教育』でも論じられたように、子どもの成長・発達の段階を考慮すると、乳児や就学前の子どもは母性のいる時間と空間において生活する様子がより詳細に描出された。

　『母の歌と愛撫の歌』（Fröbel 1844=1981）では49の「遊戯の歌」ならびに両

親を読者として想定した各歌の解説が収められた。フレーベルは「遊戯の歌」46番の「店屋と女の子」（Fröbel 1844=1981: 巻末 230-232）ならびに 47番「店屋と男の子」（Fröbel 1844=1981: 巻末 234-235）で、ある程度成長し、公の場において自省できる子どもの様子を描出した。女児は母親に、男児は父親に連れられて市場を訪れる。フレーベルの解説によれば、「自分の中にはっきりと自己を見いだし、自己を認識した」子どもであれば、市場にある雑多なものから「外面からばかりでなく、内面的にも、そして自分と関係させるばかりでなく、完全に人間の本質や要求と関連させ」、「外見上有用なものだけでなく内面的にもよいものを」「内面的な意味で喜ばせるものを」選び、自分の活動に役立てることができる（Fröbel 1844=1981: 巻末 236）。この場面で、女児は母親から、男児は父親からそれぞれの性に親和性の高いもの、女児は「優雅なもの、やさしいもの、役に立つもの」を、男児は「力あるもの、強いもの」を選ぶ。その女児・男児それぞれの選択こそが男性・女性の相補的関係性の芽生えであることをフレーベルは指摘するのである（Fröbel 1844=1981: 巻末 236）。

なお、「1840年の幼稚園創設計画」には「幼児期の最初の保育および教育のためにいわば男女の園丁（Gärtnerinnen und Gärtner）を要請すること」が課題として挙げられている（Fröbel 1840=1981: 105）。少なくとも、1840年代のフレーベルにおいては、幼稚園教育から男性あるいは父性を排除していない。ただし、後年になるとフレーベルが描出した男性・女性の相補的関係性はまた違った様相を見せる。

(2) 家庭を訪れる"誠実で父性的な友人"としての教育者

ドイツ各地で幼稚園普及運動が進展するにつれ、女性教育者の養成や家庭教育の模範像に結びつく諸論をフレーベルは発表していった。ここでは「リナはどのように読み書きを学ぶか」（Fröbel 1850=1981）に注目し、フレーベルが家庭教育における教育的関係の模範像をどのように描出したかを読み解きたい。

題目にあるリナは、幼稚園と初等教育を接続する媒介学校（Vermittelungsschule）に入学を控えた「自分から喜んで仕事をしたがるおよそ6歳の子ども」である。彼女は両親の振る舞いを見て、模倣をしたがる。ある日父親が手紙を受け取り、

それに返事を書き記して発送するのを見たリナは、母親に手紙を書きたいと紙をせがむ。それに対して、母親は彼女に「（リナは）まだお父さんのようには書けません」と言いながらも、まずは細い棒を並べ文字を形作ることはできるか、問いかける。こうして、リナは母親と共に読み・書きを練習し、印刷された文字による文章を自分で読み、また不在の父親に宛てて手紙を書くまでに至る。

　この物語は母性による教育方法[1]に焦点が当てられており、母親とリナとが何をしたか、どんな会話で進められたかを中心に展開される。母性と共に活動している子どもは、集中力を発揮している。他方で、父性と共に子どもが活動するときには、子ども自身それまで得た事柄を基にさらに別の事柄を自分のものにしようと躍起になる。リナの母性や父性との関わりは、球体法則観で想定された人間の行為の二極性が母性・父性を前にするとそれぞれに導かれるように一方を発現し易くなっているものとして描かれる。その中で、子どもに対して力の拡張を促す父性を担う者は、父親とおじの二者に振り分けられている。この二者のうち父親は棒ならべで文字を形作る場面までしか登場しない。その後に続く石盤や方眼紙に文字を書く練習の場面や、印刷物の文字を読む場面では、父は「旅行中」のため不在である。その間隙に教師（Lehrer）として彼女を教授する役割を喜んで担うおじが描かれる。リナに示唆を与え、励まし、誘導しているのは、まずは家庭にいる母親であり、その後母親の働きかけを補完するのはその家庭を訪れるおじである。おじが不在の父親に代わって父性を発揮し、新たな素材を示して活動することを子どもに提案している点に、同居していない家族でなくとも「教育的家庭」の人的環境として参与する可能性を示唆していると言えよう。

(3) 幼稚園に集う「兄弟姉妹」と母性を担う女性幼稚園教師

　更に興味深いのは、リナがかつて毎日通っていた幼稚園という場もまた家庭的な場として設定されていることである。

　印刷文字の大文字だけでなく、小文字も判別できるようになった頃、母親はこれから「家のご用」でリナとは一緒にいられない、好きなように遊びなさい、と彼女に告げる。するとリナは幼稚園に行ってもいいか母親に尋ねる。母親は快諾し、リナより年下の隣家のミンナを誘って行くように提案する。リナとミンナが幼稚

園に行くと、リナは年下の子ども達に喜んで迎え入れられる。幼稚園にも子ども達から「園丁さん（Gärtnerin）」と呼ばれている女性教育者がおり、子ども達を見守っている。リナはここ数日手紙を書いていたことを年下の子ども達に話す。すると、子ども達はリナにそれをやってみせてとせがむ。そこで、女性教育者が「私たちはちょうど細い棒で図形ならべをしているところだから」とリナに実際どのようにLINAと表現できるか実演するよう促す。ミンナが「私の名前も並べられる？」と尋ねると、リナは「聞いてごらん、あなたの名前は私の名前と同じように聞こえるから」とそれぞれの名前を発音し、音と綴りとが関連することを伝えて、MINNAと細い棒を並べる。年下の子ども達はリナのように自分の名前を細い棒で並べてみたいと「私たちにも教えてちょうだい」と叫ぶ。

　このように、幼稚園での情景はリナを姉と見立てることのできる兄弟姉妹の集団として描かれる。その幼稚園の中にも母性を担う女性が存在し、子ども達の活動を導いている。またリナの母親と女性教育者の間で、家庭内ではどのような教育的活動が展開されているか共通理解を持っていることが示唆されている。加えて、教えられる側のリナも幼稚園の女性教育者が自身の母と同様に子ども達に文字を教えることができると悟っている（Fröbel 1850=1981, 603）。こうして、フレーベルは女性が家庭外でも母性を発揮して教育するモデルを提示したのであった。

第3節　ペスタロッチ・フレーベルハウスの「家庭的雰囲気」

　フレーベルの幼稚園構想は、彼の弟子や支持者たちによって各地に普及し、様々な形で展開した。「フレーベル主義幼稚園」といっても、その内容は多様である。幼稚園における教育遊具（恩物）の扱い方ひとつをとっても、厳密にフレーベルの著作に従おうとするものもあれば、ある程度自由に運用するものもあった。時代状況や環境の変化の影響を受けながら幼稚園は数を増やしていった。以下、彼が提唱した「教育的家庭」たる幼稚園実践の後に続く代表例として、フレーベルの弟子シュラーダー＝ブライマンが設立したペスタロッチ・フレーベルハウス（以下、ハウスと略記）に注目し、その「家庭的雰囲気」における子どもと大人の関係醸成を述べる。

（1） 幼稚園において「家庭的雰囲気」はなぜ重要か

　「幼ければ幼いほど、子どもたちは、可能な限り暖かい家庭的雰囲気の個人的な待遇を必要とする。しかし、私たちはこの公共の幼児教育における課題を、いかにして解決できるだろうか」(Schrader-Breymann 1893: 15)。シュラーダー＝ブライマンはこの課題解決の糸口として、公的な教育機関である幼稚園に「家庭的雰囲気」を求めた。それは施設の設備に代表されるハード面、ならびに人員や活動といったソフト面においてであった。彼女の主張の背景には、当時社会問題とみなされるようになった都市部における労働者階級の住環境の悪化がある。

　彼女によれば「可能な限り広い領域をフレーベルは子どもの遊びの空間に要求した」。にもかかわらず、当時の都市部の住環境は「しばしば上流家庭においてもそうだし、いわんや家庭の屋根裏部屋や湿った地下室において、貧しい子どもはこのような空間での休息、明かりの欠乏に悩んでいるのであり、そのため子どもたちは路上や小さな農場に逃れてくるのだ」(Sohr 1883: 26) と述べ、子どもがいかに不適切な環境に置かれているかを説く。彼女が1874年に設立したハウスの中心施設であった幼稚園には、花や野菜に触れることのできる庭、手作業のできる台所があった。また、遊ぶための複数の部屋では、通気性の良さ、十分な光が入ってくるかどうかも留意されていた。

　また、「家庭」は「学校」と対立する概念としても用いられた。「学校教育が、業務の中で教材に子どもを合わせている」のに対し、ハウスでは「子どもを物事の、あるいは、対象を伴って活動の中心に到達しようとする、より高い目的の作業の中に位置付けている」(Schrader-Breymann 1893: 18) と述べたように、幼稚園での活動は日常生活に基づくものでなくてはならなかった。シュラーダー＝ブライマンの見解では、快適な住環境をもつ家庭は幼い子どもの身体や精神の発達にとって「全ての事柄の統一的なつながりを把握するため、フレーベルの『生の合一』のために、没頭、直観の集中、実行へむけた機会」(Schrader-Breymann 1893: 18) を保障するものであった。それゆえ、シュラーダー＝ブライマンが携わったハウスは幼稚園として学校とは明らかに異なる様相を有するものとして構成された。子どもたちはハウスにおいて「家庭生活」と同等の生活を営み、「共同体の成員（Glied der Gemeinde）」として育てられる。そうして幼児期に育まれる感情は、力強い「国

民感情（Nationalgefühl）」の基礎となる（Sohr 1883: 7）。そして、その感情こそが社会問題解決への糸口として想定された。こうした彼女の見立ては、フレーベルと同様の道筋を辿っている。

(2)「母親的教育者＝精神的母性」という図式

ハウスの「家庭的雰囲気」に不可欠な存在とされたのが「母親的教育者」たる女性[2]である。シュラーダー＝ブライマンが幼稚園教員という教育職と「母性」を結び付ける点ならびに幼い子どもの教育を女性の使命とする点ではフレーベルの影響がうかがえる。

シュラーダー＝ブライマンの「母性」への着目は、ハウスの実践に先立ち1868年の論文「女性問題について」において示された。ここで彼女が提唱した「母性」とは、「精神的母性（die geistige Mütterlichkeit）」である。フレーベルの存命中からドイツ各地では多くの女性が社会進出を目指しており、シュラーダー＝ブライマンの活動時期にその動きはさらに大きくなっていた。その背景を踏まえ、彼女は女性の特性を根拠に、女性の職業適性を「精神的母性」と称した。この「精神的母性」は、フレーベルと同様に、出産や子育て経験の有無を問わず女性ならば誰しも「人間の子どもの教育者」として有している性質であった（Breymann 1868: 8）。

シュラーダー＝ブライマンが、実際に出産を経て母親になった者の「身体的母性」とそれに限定されない「精神的母性」を区別したことは、当時のフェミニズム運動においても大きな影響を及ぼした。それまで「母性」は女性を現実の家庭に封じ込める語として用いられることが多かった。実際に子どもを産み、育てるために「母性」は重視され、それゆえ女性の活動の場は家庭とされてきた。しかし「精神的母性」という概念を提示することによって、「母性」の活動は子どもを設けた家庭に限定されず、むしろ社会に生かすことができるもの、具体的には教育・福祉の分野への女性の就業適性を強調するものへと転換したのである（姫岡1993: 25）。

母子関係を理想としながら実際の母子ではない女性教育者と子どもの関係も、「精神的母性」を前提とすれば矛盾しない。ただし、女性教育者である以上た

だ母子のように過ごせばよいというわけでもない。フレーベルの幼稚園教育理論を学んだシュラーダー＝ブライマンは、従来の乳母や子守と区別された教育専門職としての幼稚園教員養成をすべきとし、フレーベルに倣って「幼稚園教員は、簡素な生活と行いを通して、最先端のあらゆる学問（Wissenschaft）、技術（Fertigkeit）と芸術（Kunst）が深く密接に結びつく中で発達する」（Breymann 1872: 51）と主張した。幅広い学識を有し、かつ、母性愛をもって子どもに接することができる女性教育者。シュラーダー＝ブライマンによれば、女性教育者が、フレーベルが求めたような子どもとの関わりができるようになるには学問的・実践的な修養が不可欠であった（Schrader-Breymann 1893: 20）。この修養を基盤として子どもへ働きかける際の留意点として彼女は「内面は積極的であれ、しかし、外面は消極的であれ」（Schrader-Breymann 1893: 34）と記した。直接的な手助けをしなくても、何もしなくてよいというわけではなく、子どもに対して教育的配慮をもって子どもの内面への働きかける女性が理想の「母親的」教育者なのである。

（3）幼児期の教育における「父性」欠落は当時の「家庭」の鏡像でもある

　シュラーダー＝ブライマンは実践報告や論文において頻繁に「母性」について言及するものの、他方で「父性」については全く欠落している。「家庭」の重要性が説かれる場面でも、「母親」や「女性教育者」は登場しても「父親」や「男性教育者」は登場しない。この点については、幼稚園教員養成がその普及過程において「母性」を裏付けとして展開した時代背景を考慮しなくてはならないだろう。ハウスそのものは幼稚園と教員養成だけでなくフレーベルの構想にもあった媒介学級や与作学級といった幼児期以降の学校教育機関なども併設された総合教育施設であり、男性職員がいなかったわけではない。それでもシュラーダー＝ブライマンが教育を語る時、とりわけ幼い子どもと教育者の関係を論じる際に男性は登場しない。「母性」を前面に出して女性の職業適性が主張されることによって、幼稚園というフィールドそのものが女性特有のものとして語られるようになったとも言えよう。

　また、労働者が多く居住する都市部の家庭の状況を前に、幼稚園関係者の努力のひとつの形が「精神的母性」を前提とする女性のための新たな職業観を結ん

だとも言えるのかもしれない。19世紀後半、産業構造の変化が進展し、工場などの家庭の外で働く労働者階層が拡大した。それに伴い、父親不在の家庭が常態化していったのであった。家庭で育つ子どもの姿を理想としながらも、それが実現困難であるとき、シュラーダー＝ブライマンが提唱した幼稚園における「家庭的雰囲気」や「母親的教育者」は、当時の現実問題であった家庭の教育機能の補完ならびにその教育的関係の再構築を担ったのである。が、シュラーダー＝ブライマンが描いた幼児教育の場においては、フレーベルでは幼児教育の場から退場することのなかった「父性」を担う男性教育者が、19世紀後半の家庭生活と同様子どもには不可視の存在となったことと重なるのである。

今後の課題と展望

　フレーベルとその弟子シュラーダー＝ブライマンは、当時としては新しい家庭像、新しい女性像を確立することに寄与した。ドイツでは後に幼稚園教員養成は女性対象のものとして制度的にも固定された。幼稚園における子どもと女性の教育的関係が、家庭における子どもと母との関係を模範として描かれることについては、さまざまな課題もあるだろう。とりわけ性別役割を前提にした職業確立をめぐっては批判も多い。近年男性の幼稚園教員や保育士の活躍も語られるようになったが、長い間幼稚園教員や保育士が「女性の職業」というイメージに捉われていたことも事実である。

　現在、日本において幼児教育の世界はなおも「子どもと女性の世界」というイメージが強い。他方で、男性も幼児教育の現場に迎え入れられつつある。性別役割分業とは、そしてそのような分業が成立した背景には何があったか再検討を迫られていることは言うまでもないだろう。

　もう一点考慮したいのは、現在様々な家庭が存在し、保育所・幼稚園といった子どもの保育・教育に専心していた場に、保護者に対する子育て支援という課題も担うようになって久しいことである。多様な家族形態が見られる現在、教育者は自らと子どもとの関係を構築しつつ、家庭における子どもと保護者との関係性にもどのようにコミットすることができるか。子どもの育ちに資する人的環境の多様な

バリエーションを考えることも求められている。

注
1 フレーベルの幼稚園教育論において、教育方法自体は成人にとっては教授法であるが、子どもにとってはあくまで「遊び」を通しての活動であった。
2 シュラーダー＝ブライマンやハウスの指導者たちは女性教育者の理想像として「ゲルトルート」を掲げた。ペスタロッチの著作『リーンハルトとゲルトルート』に登場するゲルトルートは、父親にかわって自ら子どもたちの教育を行う思慮深い母親（Schrader-Breymann 1893: 34）である。

引用参考文献

Fröbel, Fr., 1809, *Friedrich Fröbel über Heinrich Pestalozzi*. In: Lange, W.(Hg.): *Friedrich Fröbel's gesammelte pädagogische Schriften. Abt. 1, Bd.1*. Berlin: Enslin 1863 ＝岡元藤則（訳），1977，「ペスタロッチに関する報告」，小原國芳，荘司雅子（監修）『フレーベル全集』第1巻，玉川大学出版部，247-338頁.

Fröbel, Fr., 1811, *Tageblätter Ende Juli bis Jahresende 1811*. In: Hoffmann, E./ Wächter, R.(Hg.): *Friedrich Fröbel. Ausgewählte Schriften. Bd.5. Briefe und Dokumente über Keilhau. Erster Versuch der Sphärischen Erziehung*. Stuttgart: Klett-Cotta 1986, S.314-381.

Fröbel, Fr., 1818, *Thesen über Gott und das Leben in Gott. 11. Februar 1818*. In: Rinke, A.: *Friedrich Fröbels philosophische Entwicklung unter dem Einfluss der Romantik*. Langensalza: Beyer 1935.

Fröbel, Fr., 1826a, *Vorlobung* In: Lange, W.(Hg.): *Friedrich Fröbel's gesammelte pädagogische Schriften. Abt.1, Bd.1*. Berlin: Enslin 1863 ＝荘司雅子，藤井敏彦（訳），1977，「婚約」，小原國芳，荘司雅子（監修）『フレーベル全集』第3巻，玉川大学出版部，273-284頁.

Fröbel, Fr., 1826b, Hoffmann, E.(Hg.): *Friedrich Fröbel. Ausgewählte Schriften. Bd.2. Die Menschenerziehung*. Stuttgart: Klett-Cotta 1982 ＝荒井武（訳），1964，『人間の教育』（上・下巻），岩波書店.

Fröbel, Fr., 1840, *Plan zur Begründung eines Kindergartens und Rechenschaftsbericht*. In: Lange, W.(Hg.): *Friedrich Fröbel's gesammelte pädagogische Schriften. Abt. 2*. Berlin: Enslin 1862, S.456-483 ＝荘司雅子，藤井敏彦（訳），1981，「一八四〇年の幼稚園創設計画ならびに一八四三年の弁明書」，小原國芳，荘司雅子（監修）『フレーベル全集』第5巻，玉川大学出版部，99-140頁.

Fröbel, Fr., 1844, Prüfer, J.(Hg.): *Friedrich Fröbels Mutter- und Kose-Lieder*. Leipzig: Wiegandt 1919 ＝荘司雅子（訳），1981，「母の歌と愛撫の歌」，小原國芳，荘司雅子（監修）『フレーベル全集』第5巻，玉川大学出版部，巻末13-285頁.

Fröbel, Fr., 1850, *Wie Lina schreiben und lesen lernt*. In: Lange, W.(Hg.): *Friedrich Fröbel's pädagogische Schriften. Abt. 2*. Berlin: Enslin1862, S.278-319 ＝荘司雅子，藤井敏彦（訳），1981，「リナはどのようにして読み書きを覚えるか」，小原國芳，荘司雅子（監修）『フレーベル全集』第4巻，玉川大学出版部，555-623頁.

Breymann, H., 1868, *Zur Frauenfrage*, Wolfenbüttel, 1868. In: Hoffmann, E., 1962, *Henriette Schrader-Breymann* (Kleine Pädagogische Texte 5), 2.Aufl., Weinheim / Bergster, Julius Beltz, S.8-

18.
Breymann, H., 1872, *Die Grundzüge der Ideen Friedrich Fröbels angewendet auf Kinderstube und Kindergarten*, Braunschweig, 1872. In: Hoffmann, 1962, a.a.O, 19-58.
Schrader-Breymann, H., 1893, *Häusliche Beschäftigungen und Gartenarbeit als Erziehungsmittel im Pestalozzi-Fröbel-Haus zu Berlin W., Steinmetzstrasse 16*, Verlag von Rosenbaum, Berlin.
Sohr, A., 1883, *Frauenanteil an der Volksbildung. Ein Wort zum Verständnis des Pestalozzi-Fröbel-Hauses in Berlin*, Perthes, Gotha.
姫岡とし子，1993,『近代ドイツの母性主義フェミニズム』勁草書房．

さらに勉強したい人のための文献案内

①姫岡とし子，1993,『近代ドイツの母性主義フェミニズム』勁草書房．
　近代ドイツにおいて、「母性」がどのように理解され、あるいは利用されたかを考える時参考になる一冊。母性主義フェミニズム、ブルジョワ女性運動穏健派に詳しい。

②姫岡とし子，川越修（編），2009,『ドイツ近現代ジェンダー史入門』青木書店．
　18世紀後半から現代までを視野に入れた、ドイツにおける男女の差異化をめぐる論文集。女性性だけでなく、男性性に関する議論についても有益な示唆を得ることができる。

第4章　生の哲学に基づく教育的関係の可能性
―ニーチェ思想とシュタイナー教育学の交差点

衛藤吉則・松原岳行

本章の概要

　今日、認知に偏った抽象的な教育が、子どもの意欲と知とを分離させ、彼らから「生」の実感を奪いつつある。私たちがよく耳にする「スチューデント・アパシー」（青年期に生じる無気力・無感動・無関心）、「自己肯定感の喪失」、そして〈キレる〉〈とじこもる〉〈荒れる〉といった「学校病理」はどれもそうした分離の結果として現れる。本来ならば、自然な活力を有する一人ひとりの「生」が、この状況の中で〈弱まり〉〈ゆがみ〉〈攻撃性〉を表出していく。

　本章では、その「生」の在り方を直接に問う生の哲学に注目し、源流に位置づくニーチェ（Nietzsche, F., 1844-1900）と、それを教育実践にまで発展させたシュタイナー（Steiner, R., 1861-1925）とを一本の軸でつなぐことで、生の哲学とその教育学上の意義を考察していく。歴史や文化と人間の生との有機的な関係のうちに真の教養の可能性を見ていたニーチェが後に生の哲学を極限まで徹底させ、教育学の圏外に追いやられてしまったのに対し、シュタイナーは、「意志・身体」へ向かうディオニュソス（＝ニーチェ）的な〈深み〉の方向と、「創造的想像力」を通して理念の〈高み〉にまで上昇するアポロン的な方向とを総合し、意志の哲学を「教育術（Erziehungskunst）」へと発展させた。

　当時、近代な知の在り方が生の哲学によって問われたように、現在、急激な科学技術の発展に伴い、再び「生」を根源的な意味で問い直さなければならない時期に来ているといえるのではないか。

第1節　生の哲学の隆盛とその時代背景

(1) 生の哲学の系譜

　生の哲学はドイツにおいて生まれ、神秘主義やロマン主義とならび、19世紀後半以降に顕著となる非合理主義の潮流に位置づく。ニーチェの思想形成に多大な影響を与えたとされる『意志と表象としての世界』（1819）においてショーペンハウアー（1788-1860）は、人間のうちに非理性的な「生への意志」を見いだし、動機もなくただ生きようとする盲目的な意志に支配された人間の生は常に苦悩せざるを得ないとした。厭世主義的な性格の強い理論ではあるが、理性に対する非理性の優位を強調した点においてショーペンハウアーの思想を生の哲学の嚆矢とすることは許されよう。

　ニーチェと並び生の哲学の創始者と称されるディルタイ（1833-1911）は、『精神科学序説（第1巻）』（1883）や『解釈学の成立』（1900）などを世に問い、歴史的理性批判を展開する。すなわち、ヘーゲルの理性主義や主知主義に対抗し、歴史的な生の構造を体験・表現・理解によって内在的に把握することを目指す精神科学の必要性を説いたのである。常に「生」という具体的現実を出発点とし、自然科学全盛の時代に精神科学の意義を主張したディルタイは、まさに生の哲学を代表する存在である。

　形式社会学の創始者として有名なジンメル（1858-1918）も、「生」をその価値に従って理解しようとする姿勢において生の哲学の系譜に属する。『ショーペンハウアーとニーチェ』（1907）の著者でもある彼は、近代人がもはや客観的な生活形式を内的に消化できなくなり、生が単なる形式に支配されてしまうという軸の回転を文化の悲劇として描き出す。すなわち、創造的な生が築き上げた手段としての生活形式がいつしか自律的に機能しはじめ、ついには生を囲い込むような目的と化すというのである。この典型が近代以降に顕著となる貨幣社会である（『貨幣の哲学』1900）。

　生の哲学はドイツに限られない。たとえばアメリカでは、心理学者や哲学者として知られるW.ジェームズ（1842-1910）がプラグマティズムの立場から主観／客観の二項対立図式を排し、生の根本的体験である「純粋経験」を強調するこ

とによって独自の生の哲学を展開した。またフランスに目を向ければ、「生命の跳躍」という表現で有名なベルクソン（1859-1941）が生命の流動性を強調し近代の自然科学とその機械的思考方法を克服しようとした点において生の哲学者の一人に数えられる。彼によれば、生命は不断の創造的活動として持続しつつ絶えず飛躍するものであって、完結した世界を前提とする目的論や機械論では捉えきれないというのである（『創造的進化』1907）。

このように生の哲学の系譜にはじつに多様な論者が登場するが、共通項を求めるならば、宿命的に非合理性を帯びている人間の生を理性や知性など合理的なもののみによって語る欺瞞への反省的眼差しと、ドイツ観念論や自然科学に支配され狭隘化してしまった人間の生を救済・再評価するために生の非合理的な側面をあえて強調するという戦略——すなわち近代という時代に対する批判意識が認められよう。

（2）ニーチェが見た時代／ニーチェの時代批判

では、ニーチェの場合はどうなのか。ここではニーチェによる時代描写と近代への批判意識を確認し、生の哲学が隆盛した時代背景を明らかにする。

このテーマでまず想起されるのは、ニーチェの著作『反時代的考察』であろう。このタイトルにすでに時代に対する彼の批判意識を見ることができるが、その第2論文においてニーチェは次のように述べる。

> 「近代人は世界過程のピラミッドの頂上に誇らしく立っている。その頂上に認識の要石を置くことによって彼は、聞き耳を立てている周囲の自然に向かいこう叫んでいるかのようだ、『われらは目標に達している、われらが目標である、われらは完成せる自然である』と。あまりにも誇り高き19世紀のヨーロッパ人よ、汝は狂っているぞ！　汝の知識は自然を完成せず、汝自身の自然を殺しただけだ。」（KSA1: 313）

理性が自然を克服し、自由な国家が成立することによって歴史は完遂する。ヘーゲルの歴史哲学をこのように簡略化することができるとすれば、上述したニー

チェの言葉にはまさにヘーゲル的な理想を実現したと自惚れている近代人の様子と彼らへの痛烈な批判意識が読み取れる。

　ニーチェは、近代人の生にはもはや自然という支えが欠けているという（KSA1: 313）。そして、人間の生を支えるはずの自然を抑圧しているものとしてニーチェは歴史の存在に目を向け、『反時代的考察』第2論文「生に対する歴史の功罪」を執筆した。歴史は本来、生にとって必要なものであるが、ニーチェによれば「歴史は学問であるべきだという要求」によって歴史と人間の生のバランスが崩れてしまった（KSA1: 271）。この状況をニーチェは歴史病と名づけ、その解毒剤として「非歴史的なもの」と「超歴史的なもの」の必要性を説く。純粋科学と化した歴史学は「たとえ生は滅ぶとも、真理は行われしめよ」という標語を掲げ（KSA1: 272）、人間の生にとって脅威となりつつあるのに、近代人はその危機を察知できず「学問が生を支配しつつある」ことをむしろ歓迎する状況にある（KSA1: 298）。こうしてニーチェは学問や認識に対する生の優位性を強調し、生を基準とした近代的理念や制度の再評価、すなわち生の哲学を開始するのである。

第2節　生の哲学としてのニーチェ思想

(1) 初期思想―教養論としての生の哲学

　ニーチェの生の哲学はまず教養論として展開される。生を基準とした再審作業の最初の標的はギムナジウムであった。連続講演「われわれの教養施設の将来について」の中でニーチェは、形式的教養の場であるはずのギムナジウムが教養施設としての役割を果たせていない現状に対して厳しい視線を投じる。すなわち、ギムナジウムが「教養を目指してではなく、ただ学識のみを目指して」教育活動しているということを指摘し（KSA1: 677）、教養に関する一種の知識を真の教養と思い込むような「教養俗物」（KSA1: 165）を批判したのである。

　「若者たちが、引き綱を頼りに自分自身を導くことができるほど十分に賢明で教養があるとは、なんと幸福な時代であることよ！　ほかの諸時代ならば、依存、訓育、従属、服従を植えつけ、また自主性などという自惚れは一切

防御しなければならないと信じていたのに、自主性を植えつけることに成功したとは、なんと比類なきギムナジウムであることよ！」(KSA1: 740-741)

　これは上述の連続講演に登場する架空の老哲学者によって語られたものだが、ここには、無教養の自覚がないどころか自らを教養人と称して憚らない近代人の不遜な態度への皮肉と、自主性という自惚れた近代的理念に対する厳しい批判意識を認めることができる。ではニーチェ自身は真の教養をどのように考えていたのだろうか。

　ここで重要となってくるのが文化である。そもそも文化 (culture) とは自然に手を加える (cultivate) ことによって産出されるものであり、この文化によって動物としてのヒトはこれまで人間として生きることができた。それゆえ、自然と切り離された文化などは本来あり得ない。ニーチェのこのスタンスは、「文化は生のみから発芽し生のみから開花する」(KSA1: 326) という真の文化を特徴づける比喩的表現からも明らかである。こうしてニーチェは当時のドイツ文化を「造花」と特徴づけ、「ドイツの青年教育がまさにこの実を結ばぬ誤った文化概念から出発している」(KSA1: 326) 点を批判すると同時に、真の教養の前提として生と文化との有機的な相互作用の重要性を強調し、歴史病によって損なわれつつある自然の解放を訴えるのである。

　ニーチェによれば、「自然に反する教育」に違和感を覚えることのできるのは青年の本能のみである。こうして彼は「君の教育者は君の解放者にほかならない」という格言を「一切の教養の秘密」として青年に告げるのである (KSA1: 341)。しかし、自然を解放しさえすれば真の教養が実現するというわけではない。自然の解放はあくまでも必要条件であって十分条件ではない。真の教養を実現するためには「生きるため」という次元をはるかに超えた高い目標が必要なのである。

　自然という基礎に支えられながらも単に動物であることを克服した理想像としてニーチェは哲学者、芸術家、聖者の三者を挙げるが (KSA1: 380)、まさにこのような超越的存在への志向性が真の教養の実現には欠かせない。今井康雄は「『自然』に任せるだけでは人間形成は不可能だと考えられた場合に、人間形成の過程において『自然』に加えられ、人間形成にとって不可欠と考えられる『人為』

の部分」(今井 2003: 23) として「教養」を特徴づけるが、まさにこの「人為」の第一歩としてニーチェは真の教養を体現した超越的存在への「服従」を要求した。

「一切の教養は、今日大学の自由と言ってもてはやされているすべてのものの反対から、つまり服従、従属、訓育、奉仕から始まる」(KSA1: 750)。――自律的とは言えない人間に自主性や自由を与えることで実現されるのは、教養ではなく野蛮である。こうしてニーチェは真の教養人を指導者とした教養施設の制度化を夢想するのである。

(2) 中期・後期思想――意志の形而上学としての生の哲学

真の教養人と自然の本能を備えた青年との「指導－服従」関係こそが、生の哲学者ニーチェが理想とする教育的関係であった。しかしこれ以上の具体的展開はなく、ニーチェはまもなく既存のあらゆる価値を徹底的に批判する中期に突入する。その象徴がいわゆる「神の死」の宣告である。

「神は死んだ！ 神は死んだままだ！ それも、おれたちが神を殺したのだ！ 殺害者中の殺害者であるおれたちは、どうやって自分を慰めたらいいのだ？」(KSA3: 481)

誤解してならないのは、キリスト教批判のためにニーチェが神を殺害したのではないということである。神はニーチェ1人において殺されたのではなく、また勝手に死んだのでもなく、近代人全員によって殺された。では、なぜ神は死ななければならなかったのか。それは、人類の目標に到達したことを自負する近代人にとって神はもはや不要な存在となったからである。神を殺したこと自体ではなく、神を殺したことを何とも思っていない近代人の態度にニーチェの批判的眼差しが向いていることにも注目すべきであろう。その意味で「神の死」は初期にも通底する近代批判であり、生の哲学の新たな段階にほかならない。

しかし、この宣告のインパクトはニーチェ自身にとっても大きかった。「神の死」は、中期思想の結節点であると同時に後期思想にとってのスプリングボード的な意味を担うとされるが(ニーチェ事典: 106)、まさに全ヨーロッパ人を敵に回す覚

悟を決めたニーチェは、民主主義批判やキリスト教的道徳批判を展開する。また「〈教育〉や〈教養〉なるものは本質的に【引用者注：遺伝を】ごまかす技術でしかない」(KSA5: 219)とし、教育や教養に対しても懐疑的な態度を示す。ただ皮肉なことに、近代批判の度合いを強めることによってあらゆる文化や理想を見失った後期のニーチェは、初期の自分自身が批判していた内と外との分離を許容し、文化や教養から切り離された、いわば宙に浮いた生を考察の対象としてしまう。すなわち、生を基盤とした近代的理念や制度の建設的批判ではなく、生そのものの原理的把握に向かうのである。

あらゆるものを疑う視線の先にあるのは、主体も客体もないヘラクレイトスが描いたような万物流転の生成の世界だけである。

> 「……思想というものは、〈それ〉が欲するときにやって来るもので、〈われ〉が欲するときに来るのではない。したがって主語〈われ〉が述語〈思う〉の条件であると主張するのは事実の歪曲である。つまり、それが思う（…略…）しかし結局のところ、この〈それが思う〉さえすでに言い過ぎである。」(KSA5: 31)

理性や知性によって思惟する主体を否定したニーチェに残されたものは非人称のエスであった。こうして彼は「生そのものが力への意志である」(KSA5:27)と措定する。生の哲学を徹底化させたニーチェの後期思想は、教養の主体と客体をともに放棄する「意志の形而上学」の様相を呈し、結果的に教育学の圏外へと突き進んでしまうのである。

(3) ニーチェ思想の教育学的意義と限界

森昭は『教育の実践性と内面性』(1978)の中で、人間の生を「自然的」「歴史的（社会的・文化的）」「人格的」の三相に分け、人間を人間たらしめる教育の多面性を、成長・形成・伝達・覚醒という4つの視点から考察するが（森：32）、初期のニーチェはまさに森のように人間の生を多面的に理解しようとしていた。森に倣って人間の生を三角形であらわすとすれば、生を支える底辺には自然が位置

し、頂点には芸術や宗教などの超越的目標が設定され、三角形の斜辺には文化や社会が存在する。

　初期のニーチェは、人間の生と文化との有機的関係を「生に対して／生のために（für das Leben）」という視点から考察したが、その際、ニーチェが自然の解放だけではなく、超越的存在への服従をも求めていたことはすでに確認したとおりである。また歴史についても、ニーチェは歴史を全否定したのではなく、むしろ歴史をいかすためにこそ歴史の過剰を批判し、近代社会が陥っている二重の病理——歴史の過剰による生・自然の抑圧状態／歴史の頂点に君臨しているという思い上がり——に対して非歴史的なものと超歴史的なものを持ち出した。このように考えれば、ニーチェは人間の生を「非歴史的」「歴史的」「超歴史的」の三相から捉えたとも言えるだろう。急激な近代化社会において持続可能な人間の生のあり方を考えたという意味において、初期のニーチェは今なお十分に教育学的意義を秘めた生の哲学なのである。

　しかし、中期以降のニーチェ思想は、人間の生を脅かす近代社会への批判意識を継承してはいるものの、認識に対する生の優位性が相対化され[1]、「生に対して／生のために」という前提さえも揺らぎ、最終的には生そのものの原理的な把握に向かう。ニーチェの後期思想が意志の形而上学を志向し、教育や教養の圏外に自らを追いやってしまったことはすでに見たとおりである。ニーチェの初期思想と中期・後期思想とのこのコントラストは、その後の教育学によるニーチェ受容が示すとおりである。すなわち、教育学者のE. ヴェーバーやH. ノールはニーチェの初期思想を高く評価したのに対し、後期思想の意義を強調し『教育者としてのニーチェ』を執筆したW. ハマーは最後まで教育学者ではなく青年運動家を貫き通したという事実である。そして興味深いことに、次節以降で詳述するシュタイナーも、ニーチェ思想の過激性や矛盾を「破壊衝動」や「自己分裂」など精神病理学的な要因によって説明し、後期思想から距離をとるのである。

第3節　シュタイナーからみた親和的なニーチェ像
　——生の哲学に基づく教育の形

(1) 出会いと生の哲学をめぐる交差点

　ここでは、シュタイナーの側からみたニーチェ像と、両者が共有する生の哲学の意義について解説してみたい。

　シュタイナーは28歳（1889）のとき初めて、ニーチェによる著作『善悪の彼岸』（1886）を手にし、その後、彼の著作群を渉猟していく（Steiner 1925: 139）。当時のシュタイナーは、認識論上の主著『真理と学問』（1892）、『自由の哲学』（1893）を書き上げ、自らの哲学的立場を確立していた。しかも、そこではショーペンハウアーの「意志の哲学」を発展させたハルトマン（Hartmann, Karl Robert Eduard von, 1842-1906）が考察の主たる対象として位置づけられる。ニーチェ思想への共振もまたそのような思想構築を通してもたらされた。

　さらに、シュタイナーが勤めていたゲーテ・シラー文庫に文書館整理の調査を目的に訪れた妹エリザベト・フェルスター＝ニーチェとの出会いが契機となり、彼はニーチェ文書館への協力を要請される。蔵書整理のために当館を訪れたシュタイナーは、精神に破綻を来し寝椅子に横たわっていたニーチェ（1889年1月に発狂）との面会を果たすことになる。そして、この調査の後、シュタイナーは、『ニーチェ　同時代の闘争者』（1895）を刊行する。以下、本書に表れるシュタイナーのニーチェ理解を概括してみよう。

　まず、当時の学術界におけるニーチェ評とそれに対するシュタイナーの見解について確認したい。シュタイナーによれば、当時の一般的な研究者たちは、ニーチェのことを嘲り、その世界観の「危険さ」を指摘していたとされる。そのような人物に対してシュタイナーは、ニーチェの「偉大さを、その人物の小さな誤謬から切り離すことができていない」（Steiner 1895: 70）とニーチェを擁護する。シュタイナーにとってニーチェは「当時の悲劇的な人間の一人」ではあったが、生きた文体と勇敢さでもって、時代の闇を「生」の深みから再構築した思想家として高く評価される（Steiner 1925: 139）。

　つづいて、生の哲学という見方を軸に、両者の理論的な親和性を述べてみたい。

彼らはともに、当時、人々を外側から慣習的に規定していた物の見方、つまり自然科学的思考、ドイツ観念論、功利主義、唯物論について、人間の実存に深くかかわる根源的な「生」の次元から批判的に問い直す。二人がそこでともに問題視するのは、認識の在り方そのものであった。これが両者の文化・科学批判の根底に位置づく。シュタイナーは、「現代科学は、古い信仰的な表象をすべて投げ捨て、現実のみに立脚したことを自負している。現代科学は、数えられないもの、計算できないもの、量れないもの、見られないもの、そして評価され得ないものを一切認めようとしない」（KSA3: 625）というニーチェの言葉をあげ、当時の科学が現象の事実記述にとどまり、その背後にある不可視な本質や「生」の解釈に及ばないことを論難する（Steiner 1895: 44）。しかも、そうした科学観はカント的認識論に由来するとみる。人間や認識を一般化することで現象界と普遍世界を二分するカントの見方によって、あらゆる根源性と勇気が失われ、哲学の発展が「麻痺」したと批判する（Steiner 1925: 23）。

シュタイナーは、こうしたカント的認識に由来する自然科学について、それはたんに「限界経験」を示すのみで、対象である自然から活力を奪い、「生き生きとした表象の麻痺化」をもたらすものと批難する（Steiner 1901: 27）。ニーチェもまた、「私に何ができないか」という視点から導出されたカントの認識論について、その見方が示す認識の限界や概念の客観性に意味や有効性はないとし、カントを「思いわずらう悟性」しか発見できなかった「発育しそこねた概念の不具者」と酷評する（Steiner 1895: 79）。ニーチェにとって「健全な思考（ein gesundes Denken）」とは、最大多数の幸福へと向かう功利主義的な考えでも、ア・プリオリな総合的認識としてカントが認識射程の極に置く自然科学的思考でもない。そうした思考の「健全さ」は、いかに自らの意志に貫かれた「生」の価値を創造的に産出できるか否かという点にかかっていた。シュタイナーもニーチェ同様、「私たちを方向づけるのは、ある見解が論理的に証明され得るかどうかではなく、その見解が人間の人格に備わるあらゆる諸力に影響を及ぼし、人生にとって価値を有するかどうかなのである」「真理、美、あらゆる理想は、生を促進する限りにおいてのみ、価値を有し人間とかかわりをもつ」（Steiner 1895: 13）とする見方を支持する。

加えて両者は、当時、非合理なものとして知の形成要素から除外された「身

体」の意義をも強調する。彼らは、カント的観念論者があらゆる存在を理念的なものと現実的なものに分けると同時に、人間もまた心と身体とに分裂させる際に、感覚身体の地位をおとしめたとみる。ニーチェは身体の復権を説いていく。彼は、「汝の身体が自己なのだ」「汝の身体の中には、汝の最善の叡智の中よりも多くの理性がある。……身体は一つの偉大なる理性である」(KSA4: 39-40) と、ツァラトゥストラに語らせている(Steiner 1895: 35-36)。ニーチェは、生の哲学において、思考と感情の背後にある、この賢者としての身体を介してしなやかで力強い新たな健康を追求したといえる。

(2) 教育観にみる親和性

では、シュタイナーは、このようなニーチェの見方がいかに教育上反映されるとみたのだろうか。シュタイナーは、そのことについてニーチェの論文「教育者としてのショーペンハウアー」の言葉を援用して次のように語っている(Steiner 1895: 81)。

人々は外からなされる教養の素材だけで満足している。あなたが今行い、考え、欲しているものすべてはあなたではない。重要なのは外から与えられるのではなく、自己の根本衝動に由来するものだ。それゆえ、正しい教育とは、「自分であるもの、自分だけであるもの、他人ではありえないものを、どのように自分から紡ぎ出し得るのか」を課題とし、「汝自身であれ」「自らの良心に従え」と説くものとなる。そして、そこにおいて教育者は、「学ぶ者の最も内なる存在本質の核が人格から発展するように働きかける者」であるべきである。

こうしたニーチェの教育上のスタンスは、シュタイナー学校が、大人になったときに、何にもとらわれたり、依存したりすることなく、自らが生きている意味を自分でしっかりととらえ、一番深い内部の欲求から自覚的に行動することを教育目標に掲げている点と一致する。

また教育は文化理解・文化伝達に寄与するものとされるが、ニーチェは論文「生に対する歴史の功罪」において、過去の記憶をもとに未来の利益を推測する当時の一般的な歴史的感覚は現在の創造を麻痺させると批判する (Steiner 1895: 84)。彼にとって、今を生きる個々人が、現在を起点に、固有の仕方で人間や民

族や文化を改造していく創造的な力こそが重視された。そして、こうした視点に立ち、ニーチェは「人間は何よりも生きることを学べ。そして歴史を、生を習得するためにのみ用いよ」（KSA1: 325）と述べ、生の健全さを促進する「生の衛生学（Gesundheitslehre des Lebens）」（KSA1: 331）を教育に期待するのである（Steiner 1895: 86）。

第4節　生の哲学の展開としてのシュタイナー教育学

(1) 起源としての文化批判と教育学への展開

　ここでは、生の哲学を具体的な教育へと展開したシュタイナーの理論・実践の背景と特徴をみていきたい。

　シュタイナーの理論と実践は、ニーチェや改革教育のそれと同様、「文化批判」に端を発したものといえる。とりわけ、彼の文化批判の起点は生の哲学と同じく認識論的な問題意識に根ざすものであった。すなわち、彼は、当時のドイツ社会の混迷の原因を、直接的には、政治・経済的領域ならびに自然科学的思考が、その偏った原理を精神文化的領域へと適用したことの非にみてとる。この理念は、実際に、彼が主導する「社会有機体の三層化運動（法生活の「平等」・精神文化生活の「自由」・経済生活の「友愛」の実現をめざす社会運動）」として展開されていく。そうした取り組みの一環として、「精神の自由」を実現する教育モデルとして、1919年にドイツ南部の都市シュトゥットガルトに自由ヴァルドルフ学校が創設されたのである。

　このような成立経緯をもつシュタイナー教育について、徹底的教育改革同盟の指導者カールゼン（Karsen, F.）は、文化批判・社会運動を通して、すべての物質主義を排除し人間精神のもつ重要な意義を教育のなかで復権させようとした「生成しつつある社会の学校」であると高く評価する（Karsen, F.: 58）。また、カールゼンは、シュタイナー学校に関して、「生」という根本認識に基づき諸個人を身体の教育から「精神的な生の表現」へと陶冶する新たな学校とみなし、思考・感情・意志を貫くホリスティックな精神的体験に根ざしている点で「体験学校」でもあるという（Kemper, H.: 127f.）。また、精神科学的教育学派のシャイベ（Sheibe,

W.）は、シュタイナー教育について、知識偏重主義への批判・反動として生起した点を改革教育運動の起源と一致すると指摘する（Scheibe, W.: 300）。

　以上のことから、改革教育を支持した当時の論評に従えば、シュタイナー教育思想は、生の哲学に根ざす「文化批判」という観点においてニーチェ思想との重なりをみることができる。

(2) ニーチェ的「生の哲学」を超えて——「教育術」の成立

　ここまでみてきたように、シュタイナー教育学は、理論・実践の歴史的背景においてニーチェ的な生の哲学の潮流のうちに親和性をもって位置づけられるものといえる。しかし、一方で、シュタイナーの思想と実践を詳細にみていくかぎり、その異質性もまた確実に見いだすことができる。以下、シュタイナーのニーチェ論を参照して、シュタイナー教育（学）とニーチェの生の哲学との相違点についてみていきたい。

　ニーチェは、教育に対して「生の健全さ」を促進させることを期待した。それは、「力への意志」に導かれ、個々人が抑圧のない軽やかで明るい叡智を創造的に自己の内に見いだすことでもあった。しかも、その叡智は、自分の本能に駆られて闘う生きた生命としての叡智であり、ニーチェはこの叡智を「ディオニュソス的叡智」と名づける。シュタイナーは、そうしたディオニュソスへの傾注に、「重さの精神」を嫌い抗おうとするニーチェの思想傾向を読み取る。ニーチェは、外からの一切の規定・抑圧を排し、普遍に通じるとされる自己の本能のみに従って生きる軽やかな心を支持する。彼にとって、内奥から欲する（wollen）ことが自由な精神の衝動と考えられた。

　こうした見方に対してシュタイナーは、本来重層的な心的衝動の次元が、ニーチェにおいて「本能」というひとつの名でまとめられていると指摘する（Steiner 1895: 67）。ニーチェの場合、動物の食欲や自己保存の本能も、人間本性の高次な認識・芸術衝動も、すべて「本能」と名づけられる（Ebenda）。それに対し、シュタイナーにおける意志は、身体の生理機能としての本能を起源に、非反省的な衝動、対象意識を伴う欲望、自我や気質に根ざす動機、原初的な道徳意識に発する希望・決心を経て、利他的な道徳衝動＝決意へと高まるものと考えられた

(Steiner 1919: 72)。そして、そうしたプロセスにおいて、意志は高次の思考作用や道徳性と結びつき、「精神の自由」を獲得していくことになる。

このようにシュタイナーの場合、道徳的衝動もまた「本能の特別の段階」(Steiner 1895: 67) に位置づけられた。彼は、ニーチェがディオニュソス的衝動と対峙させるアポロン的衝動のうちに私たちを人格的な調和へと向かわせる「道徳的想像力（die moralische Phantasie）」の働きをみる。それゆえ、シュタイナーの観点からすれば、ニーチェは、古代ギリシアの叡智の中に、ディオニュソス的な力をとらえることができたが、魂の重みをアポロン的な精神の高みへと向かわせるこの力の意義を十全にとらえることができなかったことになる(Steiner 1895: 69)。そして、この「道徳的想像力の欠如」ゆえ、ニーチェの描くディオニュソス的人間は「自らの本能のしもべ」に陥いる、と問題視されるのである（Ebenda）。そのようなニーチェをシュタイナーは、「ディオニュソスを考えることによって、密儀を予感し、人間に心的な存在の核を見いだす精神科学の門をたたいたが、その門は彼には開かれなかった」（Steiner 1909: 9）と結論づける[2]。

加えて、こうした相違は、両者の芸術観のうちにもみてとれる。シュタイナーによれば、ニーチェが依拠する「ディオニュソス的芸術」では、忘我の果てに、根源的意志の中に上昇し、芸術作品と一体となり、世界意志の創造的な働きを模倣することがねらわれる（Steiner 1895: 76）。とりわけ、ニーチェは、宇宙精神の意志と結びついたディオニュソス的悲劇や音楽精神のうちにその働きを見いだし、これらの芸術を通して言語ではとらえることができない彼岸の声を響かせようとする（Ebenda）。

一方、シュタイナーは、根源の「意志・身体」へ向かうディオニュソス的な〈深み〉への方向と、「創造的想像力」を通して理念の〈高み〉へと上昇するアポロン的な方向との総合を「芸術としての教育」に還元することをめざす。彼は、自らの教育の在り方を「教育術（Erziehungskunst）」と呼ぶ。Kunstとは、ギリシア語のτεχνη（techné）やラテン語のarsに由来し、古来、中間世界において不可視な本質を象徴的・類比的に可視化し表現する「術」のことを意味し、それは「自由」の獲得に向けられていた。それゆえ、彼の教育実践では「精神の自由」を獲得すべく、対象となる事象の不可視な本質を内観的に自己の生と結びつけ、可

視的に表現する「術（Kunst）」の様式が重視されることになる。シュタイナーが、「教育学は科学であってはいけない、術でなくてはならない。……教育学という偉大なる生の術を実践するために私たちのうちで活性化しなければならない感情は、偉大な宇宙やその宇宙と人間との関係を観照することによってのみ点火させられる」(Steiner 1919: 159、傍点部筆者) と強調するのは、こうした見方に立つゆえんである。

以上のことをふまえれば、シュタイナーの生の哲学は、ニーチェ＝ディオニュソス的な「生」の衝動をアポロン的な道徳衝動で補完することで、「生の術」として現実の教育実践に応用できたものといえる。

今後の課題と展望

ニーチェの生の哲学は、古代ギリシアのディオニュソス的な破壊と創造の思想に由来するものであった。そこでは、人間がこのフィジカルな体のまま、根源にある本能衝動を力に宇宙的な領域へと合一を果たす「超人」の図式が支持される。それは、ある意味、パーソナルな野生の次元へのダイビングを通した「内奥性回復」の志向ともいえる。彼は、そこに外からの抑圧を回避した魂と体の「軽さ」を見いだす。しかしシュタイナーは、「生」の健全な促進を、「本能」や「身体」にのみ結びつけるディオニュソス的衝動に限定すべきでないと考えた。彼の場合、「生」は、内奥の意志を含む思考・感情・自我・身体の各形成力（Leib）とアポロン的な道徳的想像力とを包摂するホリスティックな有機的総体として構想される。そこでの教育は、善き生に向けた、「内へ、そして上へ」と飛翔する認識と道徳の総合運動として体系づけられた。

以上の考察をふまえ、生の哲学の源流に位置づくニーチェ思想と、その見方を教育学へと展開したシュタイナー教育思想の今日的な意義と課題、さらには展望について述べてみよう。

わが国の教育が掲げる「生きる力」は、英語では 'a Zest for Living' と訳される。つまり、「生きるための熱意（Zest）」こそが、わが国がめざす教育理念＝「知・徳・体の総合的育成」を支えるのである。それゆえ、「生の哲学」は、知の時代

に分離が進む〈知と存在〉〈知と行為〉〈知と徳〉〈心と体〉〈特殊と普遍〉〈主観と客観〉を、内奥の〈生き生きとした熱い意欲〉から架橋していくことが期待されるのである。加えて、現代は、急激な科学技術の進歩によって、人工知能が人間の脳を凌駕する技術的特異点（2045年）に至ると予想される時代でもある（レイ・カーツワイル）。教育においても AI や情報メディアの登場により、人間同士の関係を前提としてきた教育的関係すらも再考を迫られている。この差し迫った課題は、19世紀の近代社会を背景に生まれた生の哲学と同様、人間の「在り方・生き方」自体を、根源的な「生」の次元から問い直す必要を示唆している。最後に、教育において、人間認識の再構築によって本来的な「生」を取り戻すことを企図したシュタイナーの言葉をあげ、本章を閉じたい。

「わたしたち人間は、ここ、この地上でますます根源的な意味でつねに生について学ぶ必要に迫られている。しかも、生について学ぶことは、まず初めに人間について学ぶことに他ならない」（Steiner 1956: 58）。

注
1 『反時代的考察』では「認識は生を前提とする」（KSA1:331）とされていたものが、『悦ばしき知識』では「生は認識の一手段である」（KSA3:553）となっている。
2 シュタイナーによれば、ニーチェの悲劇は、物質を超えたものを予感しつつも、「同じものの回帰（Wiederkehr des Gleichen）」という唯物論を克服できずニヒリズムに帰結した自己矛盾の表出でもあると指摘される (Steiner 1909：9)。ただし、シュタイナーは、ニーチェが『ツァラトゥストラ』第三部の中で、生と永遠の関係を構想している点をも示唆している (Steiner 1895：92)。

引用参考文献
今井康雄, 2003,「ニーチェの教養批判と言語批判」,『教育哲学研究』第 87 号, 23-28 頁.
大石紀一郎ほか（編）, 1995,『ニーチェ事典』弘文堂.
坂越正樹, 2001,『ヘルマン・ノール教育学の研究－ドイツ改革教育運動からナチズムへの軌跡』風間書房.
三島憲一, 2011,『ニーチェ以後－思想史の呪縛を越えて』岩波書店.
森昭, 1978,『教育の実践性と内面性』黎明書房.
Karsen, F., 1923, *Deutsche Versuchsschulen der Gegenwart und ihre Probleme*, Leipzig.
Kemper, H. (Hrsg.), 1984, *Theorie und Geschichte der Bildungsreform*, Königstein.
Nietzsche, F., 1980, *Sämtliche Werke. Kritische Studienausgabe*, 15Bde.(einschl. Kommentar u.

Konkordanz), Hrsg. von Giorgio Colli und Mazzino Montinari.(de Gruyter/ dtv) München, Berlin, NewYork.(KSA)

Scheibe, W., 1969, *Die Reformpädagogische Bewegung 1900-1932,* Weinheim/Basel.

Steiner, R., 1895, *Friedrich Nietzsche; Ein Kämpfer gegen seine Zeit.* Weimar, Verlag von Emil Felber. =2016.

Steiner, R., 1901, *Die Mystik im Aufgange des neuzeitlichen Geisteslebens und ihr Verhältnis zur modernen Weltanschauung,* Dornach/Schweiz, Rudolf Steiner Verlag. =1993

Steiner, R., 1909, *Nietzsche in Lichte der Geisteswissenschaft,* Berlin, 20. März.

Steiner, R., 1919, *Allgemeine Menschenkunde als Grundlage der Pädagogik,* Dornach =1993.

Steiner, R., 1925, *Mein Lebensgang,* Dornach/Schweiz, Rudolf Steiner Verlag. =1982.

Steiner, R., 1956, *Die Waldorfschule und ihr Geist,* Stuttgart.

さらに勉強したい人のための文献案内

①松原岳行, 2011,『教育学におけるニーチェ受容史に関する研究――1890-1920 年代のドイツにおけるニーチェ解釈の変容』風間書房.
　　青年の危険な誘惑者、教育学者、教育者と変容するニーチェ解釈の歴史を辿り、教育学とニーチェ思想との関係可能性を検証する。

②衛藤吉則, 2018,『シュタイナー教育思想の再構築――その学問としての妥当性を問う』ナカニシヤ出版.
　　シュタイナー教育思想の学問的な妥当性について、認識論を軸に科学・哲学・教育学の側面から論証する。

第5章　ゲオルク・ジンメルの思想における関係論とその可能性
―ヘルマン・ノールの「教育的関係」論との接点と隔たり

岡谷英明・山名　淳

本章の概要

　本章は、精神科学的教育学、とりわけヘルマン・ノール（Nohl, H.）における「教育的関係」論を念頭に置きつつ、その基盤となった19・20世紀転換期における精神科学の広がりのうちに、ありえたかもしれない「教育的関係」論の可能性を探ることを試みる。具体的な考察対象となるのは、当時の社会状況を鋭く観察したゲオルク・ジンメル（Simmel, G.）である。彼によれば、社会の諸事象における「形式」こそが新しい関係の理解および構築に際して鍵となる。彼の理論体系は、人間と事物が織り成す新たな関係性を捉える可能性を有していたが、ディルタイ（Dilthey, W.）を起点とする精神科学的教育学の伝統のなかでは、ジンメルのそうした考え方は十分には受容されてこなかった。ノールに象徴されるように、教育学における関係論の射程は、人間どうしの、とりわけ世代間の関係にあった。ジンメルにおける隠れた〈もう一つの関係論〉が「教育的関係」論と出会っていたならば、それはどのように展開していただろうか。デジタル革命の後、人間の生と人間が生み出す文化との境界線がよりいっそう曖昧になっているようにみえる今日の状況において、人と事物との相互作用に関するジンメルの考察は、人間形成や教育をめぐる関係の思想として再評価に値する。

第1節　ジンメルにおける関係性へのまなざし

(1) ディルタイとの隔たり

ジンメルとディルタイ

ドイツにおける精神科学的教育学の起点として重視されているのは、いうまでもなくディルタイである。彼の思想は、「自然科学の実証主義的方法を人間や社会にも適用しようとする時代潮流に対峙し、また超越的理念に基づく伝統的哲学にも与せず、精神科学の方法を基礎づけたこと」（坂越 2017: 556）にその独自性があったとされる。その後、自然科学とは異なる精神科学の思考法を模索したディルタイの思想を基盤として、人間形成や教育を検討する研究者たちが総合大学や教員養成大学の教授職に就くようになった。1900年代初頭から1960年代まででドイツの教育学を席巻した彼らは、1930年代頃から精神科学的教育学者と呼ばれるようになった（小笠原 2017: 498f.）。

　ジンメルがそのような系譜との関連においてどのように位置づけられるかという問いに答えることは、それほど容易なことではない。精神科学的教育学に属するとされる人々のうちにも、ジンメル思想からの影響が認められる、とする指摘もある。だが、少なくとも、ディルタイとの関係に注目するならば、ジンメルは明らかにこの系譜の起点からは引き離された人物であったといわねばならないであろう。

　ジンメルと親交があったマックス・ウェーバー（Weber, M.）の妻マリアンネ・ウェーバー（Weber, M.）の日記のなかには、ディルタイとジンメルの関係が記されている。「［マックス・］ウェーバーの当面した論理的＝認識論的中心問題は、ディルタイ、ヴィンデンバルト、ジンメル、ハインリッヒ・リッカートに導かれて当時のたいていの哲学者・論理学者が従事した、自然科学といわゆる精神科学との大規模な対決であった」（Weber 1926: 245ff., ［　］内は筆者による補足）。この記述から、ジンメルがディルタイとともに自然科学に対抗する精神科学の確立に向き合う立場を共有していたと認識していた同時代人がいたことがわかる。

　その一方で、ディルタイとジンメルが問題関心を共有していたにもかかわらず、彼らの間には大きな隔たりがあった、ということも指摘されてきた（川本 2008: 60-61）。ジンメルは、1881年にベルリン大学において学位を取得し、その後、教授資格を取得すべく準備を始めていた。彼は1885年に教授資格を取得した。だがストラースブルク大学において正教授として迎え入れられたのは、彼の晩年ともいえる1914年のことであった。それ以前は、ベルリン大学で私講師あるいは員外講師として講義を行っていた。ディルタイはといえば、1882年に母校ベルリン大学

の正教授の地位に就き、その後、1904年まで教授活動を続けた。つまり、両者は同時期にベルリン大学で過ごしていたことがあった。すでに述べたとおり、両者ともに、精神科学の基礎づけ問題という当時の共有された課題に向き合っていた。それにもかかわらず、彼らの刊行物をみるかぎり、お互いに対する言及は皆無である。

ジンメルの受難

　ジンメルとディルタイとの隔たりの理由は、マックス・ウェーバーの以下の言葉に表れているかもしれない。「もしその人がユダヤ人であったならば、われわれはもとより『すべての希望を捨てよ』という」（ウェーバー 1980: 20）。マックス・ウェーバーが重い神経症を患っていたことはよく知られているが、その回復の過程において、彼はジンメルの『貨幣の哲学』(1900年) を読んでいたとされる。ジンメルの人間性と才能を認めていたウェーバーは、1908年、ハイデルベルク大学正教授であるヴィンデルバルト（Windelband, W.）の後任としてジンメルを推薦した。しかし、この就任計画はうまくいかなかった。このときの体験から、先の言葉がウェーバーから発せられたのである。また、マリアンネ・ウェーバーの日記にも、次のような記述が残されている。「ウェーバーをしばしば激昂させたのは、多くの仲間たちが教職への招聘に際して、真に優れた際立った人格ではなく、凡庸だが人当たりのいい同僚を優先させようという周知の傾向であった。……とりわけ、ゲオルク・ジンメルのような優れた知性をその正当な活動領域から遠ざけている反ユダヤ主義も、彼にとっては憎むべきものであった」(Weber 1926=1962: 273)。

　ジンメルは「学界の異邦人」と称されることもあったといわれるが、その理由はおそらく上述のような人種問題にのみ帰されるわけではなかった。当時、新生の学問であった社会学の存在意義は、学界全体のなかでまだ十分に承認されていなかった。ジンメルの名声にもかかわらず、ベルリン大学では、「歴史哲学と社会学は現実の科学ではない」(Dilthey 1966: 86) と述べるディルタイとの確執があったとされている。ジンメルとディルタイは、精神科学の樹立という壮大な学問的目的を共有していたにもかかわらず、その関係には明らかな隔たりがあった。

(2) 相互作用の「形式」に注目するジンメル

　ジンメルにとって最も重要と考えられた学問上の課題は、「社会」とは何かを論じるための認識論を基礎づけることにあった。彼は、「社会」という謎を学問的な認識対象として解明する鍵となるのは「形式」であると考え、個々の人間どうしが関係する「形式」について検討する形式社会学を提唱した。彼によれば、人々の間に生じる「相互作用」(Wechselwirkung) に注目することによって「社会現実」を探究できるとされた。人間相互の作用のなかで形成された関係の総体こそが「社会現実」である。この関係が形成される様態をジンメルは「社会化」(Vergesellschaftung) と呼んでいる。彼のいう「社会化」とは、そこに集う個々人の特徴には還元されない性質をその集団が有するようになることである。したがって、「社会現実」を生じさせる諸個人の目的や動機といった個別的内容を研究の対象とするのではなく、分業、上下関係、党派形成、秘密保持といった（彼のいう「形式」にかかわる）概念に着目することが、社会学を学問として成立させる鍵になると、彼は考えた。

　「大都市」化に象徴されるとおり、特定の空間により多くの人々が蝟集するようになると、これまでみられなかったような現象がそこで発生するようになる。ジンメルにとって、「大都市」的なるものを解き明かすことは、そのまま「社会」の謎に挑むこととほぼ同値であった[1]。重要と思われるのは、そのような「社会」の発生によって、そこに生きる人々の性質が変容すること、またそうした人々と事物の関係が変化することを、ジンメルが示唆していたことである。次節では、この点について論じてみよう。

第2節　人間・事物・文化―ジンメルにおける貨幣の哲学

(1) 貨幣のような人間―「大都市生活と人間精神」における関係論

　19・20世紀転換期の人々は、都市の変容に触発されて、同時代に誕生しつつあった新たな社会と人間の関係を問い直そうとした。そうしたなかでも都市について論究したこの時代の最も重要な人物の一人としてジンメルの名を挙げることに異論を唱える者は、おそらくいないだろう[2]。彼は、とりわけ小論「大都市と精神生

活」(1903年)によって、近代都市の卓越した観察者として、後世の都市論者たちの注目を集めてきた。都市という「構成体が個人に関する生の内実と個人を超えたところにある生の内実との間に創り出した方程式」(GSG7: 116=1976: 269)[3] を解くことは、社会と人間に関するジンメルの問題構成の中核をなしていた。問題は、そのことと貨幣論の関係である。

「大都市人」が織り成す世界は、必然的に貨幣経済の世界に近似してくると、ジンメルはいう。両者の共通点は、「純粋なザッハリッヒカイト」(GSG7: 118=1976: 271)、つまり「事物(Sache)」の客観法則への従属であり、公平性の原理がしばしば冷徹なほどに完遂されるというのである。彼の時代観察によれば、貨幣経済は、多くの人々の日常を、計量、計算、分量上の確定、また質的価値から量的価値への縮減によって満たしていった。これと同様の変化が、「大都市」の生活にも見出されるというのである。

ジンメルの見立てによれば、「純粋なザッハリッヒカイト」に統御される「大都市」の人間関係において支配的であるのは、「控えめなよそよそしさ」である。あたかも物と物との関係であるかのように、あるいはそれらの関係を貨幣というメディアによって繋いでいく経済的なコミュニケーションであるかのように、人間と人間が適度な距離を保ちつつ機能的に関与し合うような関係が、ここでは示唆されている。「事物」的な人間関係は、「大都市」という環境において自己を維持するための技法であるのみならず、全体の秩序維持のためにも必要とされるという(GSG7: 120=1976: 273)。

(2) 貨幣化する文化—『貨幣の哲学』における関係論

ジンメルが指摘しているのは、近代において人間どうしの関係が貨幣のような性質を帯びるということだけではない。実際の貨幣とのかかわりが人間の相互作用に影響を及ぼすであろうことを、彼は示唆している。そのことが徹底して論じられているのは、彼の代表作『貨幣の哲学』である。その序論にもあるように、『貨幣の哲学』は、国民経済のリアリティーを個人と個人、個人と貨幣との関係から明らかにすることをねらいとしている。考察の過程を経て、ジンメルは、貨幣が「主観的文化」と「客観的文化」の分化と齟齬をめぐる思索を行うための「た

んなる手段、素材あるいは例証にすぎない」（GSG6: 1900=1999: 9）という認識に至るのであるが、このことについてはあとで再び言及することにしよう。

ジンメルによれば、交換を本質とする経済において、「貨幣は人間と人間とのあいだの関係、相互依存関係の表現であり、その手段」（GSG2: 1900=1999: 142）である。すなわち、「ある人間の欲望の満足をつねに相互にほかの人間に依存させる相対性の表現であり、その手段」として貨幣は観察されうるという。このように貨幣を相互作用から理解する仕方には、貨幣経済に対するジンメル独自の了解の仕方が表れている。

ここで注意しておかねばならないことは、貨幣が人間の相互依存関係の「表現」であると同時に「手段」であると述べられていることである。すでにみたように、「大都市と精神生活」においては、人間が貨幣のような性質を帯びること、すなわち貨幣が人間の在り方を「表現」していることが示されていた。だが、『貨幣の哲学』では、そのことを超えて、貨幣が「手段」となって人間の相互依存関係を生み出すのだと指摘している。ジンメルによれば、貨幣によって、個人は所有物からの自由を増大させるだけでなく、人間との直接的関係からの自由を増大させる。貨幣は、直接的な交換を延期し、関係を間接化し、個人と個人との距離を生み出すのである。貨幣は商品を作った人間と直接交換しなくてもその商品を入手することを可能にする。そのうえ、多くの貨幣さえ所有すれば、自分の欲望を実現し、独立した自由を感じることができる。

だが、すでに述べたとおり、貨幣が個人の自由を増大させるポジティヴな意味だけを有しているわけではないこともまた、ジンメルは示唆している。以下では、貨幣が相互作用を媒介し、また人間の相互作用が貨幣的な性質を帯びることの問題性について、彼が『貨幣の哲学』の最終章で論究している点を確認しよう。

(3)「文化の悲劇」

文化の増大が人間の生を脅かす

『貨幣の哲学』の最終章のタイトルは「生活の様式」（Der Stil des Lebens）である。そこでは、人間の相互作用を媒介する貨幣と貨幣化する人間の相互作用との関係性についての考察が展開されている。「生活の様式」において、ジンメル

は貨幣と知性の共通性について述べている。彼によれば、貨幣の発展と知性の発達には共通点がある。それらに共通する特徴は、欲望の実現を延期し、抑制し、計画的な行動を導く点にある。

　社会のそうした変化は、生の合理化を促進する一方で、新たな問題をも生じさせる。ジンメルにとっては、「客観的文化」と「主観的文化」の齟齬という事態が、それである。人間の人格（Persönlichkeit）から自由になり、事物の法則に従って生み出されたものの総体を、彼は「客観的文化」と呼んでいる。これに対して、個人の精神面において向上していくはずの教養は「主観的文化」と名指される。そのうえでジンメルは、近代において前者が肥大化し、後者が収縮しているのだと、同時代を診断している（GSG6: 1900=1999: 502）。

　以上のような文化のアンバランスを、ジンメルは「文化の悲劇」（die Tragödie der Kultur）という言葉を用いて表現しようとしている。本来、「客観的文化」は、人間の自己完成を促進するはずのものである。だが、「自己完成の前提条件をなしている精神自体によって創造された世界の固有法則のなかで、加速度をもって……文化の内容を文化の目標から逸脱させてゆく論理と動力学が生み出される」という「悲劇的な巡り合わせ」（GSG14: 415f.=1976: 287）が往々にして生じてしまう、というのである。

文化の象徴としての貨幣

　そのような「文化の悲劇」は、貨幣に関しても当てはまる。たしかに、交換関係を結晶化した貨幣および貨幣経済は、近代に生きるわれわれにとって不可欠な「客観的文化」である。だが、人間は、この貨幣というメディアに振り回されている。人間は、自らが創り出した「客観的文化」をうまく消化できなくなり、貨幣経済に振り回されてしまう。生の手段であったものが生の目的となってしまい、生と形式、「主観的文化」と「客観的文化」の関係が逆転してしまうことになることを、ジンメルは『貨幣の哲学』における最後の章で指摘しているのである。

　以上の検討にもとづいていえば、ジンメルの関係論は次のようにまとめることができるであろう。ジンメルは、「社会」の謎を解明する精神科学を追究するなかで、個々の人間の性質を超えた「社会」の形式を解明する方法を模索した。彼が重

視した考察対象は、貨幣であった。ジンメルにとって貨幣とは、人間の相互作用を媒介する「手段」として人間や人間関係に影響を及ぼしつつ、同時にそうした関係のなかにいる人間や人間関係の性質を「表現」するものであった。要するに、ジンメルにおける関係論とは、人と人との間に両者を媒介する事物を想定したうえで、そうした第三項との関係において構想されるはずのものであった。

ジンメルは、人間相互の関係を象徴すると同時にそうした関係を取り持つ手段でもある貨幣にメディアとしての特別な性質を見て取った。近代社会のなかで、個人の自由が拡大し、個人が多くの関係のなかに入っていくためには、個人と個人との関係を平準化するメディアが必要である。メディアは本来的に生の手段であるが、それは生を制約したり、個人をメディアそのものに依存させたりするようにもなる。さらにいえば、メディアによって個人と個人の関係が抑圧されることにもなりかねない。貨幣とは、人間にとって両義的な性質を帯びざるをえないそのような「文化の悲劇」を体現する事物に他ならなかった。ジンメルの思想は、そうした事物がもたらす「文化の悲劇」とどのように折り合うか、という課題をわれわれに突きつける。

ジンメル自身はこの課題を教育の問題として引き受けようとしているわけではない（Simmel 1922=1960）。だが、少なくともそこには、人間が生み出す文化を一部とする環境との力動的な関係性のなかで人間自身がどのように変容していくかという問題、つまりはビルドゥング（人間形成）の問題が内包されていた。その延長線上に、ビルドゥングへの介入、つまり教育という営みに関する問いを立てることはおそらく可能であった[4]。

第3節　ノールにおける「教育学における世代の関係」問題

(1) 精神科学的教育学における関係論

ディルタイからノールへ

ジンメルの思想のうちに潜在していた人間と事物の関係論、もしくは人間とメディアの関係論の萌芽は、精神科学的教育学のうちに積極的に受容されることはなかった。本章の第1節において言及したように、ジンメルは精神科学的教育学の

主潮流からは隔たったところに位置していたからである。精神科学的教育学における関係論は、以下で詳述するノールにおけるように、人間と人間のあいだの関係に焦点を当てて展開されることになる。

　すでに述べたとおり、ノールをはじめとする精神科学的教育学者と呼ばれる人々の思想基盤をなしていたのは、ディルタイである。ノールは、ミッシュ（Misch, G.）とともに、ディルタイの最も古い弟子にあたる。ディルタイは、『普遍妥当的教育学の可能性について』（1888年）において、人間の発達は個性とともに文化や歴史のなかに内包されている教育理想という条件のなかで完成されるのであり、そのような条件のなかで「教育現実」が記述され、分析されると主張した（瀬戸口 2012）。ディルタイは、教育学を精神科学の一分野と位置づけた。彼のそのような企図は、弟子であるノールらに継承されていった。

　ノールの課題は、自然科学によって説明しつくされえない「教育現実」を解釈学の方法を用いて明らかにし、そのことによって教育に関する精神科学の正当性を証明することにあった。ノールは次のように述べている。「陶冶の普遍妥当的理論のための真の出発点は、意味深い全体としての教育現実という事実である」（Nohl 1970: 119）。彼によれば、「教育現実」は生から発展し、歴史を通じて進行し、諸制度を構築し、そして一つのまとまりとなる。このまとまりは、経済のように相対的に独立しているものであって、そのなかで活動している主体から独立しているものであった。

「教育的関係」論の源泉としての青年運動

　ノールが考察の対象として選択した「教育現実」の核心は、「教育的関係」（pädagogischer Bezug）であった。ノールによれば、「教育の基礎は、成熟した人間の成長しつつある人間に対する情熱的な関係」であり、「成長しつつある人間自身のための、彼が自己の生とその形式に至るための関係である」（Nohl 1970: 134）。さらにいえば、「すべての教育学の基礎は、われわれが教育的関係と名づける教師と生徒との人間関係である」（Nohl 1949: 282）という言明からもわかるとおり、ノールは学校における教師と生徒の関係に「教育的関係」の中核をみようとしていた。

ノールにおける「教育的関係」論は、もっぱらディルタイにおける精神科学の目的と方法から純粋に導かれたわけではない。バルテルスが強調しているとおり（Bartels 1968: 13）、「教育的関係」に対するノールの関心は、ザルツマン（Salzmann, C.G.）、ルソー（Rousseau, J.J.）、ペスタロッチー（Pestalozzi, J.H.）、ヘルバルト（Herbart, J.F.）、シュライエルマッハー（Schleiermacher, F.D.E.）、そしてディルタイ、フリッシュアイゼン＝ケーラー（Frischeisen-Kohler, M.）といった人々の思考のなかで醸成されたものを引き継ぐかたちで強化されていった。さらに、「教育的関係」を独自の関係と捉えたノールの背景には、青年運動の体験、家庭でのノールの父親体験、ブーバー（Buber, M.）などの影響があったとされる。

　ノールの「教育的関係」論を支えているはずのそのような多様な要因のうちでも、とりわけ重要と考えられるのが、青年運動とのかかわりである。坂越が強調するとおり、「様々な改革教育運動の多くが、青年運動の中で生起した『解放の努力』の制度的企てとして理解されること、そしてノールたち精神科学的教育学者には、その多様な運動の中に共通の基盤と目標設定を洞察し、理論的に根拠づけるという要請がなされていた」（坂越 2001: 84）[5]。では、青年運動との接触によって、ノールは「教育的関係」をどのように論じるに至ったのだろうか。

(2)「教育的関係」論の両極性

　ノールにおける「教育的関係」論の中核ともいえるのは、教育における「両極性」（Doppelendigkeit）に関する考察である。教育にかかわる関係性の「両極性」ということで、ノールは何を思い描いていたのだろうか。青年運動に関する彼の言及は、そのことに対する明瞭な答えを与えてくれる。

　ノールは、論文「教育学における世代の関係」（1914年）において、「青年の自己組織化」を主題として取り上げている。彼は、青年運動に接触するなかで、教育という営為においてそれまでとくに意識されることのなかった世代間関係が「教育現実」を解釈するうえで非常に重要な要素であることに気がついた。青年運動の立場からすれば、それまでの伝統的な教育は、成熟した世代が成長しつつある世代に対して施すものであると捉えられていた。青年運動に参画した者たちは、不変とも思えた古い世代の文化体系の改革を目指そうとした。青年たちは、

古い世代の指導から自らを解放し、青年自身が自らを主導しなけれなならないという認識に基づいて「自己組織化」を果たそうとした。

だが、ノールは、一方において、先行世代からの「解放の努力」が今まさに生起しているということに共感を覚えながらも、他方において、それだけでは危険だと感じてもいた。彼は、古い世代からの「解放の努力」に精神的基盤を与えるために、「自由意志に基づく服従」を提案し、世代間関係の緊張を解きほぐそうとした。ノールは次のように述べている。「青年は他者の意志を通ることにおいてのみ発達する」（Nohl 1929: 111）と。

一方に青年の解放の努力に対する尊重があり、他方に成熟の落差が感得されるとき、世代間の関係はどのように語られるべきか。そのような問いへの応答を試みるなかで、ノールは「教育的関係」を「愛と権威」に基づく関係とみなすことによってこの問題を理論的に扱おうとした。ノールによれば、教師はまずもって教育愛を持たなければならない。教師は、子どもの陶冶可能性を信じ、理想的な子ども像へ導いていかなければならない。教師はまた、子どもという小さな生を愛のなかに集め、人格的精神的生へと導く。だが、教育愛だけで十分であると、ノールは考えなかった。彼は、カント（Kant, I.）を引き合いに出しつつ、服従は子どもの性格であり、子どもがこの性格を組み入れることによってのみ、子どものなかに内的に整理された魂の形式を獲得することができる、と述べている。その際、教師が子どもに対して有する（権威的）関係は、けっして高圧的服従を強いるものではない。

たしかに、子どもは、理念を象徴する存在として教師を認識し、教師から課題を要求されるかもしれない。だが、ノールによれば、「権威は権力を意味するものではない」（Nohl 1970: 139）。子どものうちには、畏敬（Ehrfurcht）、尊敬（Achtung）、敬愛（Pietät）、感謝（Dankbarkeit）といった心情が抱かれる。これらの心情は、教師が子どものことをおもんばかることによって得られる信頼を台座として構築される自由意志に基づく服従であり、したがって、盲目的に従うことを意味するわけではない。自由意志に基づく服従という根拠こそが、「教育的関係」を成立させるとされた。

ノールが最終的に正当化しようとした教育にかかわる人間どうしの「愛と権威」

の関係については、むろん慎重に検討されなければならない点があるだろう。とくに教育をめぐる「権威」をどのように捉えるかという問題については、現代に至るまで、多様な立場から批判と擁護が繰り返されてきた。ここでは、その問題に深く切り込んでいくことを重要な課題として承認しつつ、とはいえそれとは別の課題の方に重心を置いて議論を進めてみたい。それは、本章の前半部分で検討したジンメルの思想とノールのそれとの布置関係を検討する、というものである。

第4節　ジンメルとノールにおける関係論の相違と接点

「社会」学と「教育」学の相違

　ジンメルとノールは、ともに精神科学に普遍妥当な学問的根拠を見出して、そこから人間と文化の〈現実〉を再構成するという研究課題に取り組んでいた。そのような意味において、両者ともに同時代の学問的関心を共有する地点にいたということができる。また、用いる術語は異なっていたにしても、19・20世紀転換期における時代状況に対してある種の危機診断を行っていたという点においても、ジンメルとノールは一致をみた。ジンメルは、彼の「文化の悲劇」論に集約されるとおり、「客観的文化」の肥大化に「主観的文化」の発展が追いつかない状況に時代の危うさを嗅ぎ取っていた。ノールはといえば、「大都市」化のような時代の新たな現象に対する批判としての相貌を帯びた生活改革運動や青年運動に共鳴していたことに象徴されるとおり、彼が同時代の文化状況に対する危機意識を抱いていたことは明らかである。そのような危機診断に基づいて、同時代における他の多くの思想家たちと同様に、ジンメルもノールもともに、よりよき生を求めて思索を深めていった。

　だが、時代の危機診断に基づく二人の具体的な反応はまったく異なるものであった。「社会」の謎を解き明かすことに重点を置いたジンメルは、時代の観察者としての立場を堅持していたようにみえる。彼は、人間の関係性が貨幣によって変質し、それ自体が貨幣のような性質を帯びるとした。だが、事物の論理に従って展開するそのような変化を、ジンメルは断罪しなかった。彼は、ただ近代のそうした変化を透徹して観察することに向かい、その両義性を、つまり近代人の自由と

孤立が同根のものであることを記述しようとした。事物と人間との相互作用の問題が、彼の中核的な関心のうちにあった。

　ジンメルが「社会」の透徹した観察者であったのに対して、ノールの力点は当然のことながら「教育」にあったというべきだろう。彼の思想の中核をなしていたのは、「教育的関係」、なかでも教師と生徒との直接的な関係（相互作用）に関する考察であった。彼の「教育的関係」論は、少なくともドイツにおいて、理論的な次元のみならず、教育実践の領域においても多大な影響を与えた（本論集の第 1 章、また坂越 2001 も参照）。なるほど精神科学的教育学に属するとされる他の人々も無批判にノールの「教育的関係」論を受容したわけではない。たとえばノールの弟子であるフリットナー（Flitner, W.）は、教師と生徒の直接的な関係のうちに共同体が成立する根拠を置いたノールとは異なって、共同体の範囲をさらに広げ、教育を取り巻く関係の多様性のなかに共同体の在処をみようとした（宮野 1996: 118f.）。ただ、そうしたノールに対する言及は、彼の「教育的関係」論の否定というよりも、その批判的発展を促したというべきであろう。

ありえたかもしれない「教育的関係」論の拡張
　ノールの「教育的関係」論に対する批判によって教育をめぐる関係性がより多角的に捉えられたことで、「教育的関係」論という領野がより確かなものとして教育学のなかに定着することになった。だが、そうした領野のなかには、ジンメルが予見したような人間と事物とのより包括的な相互作用の次元は十分に組み入れられることがなかった。もしジンメルとディルタイが学問上の活発な議論を展開していたとしたら、また、そのことによってディルタイの延長線上に花開いた精神科学的教育学のうちにジンメル思想が十分に受容されていたとしたら、いったいどのような力動的な「教育的関係」論が展開されていただろうか、と夢想してみたくもなる。

　ジンメル思想ともつながりうるような、ありえたかもしれない「教育的関係」論の拡張の可能性を示唆していた人物がいたとすれば、それは精神科学的教育学における重要人物の一人とされるリット（Litt, Th.）ではないだろうか。リットは、主著の一つとして挙げられる『指導か放任か』（Litt 1927=1986）において、ノー

ルの「教育的関係」論を批判的に考察している。リットは、一方において、ノールと同様に教育を教育たらしめている現実は〈教師／生徒〉の人格的な教育関係であるということを強調している。だが、他方において、リットは、ノールがそのような関係を「孤立化」したものとして扱っている点を指摘したうえで、そうした「教育的関係」がより広範な時代の「精神」、すなわち、政治、社会、経済、芸術などが織りなす包括的な条件のうちに位置づけられるべきことを主張している（cf. Bartels 1968: 191f.）。ノールが教育における多様な関係性を教師と生徒という人間関係のみに平準化していること、またそうした人間関係を道具化し、その結果として教育を他の目的のための手段に貶めてしまうという不幸な状況を招いてしまうことに、リットは警鐘を鳴らしているのである。

　より広範な関係性のうちに人間と文化を捉えることによって「教育的関係」論の「孤立化」を解消する方向性をリットは指し示しているのだが、その際にジンメルに対する直接的な言及がみられるわけではない。また、リット自身が「教育的関係」論を事物との関連性へと具体的に拡張して展開したというわけでもない。だが、技術的思考や原子力をめぐるリットの考察を眺めてみると、ジンメルにおける「文化の悲劇」に関する思想と同様に、リットの思想もまた、ザッハリッヒな法則性によって肥大化していく客観的な文化と人間との入り組んだ関係性への深い洞察を含んでいるようにみえる。「教育的関係」と名指されぬままに。もはやリットの思想を詳論する紙幅は残されていないが、教師と生徒の関係に濃縮される教育的な世代間関係の問題圏と、人間と事物との相互関係の問題圏とが交錯するような、新たな「教育的関係」論の可能性をそこに探り当てることを、次なる課題として意識しておきたい。

今後の課題と展望―「文化の悲劇」を超える「教育的関係」論の可能性へ

　「客観的文化」の肥大化とそれによって引き起こされる「文化の悲劇」。19・20世紀転換期におけるジンメルの時代診断は、あたかも今日の時代状況を予見したものであるようにもみえる。すでにみたとおり、彼は貨幣について論じることによって、人間の生と文化が変容していく様子を示そうとした。その貨幣は、今や電

子マネー化の方向に舵を切り、その機能性をますます強めている。科学技術の進歩がもたらしたデジタル革命は、ザッハリッヒカイトの世界をさらに肥大化させているのはまちがいない。

人工的に設えられた環境が拡張していくことによって、その影響はいったいどれほどのものになるか。変化の渦中にあるわれわれは、まだ十分にその問いに答えられないでいる。「客観的文化」の極大化が人間の感覚、人間どうしの関係性、社会の風習・慣習を、これまでの時代以上に大きく変えようとしている。そればかりか、たとえばコンピューターを用いて何かを創作するような場合に典型的にみられるように、われわれはもはや「客観的文化」と「主観的文化」とを明確に切り分けて思考することが難しいほどに、両者の境界線が曖昧化する日常を生きている。なるほどそうしたことは現代に始まったことではなく、人間が道具を用いるようになったはるか遠い昔からの事態であるといえなくもない。だが、今日ほど「客観的文化」の大きな能力に依存する頻度や度合いが増大し、またそのことによって人間自身がそれとの関係においてこれまで以上に大きな変容作用を受けていることを考えるならば、やはり現代は——その傾向を歓迎するにしても、不安な眼差しで警戒するにしても——特別な時代であるというべきだろう。

教育学にとって重要と考えられるのは、「客観的文化」の肥大化によって、ますます教育という手続きなしの人間形成の範囲が拡張しているようにみえることである。むろん、教育という営みそのものが消失するわけではない。ただ、コンピューターやさまざまなデジタルツールが教育の過程に介在する割合は増加しており、その点において「客観的文化」の肥大化は、教育そのものをも大きく変えようとしている。それと同時に、「教育的関係」と呼ぶべき関係性もまた再考を余儀なくされている。たしかな寄る辺もないままに。

そのときなのではないだろうか。19・20世紀転換期が現代の対話者として立ち現れるのは、当時の人々が「文化の悲劇」や生の急激な変容を意識しつつ、人や事物の関係性とのかかわりで人間形成や教育について真摯に考察しようとしていたことを思い起こさねばならない。現代における事物の論理に従う新たな人間形成の可能性に期待を寄せてみたい一方で、しかし「成熟の落差」ということによって、あるいは「客観的文化」と「主観的文化」の齟齬ということによって、

彼らが表現したかったことはいったい何であったのか、ということを再考しなければならない。本章は、そうした方向における考察の第一歩であった。

注

1 「社会」が謎として浮上した背景には、19世紀後半から顕著にみられた西洋社会の都市化現象があった。都市社会学者の若林幹夫が強調するとおり、「テンニース、デュルケーム、マルクス、エンゲルス、ジンメルといった社会学の『創始者』たちの視線は、すぐれて近代的な状態をもった社会が存在する場所である都市へとしばしば注がれており、階級、ゲゼルシャフト、アノミー、個別化と合理化、等々……、近代社会を理解するための社会学の古典的な鍵概念の多くは、都市居住者達の新しい行為や経験の形を分析するなかから生み出されてきたのである」(若林1992: 21f.)。
2 ジンメルについて、より詳しくは山名2015を参照。
3 ドイツ語版ジンメル全集（Georg Simmel: Gesamtausgabe. 24 Bd. Hrsg. v. Rammstedt,O., Frankfurt a.M.）についてはGSGという略式記号で示すことにする。なお、参照した邦訳については該当頁を記したが、本考の文脈に合わせて訳文を変えたところがある。
4 ビルドゥング論としてのジンメルの思想については、山名2015、とりわけその第1章を参照。
5 ノールの「教育的関係」論がいかに彼自身の人生経験と密接に結びついたものであるか、ということを理解するために、土橋1996、また岩本2005も参照。

引用参考文献

Bartels, K., 1968, *Die Pädagogik Herman Nohls; in ihrem Verhältnis zum Werk Wilhelm Diltheys und zur heutigen Erziehungswissenschaft*. Weinheim: J. Beltz

Bollnow, O.F., 1966, *Krise und neuer Anfang: Beiträge zur pädagogischen Anthroplogie*. Heidelberg: Quelle & Meyer ＝西村皓，鈴木謙三（訳），1968，『危機と新しい始まり』理想社．

Dilthey, W., 1966, Einleitung in die Geisteswissenschaft, *Gesmmte Schriften*. Bd.1.

土橋寶，1996，「ヘルマン・ノールにおける教育的関係の理論に関する一考察」『鳥取大学教育学部研究報告』（教育科学）第38巻第1号，49-75頁．

岩本俊一，2005，「H.ノールにおける教育的関係論の生成について—社会的教育学とのかかわりを中心に—」『東京大学大学院教育学研究科教育学研究室研究室紀要』第31号，13-21頁．

川本格子，2008，「歴史哲学」，早川洋行・菅野仁『ジンメル社会学を学ぶ人のために』世界思想社，60-61頁．

Litt, Th., 1927, *Führen oder Wachsenlassen?* Leipzig/Berlin: Teubner ＝石原鉄雄（訳），1986，『教育の根本問題—指導か放任か』明治図書．

宮野安治，1996，『教育関係論の研究』渓水社．

Nohl, H., 1929, *Das Verhältnis der Generationen in der Pädagogik, Pädagogische Aufsätze*, 2Auf., Berlin-Leipzig：Julius Beltz

Nohl, H., 1988 (Orig. 1935), *Die pädagogische Bewegung in Deutschland und ihre Theorie*, Frankfurt am Main：Vittorio Klostermann

Nohl, H., 1949, Vom Wesen der Erziehung, *Pädagogik aus dreißig Jahren*, Frankfurt a.M.: G.Schulte-Bulmke

小笠原道雄, 2017, 「精神科学的教育学」, 教育思想史学会（編）『教育思想事典』（増補改訂版）, 勁草書房, 498-499頁.

大森敦史, 1987, 「生の内在と超越」『哲学論叢』第18号, 39-59頁.

坂越正樹, 2001, 『ヘルマン・ノール教育学の研究』風間書房.

坂越正樹, 2017, 「ディルタイ」, 教育思想史学会（編）『教育思想事典』（増補改訂版）、勁草書房.

瀬戸口昌也, 2012, 「ディルタイの教育学の再構築—『心的生の目的論』から見た精神科学の普遍妥当性の問題—」, 『別府大学大学院紀要』第14号, 77-91頁.

Simmel, G., 1989 (Orig. 1900), Philosophie des Geldes, Ders., 1989, *Gesamtausgabe*. Bd.6, Hrsg. v. Frisby, D.P. und Köhnke, K.Ch., Frankfurt a.M.: Suhrkamp ＝居安正（訳）, 1999, 『貨幣の哲学』白水社.

Simmel, G., 1995 (Orig. 1903), Die Großstadt und das Geistesleben, Ders., 1995, *Gesamtausgabe*. Bd.7, Hrsg. v. Kramme,R. u.a., Frankfurt a.M.: Suhrkamp, S.116-131. ＝居安正（訳）, 1976, 「大都市と精神生活」『ジンメル著作集』第12巻, 白水社, 269-285頁.

Simmel,G., 1996 (Orig. 1910), Der Begriff und die Tragödie der Kultur, Ders., 1996, *Gesamtausgabe*, Bd.14, Hrsg. v. Kramme, R. und Rammstedt, O., Frankfurt a. M.: Suhrkamp, S.385-416. ＝円子修平, 大久保健治（訳）, 1976, 「文化の概念と文化の悲劇」『ジンメル著作集』第7巻, 白水社, 253-287頁.

Simmel, G., 1922, *Schulpädagogik. Vorlesungen, gehalten an der Universität Strassburg.* Osterweck/Harz. ＝伊勢田耀子（訳）, 1960, 『学校教育論』明治図書.

若林幹夫, 1992, 『熱い都市　冷たい都市』弘文堂

Weber, M[arianne]., 1926, Max Weber. Ein Lebensbild, Tübingen: J.C.B.Mohr. ＝大久保和郎（訳）, 1962, 『マックス・ウェーバー』みすず書房.

ウェーバー, M., 尾高邦雄（訳）, 1980, 『職業としての学問』岩波文庫.

山名淳, 2015, 『都市とアーキテクチャの教育思想』勁草書房.

山名淳, 2017, 「ジンメル」, 教育思想史学会（編）『教育思想事典』（増補改訂版）, 勁草書房, 478-479頁.

さらに勉強したい人のための文献案内

①菅野仁, 2003, 『ジンメル・つながりの哲学』NHK出版.

　「つながり」をキーワードにしてジンメルの思想を主体的に読み解く試み。現代社会における「つながり」の難しさの問題を意識しつつ、そのような問題を克服するための思考の処方箋を探っている。社会学者による著作であるが、教育とのかかわりで読解してみるのもおもしろい。

②ボルノウ, O.F., 西村皓, 鈴木謙三（訳）, 1968, 『危機と新しい始まり』理想社.

　本書は、精神科学的教育学を継承し、さらに実存主義教育学、教育人間学を構築した大家の書である。本書を読めば、教育がいかに歴史的あるいは文化社会的に規定されているかを知ることができる。第7章、第8章はドイツにおける精神科学的教育学の本質を知るうえで

参考となる。

第6章　戦後ヴェーニガーにおける政治的陶冶と教育的関係

渡邊隆信・田中崇教

本章の概要

　ディルタイの影響のもと、ノールは「教育的関係（pädagogischer Bezug）」という術語を確立し、成熟した人間（教師）と成長しつつある人間（生徒）との人格的関係こそが教育の基本であると述べた。しかし、そこでは教師と生徒の二者関係に視野が限定されがちで、両者が埋め込まれている政治的・社会的状況（ナチ体制）を批判的に検討する視点が閉ざされる傾向があった。そのことは戦後、「教育的関係の孤立化」（リット）として厳しく批判される（Litt 1946: 25f.）。

　本章では、ノールの弟子で後継者でもあるエーリッヒ・ヴェーニガー（Erich Weniger, 1894～1961）を取り上げ、戦後彼が政治的陶冶の強調という文脈において教育的関係論をどのように拡張・展開していったのかを検討する。考察の手順として、まず政治に力点をおくヴェーニガーの教育思想の特質を整理したうえで、ナチ期を経て戦後は公民教育よりも政治的陶冶を重視するようになったことを確認する。その上で、1950年代初頭に発表されたエティンガーのパートナーシップ論に対するヴェーニガーの論評を分析する。その作業を通して、ヴェーニガーにおいて教育的関係論に関して従来の認識から広がりをみせていく点を明らかにしたい。それにより、人間形成における関係とは決して大人と子どものような「個人と個人」といった図式のみならず、「個人と集団」や「集団と集団」、さらには集団内に形成される「雰囲気」も組み込んだより複雑かつ重層的な構造図式から検討がなされることが示されるであろう。

第 1 節　公民教育から政治的陶冶へ

(1) ナチ期以前と以降

　ヴェーニガーは、シュプランガー、ノール、リット、フリットナーらとともに、精神科学的教育学派の「最も重要な代表者」の一人に数えられる（小笠原 1999: 10）。彼の研究対象は、歴史教育、教員養成、民衆教育、新教育運動、軍隊教育学など多岐にわたる。その彼が帝政期から第一次世界大戦、ワイマール期を経て、ナチ期と第二次世界大戦、そして戦後にいたる激動の人生において常に考え続けたのが、現実のドイツ社会・政治と教育との関係であった。ヴェーニガーの高弟の一人であるクラフキは、ヴェーニガーを「政治的」教育家ときっぱり呼び、こう説明している。

　　「好んで新しいものを創り出し、決断力のあるヴェーニガーの態度には、最初からとても社会的かつ政治的・民主的なアクセントが置かれていた。彼の同世代もしくは先行世代の重要な教育学者のなかで、教育と陶冶の公共の次元、すなわち社会的、政治的観点を単に観察し考え抜いたばかりでなく、それに対してエーリッヒ・ヴェーニガーほど自己の実践的働きかけに重心を置いた者は、おそらくいない。」（Klafki 1961: 138）

　また、ヴェーニガーの最後の助手を務めたホフマンもまた、ヴェーニガーの教育理論が「最初から政治的陶冶の一つであり、つまり、民主的-自由主義的な陶冶理想をともなった政治的教育理論」（Hoffmann 1970: 311）であったと指摘している。ヴェーニガーの教育思想は生涯にわたり、いわば通奏低音として政治的性格を備えていたと言えよう。しかし、その政治的教育理論の内容を子細にたどるならば、ナチ期以前と以降、すなわちワイマール期と戦後では、その論調が大きく異なっている。その論調の変化を明瞭に示してくれるのは、「公民教育の問題について」という論考である。

　1925 年 7 月 20 日に出されたプロイセン文部省の覚書によって、プロイセンにおける教師教育の新秩序が導入された。そこでは、「国民教育」が明確な課題とさ

れ、国民学校教師はまず第一に国民教師ならびに国民教育者として働く能力がなければならないと定められた。ヴェーニガーは、この綱領を公民教育論へと拡大し具体化した（Schwenk 1968: 15）。その成果の一つが、1929 年 1 月刊行の雑誌『教育』第 4 巻第 4 号に掲載された論考「公民教育の問題について」であった。

　本論考は戦後、『教育学資料テキスト』の第 6 巻として 1951 年に再度出版された。興味深いのは、1951 年版の「あとがき」において、ワイマール期に自らが主張した公民教育を戦後の地点からどう評価すべきかが検討されている点である。そこではヴェーニガーの戦前と戦後の思想の変化が明瞭に示されており、注目に値する。以下、「あとがき」の内容を検討しておきたい。

　1929 年当時にまとめられた洞察が 1951 年の時点でなお妥当性を持ちうるのか。ヴェーニガーは、この問いに対して、「1933 年以前の時代を引き合いに出すことが有効であるとしても、ここでもまたきわめて慎重であらねばならない」（Weniger 1951: 26）と述べる。なぜなら、「裂け目はあまりに深く、受け継がれてきたものの断絶があまりに激しかったので、単純には立ち戻ることができない」（Ebenda）からである。

　1933 年以降、公民教育の概念に対して厳しい批判がなされた。公民教育に代わって要求された「政治的教化（politische Schulung）」が行き着いたところは、政治的人間の自由な発展や政治的国民の形成ではなく、大衆としての国民を形成することであり、プロパガンダの手を借りて全体主義政権の言いなりになる対象を作り出すことであり、さらには、「信奉者」として絶対的な支配者の従順な道具であらねばならないような機能化された社会を構築することであった（Weniger 1951: 26f.）。

　ヴェーニガーによれば、公民教育の概念がリベラルでありうるのは、どのような国家形態においても、人間の権利と市民の権利、市民的自由を本気で確保しようとする限りにおいてであり、また公民教育が個々人の判断と意志に訴える限りにおいてである。公民教育という課題は、いかなる形態や方法であれ、民主主義が求められ、国家の生活に責任ある関与が求められるところでは、どこでも妥当する。ただし、公民教育は国民の政治的自由を守るための教育に限定されるべきではない。健全な国家においては、自由の度合いは引き受けられるべき義務の度合いに

従わねばならない（Weniger 1951: 27）。国民の担うべき義務が、公民教育においては重視されていたというのである。

（2）政治的陶冶の強調

　こうした意味において公民教育は重要であるが、それだけでは不十分であるとヴェーニガーは考える。公民教育と並んで政治的陶冶が前面に出てこなければならない。彼は1929年の論考においてすでに、公民教育と政治的陶冶との違いについて以下のように規定している。

> 「他方で公民教育と政治的陶冶は同じではない。政治的陶冶は政治的生活形式、実情に即した政治的な態度と行為、その条件と可能性をありありと思い浮かべることを目指している。公民教育は政治的行為に内容ととりわけ条件を媒介する。けれども公民教育は、市民としての義務の範囲を超えては活動することのない者に対しても要求される。」（Weniger 1951: 15）

　ヴェーニガーはこのようにかつての文章を引用した上で、1951年の時点でかつて以上に、「すべての市民に対して政治的陶冶が要求されねばならない」（Weniger 1951: 27）と主張する。なぜなら、すべての者が「積極的な政治的責任（aktive politische Verantwortung）」を担っているからである。単に市民がいるというだけの国家では、決して真の民主主義は実現されない。国民が正当な形で政治的責任を分担することが大切であり、つまりは正当な形で統治権を分担することが重要であり不可欠である。ヴェーニガーは、「過去10年間の悲痛な経験」をふまえて、「国民が統治権を分担することによってのみ、個々人の政治的自由もまた確保されうる」（Ebenda）ことを認識していたのである。その際、国民が分担すべきものを、ヴェーニガーは選挙権の行使や、国家や選ばれた代表者に対する正しい態度に限定しはしない。むしろ大切なのは、組織化された自治や共同生活の組合的・連盟的組織、また超国家的な課題への関与といった諸領域において各自が積極的な政治的責任を引き受けることである。

　ヴェーニガーは、ナチ政権下の神話の一つに、「歴史的責任の本来的担い手

としての英雄的人物と兵士という神話」が存在したと認識していた（Weniger 1949: 36）。ごく一部の人間が歴史的責任を担うことの危険性が明らかになった今、すべての国民が政治的責任を担うことを求めるのである。

　では、各人がそうした政治的責任を引き受けることができるためには何が必要か。ヴェーニガーは、その鍵となるのが歴史教育であると考える。彼は終戦後間もない1945年12月にハノーファーでおこなった講演「歴史教育の新たな道」を引き合いに出しながら、こう述べる。

　　「歴史教育は本質的に政治的課題を有している。歴史教育とは、歴史に対する行動的人間の責任というカテゴリーのもとでの、生の理解のための制度である。」（Weniger 1951: 40）

　ヴェーニガーにおいて歴史教育は戦後のドイツ社会の構築という政治的課題に結びつけられる。彼はそれを「政治的歴史教育」という理念で表現し、その理念をニーダーザクセン州の歴史教育の指針に反映させようとした。

(3) 戦後教育への批判

　政治的陶冶の重要性をより強調するヴェーニガーにとって、占領国の影響下でおこなわれている教育の実践はけっして満足のいくものではなかった。それは4つの占領国のあいだで「再教育」の指針が共有されていなかったというだけではない。彼は、アングロサクソンの模範がたびたび誤解され、政治的陶冶が十分におこなわれていないと認識していた。その理由を一言でいえば、民主主義的な形式（Formen）ばかりを取り入れて、肝心の内容（Gehalte）が理解されていないからである。イギリスの学校で決定的なことは、生徒自治に代表されるような狭い意味での民主的形式でもなければ、公的生活の議会的形式を学校に引き継ぐことでもない。重要なことは、イギリスの学校ではいかさまをしたりカンニングをしないということ、生徒同士や教師と生徒のかかわり方の騎士性、公正さ、楽しくてユーモアあふれる学校の雰囲気であり、また学校生活にとっての遊びの意義や学校活動のチーム的性格も強調されねばならない。

しかしながら、これらはすべてドイツの学校では、実験学校など特殊な場合をのぞけば、しばしばひどく欠落している。ドイツで支配的なのは、義務と成績を学校活動の最高の徳と見なすような、過度のきまじめさである。「今のドイツの学校で取り入れられねばならないとされる、いわゆる民主的形式は、本来重要なもの、すなわち健全な学校の雰囲気、学校の精神、教師と生徒の態度に比べると、きわめて二次的なもの」(Weniger 1951: 28f.) でしかない。

ヴェーニガーによれば、大人の生活にあるような民主主義の政治的形式を模倣することの誤りは2点ある。一つは、学校生活の独自性から有機的に生じたのではない政治的生活の形式を、それが学校や青少年の生活にふさわしいかどうかを問うことなしに、取り入れている点である。いま一つは、新しいものを内から外へではなく、外から内へと作ろうとしている点である。「確かにわれわれ国民は、破壊された国民秩序を復興し、ドイツ国民を国際社会へと再統合するために、新しい形式を獲得するという新しい課題に直面している。学校活動の新しい形式もまたそれに属している。しかし、形式からはいかなる内容も獲得されない。むしろ、新しい内容が形式を規定するのである」(Weniger 1951: 29)。こうしてヴェーニガーは、ドイツ人の内面に根差した政治的陶冶の必要性を訴えるのである。

その際、政治的陶冶の効果が期待されるのは、成人ではなく25歳くらいまでの青少年である。それは国民学校、中間学校、高等学校、総合大学、単科大学に通う青少年である。また特に国の青少年の過半数に対して国民学校の不十分さを補完せねばならない職業学校や専門学校、さらにはあらゆる種類の青年グループや、青少年を対象にする民衆大学に大きな期待が寄せられる（Weniger 1954: 19）。

以上のように政治的陶冶を強調する戦後のヴェーニガーにおいて、精神科学的教育学を構成する中心的テーマであった教育的関係が、どのように論じられたのだろうか。次節ではこの問いに迫ってみたい。

第2節　政治的陶冶論における教育的関係の拡張
――パートナーシップ論への関与に基づいて

(1) 政治的陶冶論と教育的関係の接点
――ヴェーニガーによるパートナーシップ論への関与

　1952年、ヴェーニガーは自身のこれまでの業績を集約させた論文集『理論と実践における教育の独自性』（Weniger 1952a）を公刊した。その一方で、同年に彼はある論文を『ザムルング』紙上で発表した。「政治教育と市民教育」（Weniger 1952b）と題されたこの論文は、藤澤（1966）、宮田（1968）、近藤（2005）、宮野（2014）らに従えば、当時、教育的関係に関する新たな提案として「異常なまでの反響」を呼ぶとともに、「教育書としては稀有の売れ行きぶり」を示すほど（藤澤 1966: 87 参照）脚光を浴びたエティンガー（テオドール・ヴィルヘルム（Theodor Wilhelm, 1906～2005）のペンネーム）のパートナーシップ論（Oetinger 1951）に対する批判の嚆矢であった。

　エティンガーのパートナーシップ論は、アメリカのプラグマティズムを範とした政治教育論と理解される。彼自身は8つの点からその特徴を説明するのだが、次のように概観できるだろう。まず、「国家的なるもの」を過大評価してきたドイツの伝統的思考への反省に基づき、政治（民主主義）的意志や態度を「国家形式」ではなく「生活形式」を通して涵養することが教育の目的に据えられる。すなわち、政治は、国家的なるものと対峙する過程の中で理解されるべき「対象的知識」としてではなく、むしろ日常生活下で好意（Wohlwillen）に基づく身近な人々と「相互に浸透し合う」（相互協同的な）営みの中で慣習（自然発生）的に培われていく人間の本来的な意志や態度として理解される。そのため、「宗教的な力」などにも拠るのではなく、直接的な交わりを基盤とする「行為すること」や「経験すること」が際立たされるのである（Vgl. Oetinger 1956(3): 85f.）。

　論文「政治教育と市民教育」もまた、パートナーシップ論をアメリカ的経験主義／民主主義に基づくものと捉え（Vgl. Weniger 1952b: 307ff.）、次に示される論を展開する。ただし、本論の主眼は、エティンガーが示すパートナーシップ論自体を検証すること、あるいはヴェーニガーによる解釈の正当性を検証することではな

い。むしろ、パートナーシップ論に迫った際のヴェーニガーのねらいやその意味を教育的関係に基づき検討することにある。

若者の政治逃避的姿勢に対する批判

まず、冒頭以降において確認されることは、陶冶モデルとして掲げられる「人間性（Menschentum）」に短絡的な憧憬姿勢を示す当時の若者への批判である。「利害衝突や権力闘争」を含む「政治に対して全くの嫌悪感を示す」若者によって羨望される理想型として「人間性」は置かれる。そこには、いかなる政治的な要素、具体的には「闘争や権力的な支配を与えること」も存在しない。まさに、ルソーの『エミール』で描かれた「教育的ユートピア」での陶冶体験をこうした若者は「真剣に」希望しているとの懸念が示されるのである（Vgl. Weniger 1952b: 305f.）。

もちろん、過去のドイツにおける「権力と支配の退廃によってもたらされた苦い経験」、すなわち「共同体の力や政治的権力の甚だしい乱用」や「権力へのしがらみ」が、若者の政治不信や嫌悪の原因であることに一定の理解は示される。実際に、「社会に対する若者の希薄化」は、戦後間もない時期からヴェーニガーによって継続的に取り上げられてきた。例えば、論文「若者と職業難」（Weniger 1945）では、ナチ政権崩壊後における若者の意識低下を危惧し、これからの新たなドイツ再建の担い手になるべく若者の社会参加・政治意欲の向上が喫緊の課題として取り上げられるとともに、以降の彼の著作でも散見される。このように「社会に対する若者の希薄意識」は、戦後のヴェーニガーがその端緒から抱えていた関心事項だった。

しかしながら、政治への無関心や不干渉（関与すること自体を拒む）という意味での非政治的志向は人間形成上、問題ありとして批判される。なぜなら、先述した「政治の退廃」や「政治的権力の甚だしい乱用」を引き起こす原因になるからである（Vgl. Weniger 1952b: 309）。むしろ、人間形成（教育）が政治と密接に関連しあうことは、それぞれの向上のための必須条件とされる。こうした政治への積極的関与を肯定する姿勢は、次の論からも確認される。

「よりよい政治のためには、政治なしの教育を抜きには考えられない。それで

もなお、若い頃には確かに人間でありたいと望んでいる。政治的生活の難しい現実性を垣間見ることなく、政治への関与を望んでいた。だが、政治の新しくよりよい形式が、若者をしつけ、成長させる。少なくとも政治の中にある人間性をよりよい位置に近づけるのだ。」(Weniger 1952b: 305)

若者批判の箇所から確認される論考上の特徴は、政治の領域で起こりうる利害衝突や権力闘争といった人間関係上におけるある種の煩わしさを人間形成に組み込む点にある。それは、人間形成が政治（権力）と理念上ではなく、様々な「しがらみ」のある状況下でこそ、関連せざるを得ないことの確認でもあった。政治的内容を重視した「人間形成」がヴェーニガーの企図にあり、特徴として取り上げられたのである。

歴史および現状の軽視傾向に対する批判
いわゆる古典主義的教養に基づく「人間性」の観点に立てば、決してよいものとはみなされない政治にむしろ関与することが人間形成の過程にあると提唱した後、政治と歴史の密接さに関する検討へと論は進む。

> 「（1945年―執筆者による補足）以降、歴史（を振り返ること―執筆者による補足）はとても辛いものになったが、私たちが歴史の中で生きていること、そして私たちは政治的運命と政治的な課題を持っていることを意義深く思い出させる。ゆえに、政治教育を必要とするのだ。」(Weniger 1952b: 306)

ドイツにおける過去の政治状況を顧みた際、権力闘争やその濫用などが特徴として見出される点は否めない。とはいえ、ルソーに描かれる非政治性を含んだ理想に身を置こうとする若者の主張は、それこそ現実から目を背けており、退けなければならない。歴史、すなわち「連続性の中に存在する」ことやその中で構築された「精神的成果と関わる」ことが人間形成であって、国家、教会、共同体地域、学問、言語、慣習や生活形式、高貴なエートスなどとの関わりを拒絶（選別）するところに人間形成を見出す思考は、非現実的かつ不可能な企てとされる（Vgl.

Weniger 1952b: 313f.）。

　ここに、歴史に基づき構築された現状こそを人間形成の場として強調するヴェーニガーの意図が確認される。加えて、歴史に基づく「精神的成果」を理解／判断するための諸能力の向上は、こうした成果への直接的な関与によってのみ成し遂げられるとの着想も同時に見て取れる。だからこそ、「歴史的視座を持った政治教育が必要である。なぜなら、政治的課題は未だ歴史的地平の内部にあり、その歴史的な地平の中で取り扱われなければならない」のであり、政治教育は「国家生活と直接関係」しなければならないと主張するのである（Vgl. Weniger 1952b: 306f.）。

パートナーシップ論への疑念―理想主義的人間関係

　歴史およびその成果によって構成された現状に対して「好む／好まない」にかかわらず積極的に関与することを人間形成の基軸に据える論考は続いて、関与の在り様に目を向ける。これが、エティンガーのパートナーシップ論に対するヴェーニガーの批評として認識される箇所である。

　パートナーシップ論の中核は「日常的な生活における近隣との素朴な人間関係」と捉えられる。いわゆる近隣との間で常日頃の「共同生活」や「共同作業」が成り立つ要件を論点に据え、何からも束縛されない意志に基づく自由や権利行使が人間関係上の「ゆるぎない規範」に、すなわち本来的にあるべき理想に据えられる。

　こうした点を特徴として見出されるパートナーシップ論は、「民主主義という古典的な闘争概念」を用いた「新しい政治教育形式」として評価される。ドイツにおける従来的な「国家」や「公民教育」から距離を取った思考として、具体的には「古めかしい」政治（国家・公民教育）に「失望的にそっぽを向いている」ドイツの実情（とりわけ若者らにはびこる政治逃避的姿勢）を危ぶむがゆえに示された「新しい共同体的政治的秩序」（Vgl. Weniger 1952b: 306）とされる。さらに言えば、先述したルソーやアメリカ（デューイ）経験主義／民主主義から導き出された理想的な関係なのである。

　ところが一方で、このパートナーシップを政治／政治教育の文脈に置き「いか

なる支配にも基づかない非暴力的政治、非抑圧的権力秩序、平和教育」(Weniger 1952b: 309) が可能になることも示されるがゆえに、政治における「抑圧なしの権力秩序や平和秩序」への期待が膨らむ理論として疑念が示される。すなわち、「合意形成」が何ら問題なく（素朴に）可能であることを前提としている点、そしてこの人間関係モデルを政治に転用する可能性が過大に評価されている点、これらからパートナーシップ論は一定の意義を認められた上で、あまりにも現実離れした理想として危惧され、距離を取った評価を下される。とりわけ、素朴な人間関係が理想化（規範化／美化）され、政治に援用されることにより「支配や権力の放棄」、あるいは政治に関与しなくなるという意味での「無政府状態」を「民主主義とはいわない」として警鐘が鳴らされるのである (Vgl. Weniger 1952b: 309f.)。

　ここにヴェーニガーの政治／政治的陶冶に対する思考上の特徴が見出される。パートナーシップ論が受容（解釈）した「経験主義の前提は、構造上、歩み寄りや話し合いや協同性に基づく学びの楽観主義的な受容を人間の本性と同様に含む。それは、ドイツの理想主義的哲学やケルシェンシュタイナーの公民教育にも通じる」(Weniger 1952b: 314) とされる。すなわち、お互いにいずれはつながりあえるはずという「感情や意思といった情動的諸力へ傾倒する」ことが、固有のものとして前提に置かれているのである。この点をヴェーニガーは問題視した。なぜなら、「理性的な洞察」の意義や役割を不透明にすることは、彼にとって「決定的な欠陥」だと思われたからである。まさにそれは「ナチの残骸」でもあった (Vgl. Weniger 1952b: 315f.)。ゆえに、複雑な政治課題に対応しうる「理性的な洞察」に基づく「指導的規定」や「総合的執行権のコントロール」、すなわち「相対的自律」なるものが民主主義に必要な要素として提示されるのである (Vgl. Weniger 1952b: 311)。言い換えれば、経験主義／民主主義に基づく関係（人間関係）の可能性を無批判に信じるのではなく、いかにして関係を構築しつつ人間形成を行っていくのかを吟味することに力点が置かれる思考であった。

(2) ヴェーニガーによる政治的陶冶への関心の意義
―教育的関係論の再解釈可能性

　政治／社会参加の意義を人間形成として論じるヴェーニガーの論考は、視点

を変えれば、時局的な課題への取り組みや応答として特徴づけることもできる。この視点に立てば、自身の学理論を集約させた代表的著作集の出版と同時に、先述したようなパートナーシップ論に対する積極的な介入を試みた1950年代前半は、戦後西ドイツの状況に目を向けた際、再軍備の議論が高まった時期でもあった。実は、「軍隊と人間形成」の課題に政治的文脈から取り組んだ形跡が当時のヴェーニガーには存在する。

　国防に基づく軍隊経験の人間形成的意義を発表した論文「ユニフォームを着る市民」（Weniger 1953）がそうである。当時の政治情勢に基づく国防／ヨーロッパ共同防衛への積極的かつ自発的な関与を「責任」と「義務」の望ましい履行として政治的陶冶に位置づける思考形式が論の特徴にある。政治に関与する自由や権利を他に委譲（政治から逃避）することなく、自ずと引き受けていく姿勢が人間形成に組み込まれたのである（Vgl. Weniger 1953: 58f.）。さらに言えば、同時代の複雑な社会状況／問題に果敢に関与する姿勢自体が人間形成の要素として捉えられていると同時に、戦前／戦後を通じたヴェーニガーの論考形式上の特徴として浮かび上がる。

　本章では、時代の中でなされたヴェーニガーのパートナーシップ論批評を出発点に、彼の政治的陶冶思考の特徴を教育的関係に照らしつつ検討した。その結果、従来の人間形成論上では必ずしも好ましいとみなされない要素に、すなわち過去の歴史や現状に意識を向け、積極的に関与していくことに意義を見出すべきとの主張が確認される。

　加えて、ヴェーニガーがパートナーシップ論や民主主義に基づく人間形成論を本来的に認めていない立場にあったわけでは必ずしもない。これらの論は「アメリカにおける開拓的姿勢」といった歴史やその都度の状況下で理論と実践を重ねながら構築されたまさに「固有のもの（理論）」と彼は捉える（Vgl. Weniger 1952b: 315）。むしろ留意すべきは、歴史や現状といった要素の排除や軽視である。異なる歴史や状況下で構築された理論モデルを単純に移入可能であるとの思考に対して、彼は厳しい姿勢を示す。すなわち、パートナーシップ論を認めつつ、著しく偏った飛躍的な理想化を戒め、状況に根ざした理論的補完の必要性を示すものとしてヴェーニガーの論評は確認される。そして、歴史やその都度の状況に関与

することや関係構築の在り様を人間形成として捉える。

　ここに、精神科学的教育学の教育的関係論に関して従来の認識から広がりをみせていく痕跡が確認される。すなわち、教育における人間関係が「個人と個人（例えば、子どもと大人）」といった図式のみならず「個人と集団（状況）」さらには集団内に形成される「雰囲気」も組み込んだより複雑かつ重層的な構造図式から検討されている。加えて、彼の政治的陶冶論では学校を越えた（学校外の）場における人間関係もまた重視される。これらを確認することにより、関係を複雑かつ拡大的に捉えながらその陶冶的意義を主張するヴェーニガーの企てが浮かび上がってくるのである。

今後の課題と展望

　わが国の教育学において、教育的関係というテーマは主として教育哲学の領域で繰り返し議論されてきた（渡邊 2009 参照）。しかし、教育的関係の政治的次元が正面から論じられることはなかった。他方で近年、市民性（シティズンシップ）教育というかたちで「政治教育」の重要性が改めて指摘され、その理論的・実践的検討がなされている（小玉 2003, 2013、大友／桐谷 2016）。こうしたアクチュアルな課題に対して、政治的陶冶に基づくヴェーニガーの教育的関係論がいかなる示唆を提供してくれるのかについては、さらなる考察が必要であろう。

　最後に、1950 年代末以降の精神科学的教育学派とヴェーニガーをめぐる議論を整理しながら研究上の展望を示し、稿を閉じたい。20 世紀前半のドイツ教育学において主流派に位置づけられてきた精神科学的教育学派は、1950 年代末以降、次第にその権威を失っていく。その要因は「実証主義的／経験論的」な視点や「イデオロギー批判的」な視点からの批判であったと理解される。のみならず、こうした批判を受け、精神科学的教育学派の後継世代からその「時代の終焉」が語られたことも衰退の要因にあげられる。このように外部からも内部（門下生）からも厳しく吟味された精神科学的教育学派の代表論者が、まさにヴェーニガーであった。当時、ヴェーニガーは「これまでの精神科学的教育学を代表する」人物であると同時に、「この（精神科学的－執筆者による補足）教育学のもつ原理的

な欠陥が彼（ヴェーニガー―執筆者による補足）の教育学において範例的に示されている」（森川 1984: 241 参照）とみなされたため、より一層、風当たりが強かったのである。

その後、ヴェーニガーの論考は幾度か再解釈が試みられた。例えば「（イデオロギー）批判理論への途上」（Gassen 1978）として読み解かれたこともあったが、彼の論を部分的に切り取り、全体的特徴として再構成していく手法に疑念が呈され、解釈の正当性が問われた（Vgl. Hoffmann 1979）。また 1990 年代以降、「ナチと教育学との関係」の問題圏から彼の論考が再び注目を集めた際にも、断片的とはいえ確認されるナチ賛辞を根拠に用い、厳しく糾弾すべき教育思想としてラベルが貼られたのだが、この解釈にもまた、採られた手法に著しい偏りがみられる点に批判の目が向けられたのである（Vgl. Klafki 1998）。

確かに、従来から認められてきた解釈モデルから距離を取り、異なる解釈の可能性を探る試みには意義があるといえる。しかし、示された新たな解釈モデルが、ヴェーニガーの「教育思想の本質的な部分を構成しうる要素」を捉えているのか、あるいは彼の「個人的な生き方の範疇にある刹那的な揺れ」を指摘しているに過ぎないのかについては、慎重に検討する必要がある。本章では初期戦後に限定して論じてきたが、ヴェーニガーの生涯にわたる教育思想を、政治的陶冶と教育的関係という観点から包括的に分析することにより、こうした思想研究上の未決の問いに迫ることが可能になるのではないだろうか。

引用参考文献

大友秀明，桐谷正信（編），2016，『社会を創る市民の教育―協働によるシティズンシップ教育の実践』東信堂.
小笠原道雄（編著），1999，『精神科学的教育学の研究―現代教育学への遺産』玉川大学出版部.
クラフキ, K., 小笠原道雄（監訳），1984，『批判的・構成的教育科学―理論・実践・討論のための論文集』黎明書房.
小玉重夫，2003，『シティズンシップの教育思想』白澤社.
小玉重夫，2016，『教育政治学を拓く―18 歳選挙権の時代を見すえて』勁草書房.
近藤孝弘，2005，『ドイツの政治教育―成熟した民主社会への課題』岩波書店.
坂越正樹，1985，「理論＝実践問題の循環的構造―ヴェーニガーの把握を中心に」，小笠原道雄（編著）『教育学における理論＝実践問題』学文社，75-92 頁.

藤澤法暎，1966，「西ドイツにおける新しい政治教育思想の展開―「パルトナーシャフト」理論をめぐって」，中野光，三枝孝弘，深谷昌志，藤澤法暎『戦後ドイツ教育史』御茶の水書房，82-102頁．
宮野安治，2014，『政治教育と民主主義』知泉書館．
宮田光雄，1968，『西ドイツの精神構造』岩波書店．
森川直，1984，「ヴェーニガーの精神科学的教育学」，小笠原道雄（編著）『ドイツにおける教育学の発展』学文社，240-264頁．
渡邊隆信，2009，「教育関係論の問題構制」，教育哲学会（編）『教育哲学研究』第100号特別記念号，174-203頁．
Beutler, K., 1995, *Geisteswissenschaftliche Pädagogik zwischen Politisierung und Militarisierung—Erich Weniger*. Frankfurt am Main.
Dahmer, I./ Klafki, W.(Hrsg.), 1968, *Geisteswissenschaftliche Pädagogik am Ausgang ihrer Epoche—Erich Weniger*. Weinheim/Berlin.
Gassen, H., 1978, *Geisteswissenschaftliche Pädagogik auf dem Wege zu kritischer Theorie —Studien zur Pädagogik Erich Wenigers*. Weinheim.
Gatzemann, T./Göing, A.-S. (Hrsg.), 2004, *Geisteswissenschaftliche Pädagogik, Krieg und Nationalsozialismus*. Frankfurt am Main.
Hoffmann, D., 1970, *Politische Bildung 1890-1933. Ein Beitrag zur Geschichte der pädagogischen Theorie*. Hannover/Berlin/Darmstadt/Dortmund.
Hoffmann, D., 1979, Literaturbericht. Erich Weniger-Kritsche Erziehungswissenschaft am Anfang ihrer Epoche? In: *Die Deutsche Schule*. 71.Jg., S.395-399.
Hoffmann, D./Neumann, K.(Hrsg.), 1992, *Bildung und Soldatentum*. Weinheim.
Klafki, W., 1961, Erich Weniger zum Gedächtnis. In: *Schulverwaltungsblatt für Niedersachsen*, 13.Jg., S.138.
Klafki, W., 1998, Zur Militärpädagogik Erich Wenigers. Ertrag und Problematik der Untersuchung Kurt Beutlers. In: *Zeitschrift für Pädagogik*, 44.Jg., Nr.1., S.149-160.
Litt, T., 1946, Die bedeutung der pädagogischen theorie für die ausbildung des lehrers. In: *Pädagogik*, 1.Jg., S.22-32.
Matthes, E., 1998, *Geisteswissenschaftliche Pädagogik nach der NS-Zeit*. Bad Heilbrunn.
Neumann, K.(Hrsg.), 1987, *Erich Weniger.Leben und Werk.Dokumentation eines Symposiums in Gifhorn und Steinhorst vom 31. Okt. bis 2. Nov. 1986*. Göttingen.
Oetinger, F., 1956, *Partnerschaft. Die Aufgabe der politischen Erziehung*. Stuttgart. (*Wendepunkt der politischen Erziehung—Partnerschaft als pädagogische Aufgabe*. Stuttgart 1951.)
Schwenk, B., 1968, Erich Weniger − Leben und Werk. In: I.Dahmer/W.Klafki (Hrsg.): *Geisteswissenschaftliche Pädagogik am Ausgang ihrer Epoche − Erich Weniger*. Weinheim/Berlin, S.1-33.
Siemsen, B., 1995, *Der andere Weniger. Eine Untersuchung zu Weniger kaum beachteten Schriften*. Frankfurt am Main.
Weniger, E., 1930, Das Bild des Krieges. Erlebnis, Erinnerung, Überlieferung. In: *Die Erziehung*, 5.Jg., S.1-21.

Weniger, E., 1938, *Wehrmachtserziehung und Kriegserfahrung.* Berlin.

Weniger, E., 1945, Schule und Berufsnot. In: *Die Sammung*, 1.Jg., S.345-359.

Weniger, E., 1949, *Neue Wege im Geschichtsunterricht. Mit Beiträgen von Hermann Heinpel und Hermann Körner.* Frankfurt a. M..

Weniger, E., 1951, *Zur Frage der staatsbürgerlichen Erziehung.* Oldenburg.

Weniger, E., 1952a, *Die Eigenständigkeit der Erziehung in Theorie und Praxis Probleme der akademischen Lehrerbildung*, Weinheim.

Weniger, E., 1952b, Politische und mitbürgerliche Erziehung. In: *Die Sammlung*, 7.Jg., S.304-317.

Weniger, E., 1953, Bürger in Uniform. In: *Die Sammlung*, 8.Jg., S.57-65.

Weniger, E., 1954, *Politische Bildung und staatsbürgerliche Erziehung.* Würzburg.

さらに勉強したい人のための文献案内

①望田幸男，橋本伸也（編），2004,『ネイションとナショナリズムの教育社会史』昭和堂.

19世紀から20世紀半ばまでの欧州圏で繰り広げられた教育 - 政治の諸相を多角的に描き出すことにより、ネイション形成やナショナリズムの醸成といった問題群が教育の本質を問い直すための研究課題になることを提起する。

②對馬達雄（編），2011,『ドイツ　過去の克服と人間形成』昭和堂.

ナチスの過去と対峙し克服の方途を探究する様々な活動の萌芽を、戦後西ドイツの50年代から60年代に見出そうとする総合的研究。政治教育の刷新を含め、戦後のドイツ社会の再建と人間形成の問題が多角的に論じられる。

コラム1 ──── ドイツの高等教育改革と変容する学生の学修環境

　2016年、ドイツの学生は職業従事者よりも大きなストレスを受けているとの調査結果が公表された。ドイツの大手保険会社が学生約1万8,000人を対象に実施した同調査によると、大学教育に関すること、中でも「試験」が学生にとって最大のストレス要因となっているという。また、学生は学修とそれ以外の活動との時間的な両立にもしばしばストレスを感じているという。「学問の自由（akademische Freiheit）」に因み、学生が自らの計画・責任に基づいて学修を進めるという「学修の自由（Studienfreiheit）」を伝統的に重んじてきたドイツにおいて近年、学生の学修環境はどのように変わってきているのだろうか。

　欧州に共通する高等教育圏の構築を謳う1999年の「ボローニャ宣言」に基づく一連の改革において、ドイツではディプロームとマギスターといった伝統的な学位に並行して国際的に共通度の高い学士・修士が導入され、3年の学士課程と2年の修士課程が徐々に普及・拡大していった。しかし、ボローニャ宣言から10年経った頃、学生たちがボローニャ改革に対して大規模な抗議デモを各地で繰り広げた。学生たちの不満は、▽授業の出席義務が厳しすぎたり試験が多すぎたりと、学修の学校化（Verschulung）によって過度の負担が生じている、▽時間的なゆとりがなく、学士・修士課程の標準学修期間を有効活用できない、▽単位認定や修士課程へのアクセスが学業成績や試験成績によって制限されるといったものであった。

　ボローニャ改革以前のドイツの総合大学では、学生は学位を取得するまでの受講計画を自ら立てていた。しかも、授業料がかからず、奨学金制度も充実していたため、4.5年の標準学修期間を大幅に超えて在学する者も多くいた。それに対してボローニャ改革以降は、学修内容はモジュール化、学修量は単位化され、学生には一定期間に所定のモジュールを履修し、モジュールごとに試験を受け、一定の単位を取得することが義務づけられた。また、ディプロームやマギスターは取得に要する年限に従って修士相当と見なされてきたのに対し、学士課程の学生については、学士課程修了後、改めて修士課程の入学試験に合格をしなければ進学が認められない。こうした状況への不安と焦りが大規模な学生デモにつながった。しかし、学生デモと同時期に実施された学生の意識調査（2011年）によると、学士課程の学生が伝統的な学修課程の学生と遜色ない程度に大学教育の質に満足しているという。どういうことだろうか。

　1970年代からの高等教育の拡大・開放政策によるドイツの高等教育人口の増加は、財政難と相俟って教育条件の悪化を招いた。講義室は学生で溢れ返り、マス化し多様化した学生と教授との関係は希薄化し、自律的に受講計画を立てることのできない学生が学内に長く滞留するようになった。そして、これが高等教育財政を更に逼迫させるという悪循環に陥った。ボローニャ改革はこうした状況を打開するための

カンフル剤になった。確かに学生たちは学修の自由を制限され、大いにストレスを感じながら一定の年限で所定のモジュールを履修し、試験を受け、単位を取得しなければならなくなった。だが他方で、欧州標準を意識した高い質の大学教育を保障され、大学の合議機関の一員として、教員の招へいを含む大学のマネジメントにかかわる権利を持ちうるようにもなった。

　今後、こうした学生と大学・教授陣との関係がより質の高い大学教育の創出に向けて好循環することが望まれるが、学問の自由の伝統を大切にしてきた総合大学ではまだしばらくジレンマが続きそうだ。それに対して、応用的実務志向の大学教育を提供する専門大学はうまく時流に乗れている。専門大学は総合大学よりも履修科目数が多い上に、長い実習期間が設けられているため、学生の時間的制約は更に大きいとされるが、学生に対するケアが厚く就職率も良いということで、今や学生からの人気が高まっている。その背景には、専門大学がボローニャ改革によって、これまで格差のあった総合大学と全く同一・同価値の学位の授与権を得たことを最大の好機とし、自らの特色を最大限に生かして産業界・経済界が求めるより実務志向的な人材の育成を学士・修士課程に積極的に盛り込んでいったということがある。

参考文献

Stifterverband für die Deutsche Wissenschaft, 2011, *Mit dem Bachelor in den Beruf: Arbeitsmarktbefähigung und -akzeptanz von Bachelorstudierenden und -absolventen* (https:// www.stifterverband.org/download/file/fid/219)（2018年10月20日ダウンロード）.

AOK-Bundesverband (Hrsg.), 2016, *Studierendenstress in Deutschland: eine empirische Untersuchung* (https://www.aok-bv.de/imperia/md/aokbv/presse/ pressemitteilungen/archiv/2016/08_projektbericht_stressstudie_druck.pdf)（2018年10月20日ダウンロード）.

髙谷亜由子

第7章　教育学における他者論の問題
― 教育的関係論と陶冶論の視点から

櫻井佳樹・大関達也

本章の概要

　本章では、教育的関係論と陶冶論で他者がどのように論じられてきたのかを明らかにする。教育的関係論は、先行世代と後続世代、大人と子ども、教える者と学ぶ者の間における非対称的な関係を主題にする。一方で陶冶論では、自己と世界、自己と他者、自己と自己自身の間における相互作用が問題になる。このように、教育的関係論と陶冶論ではそれぞれ異なる文脈で他者を問題にしてきた。ところが、従来の教育学研究では教育的関係論と陶冶論の間の連続性と非連続性の解明が不十分であったため、教育的行為と自己形成のそれぞれの過程で直面する他者の問題がしばしばあいまいに論じられてきた。

　そこで本章では、まず、教育的関係論の歴史に依拠しつつ、文化内容を教える者の視点から教育的行為で直面する他者の問題を論じる。次に、陶冶論の歴史に依拠しつつ、文化内容を学ぶ者の視点から自己形成で直面する他者の問題を論じる。最後に、両者の間の連続性と非連続性を解明することで、教育学における他者論の問題を浮き彫りにする。

第1節　教育的関係論から見た他者の問題

(1) 権力関係における他者

　メーテンス他編『教育学小事典』(2011) では、教育的関係 (Pädagogischer Bezug, Erzieherisches Verhältnis) の概念がおおよそ次のように説明されている。教育的関係は人間が共同生活を営み、世代間関係を築くための特殊な相互作用ある

いはコミュニケーションの形式として成立した。それは、家庭や学校のような、多かれ少なかれ制度化され、組織化された教育空間で発展する。そこでは年長世代の、成長しつつある若い世代に対する意図的な働きかけとして教育が営まれる。近代のヨーロッパ社会では、この世代間関係が差異と緊張の関係として問題になった。例えば、19世紀後半から20世紀初めにかけて、教育学を学問として基礎づけようとしたディルタイやノールは、自我の強い、反抗的な若者が社会の発達課題や人間性の理想とぶつかりながら成長していく過程を描く。そこでの教育的関係は複雑で矛盾に満ちた、それゆえに調和や媒介を必要とする世代間関係とみなされた。ところが、社会の進歩や人類史の完成といったユートピアに不信感が抱かれた20世紀後半には、対話的な関係としての教育的関係（ブーバー）、社会における相互作用あるいはコミュニケーションの関係としての教育的関係（シャラー、モレンハウアー）、応答的な関係（responsives Verhältnis）としての教育的関係（マッシェライン、ヴィマー）といった構想が現れた、と（Lippitz, Woo 2011: 411-414）。

　このような教育的関係論の歴史の中で、他者の他者性が自覚的に論じられるようになるのは、応答的な関係としての教育的関係が構想された1990年代のことである。マッシェラインとヴィマーの共著論文集『他者性・多元性・正義』（1996）は、教育学に脱構築の議論を導入することで、教育学的なもの（das Pädagogische）を新たに、別様に考えることを試みる。その際に、他者の他者性が次のように特徴づけられる。①他者の他者性の問題は教育学の外部から要求される問題だけを指すのではない。例えば、学級にいる外国人の割合が高くなって初めて生じた問題でもなく、多文化社会の可能性を議論することで初めて注目される問題でもない。ルソーが子どもを大人とは異なった固有の存在として発見して以来、子どもの他者性はすでに教育学内部の問題であった。教育目標や子どもの陶冶可能性を実現するためには、子どもを他者とみなし、その他者性を尊重することが重要だったのである。②他者とは自分以外の存在、もう一つの主体を意味するだけではない。それは主体とは異なる何か、つまり異質なものを意味している。③他者は主体に先立って、いつでも必ず自己と関係している。他者性は主体性とも社会性とも異なり、一定の学習によって獲得できる個人の事後的な属性で

はなく、個人に先行する関係性である。④他者は異質なものである以上、普遍的なものに媒介されない、個別的で単独のものである。教育ではそれが複数存在して関わり合っている以上、他者性は多元性と結び付く。このような他者の他者性の観点から、あらゆる者に同じように当てはまる基準や普遍的に妥当する知識を問い直すことは正義の問題につながる。⑤他者は見通しえず、予見しえない。したがって、技術的に操作したり、合理的に計算したりすることはできない。⑥他者性は多元性や正義とともに、相互に関連し合う問題の複合体を形成する。教育的行為を決定可能なものに縮減すれば、どこにも回収されない「残余」は見過ごされるか、否定されてしまう。教育的行為の決定可能性に対し、決定不可能性のアポリアを指摘することで、個別のケースを全体に回収するような権力作用を遮断することができる。教育学の議論では他者があらゆる方法で偽装されている。それを究明することが脱構築の課題である、と（Masschelein, Wimmer 1996: 7-23）。

　例えばルソーの『エミール』の場合、一方で子どもの教育は近代的な啓蒙主義の意味で個性化や自己規定の過程として構想される。しかし他方で、エミールが幼少期に受ける「消極教育」の背後には、全能の教育者が隠れている。ルソーは「巧妙に制御された自由」という概念によって、生徒の意志の中に全能の教師の意志を忍び込ませる（Lippitz, Woo 2011: 412）。生徒に内面化される自由は教師が望ましいと考える自由でしかない。この場合、子どもの他者性は大人の意識に包摂されており、技術的操作の対象である。

　近代の教育的関係のモデルには二つの前提がある。一つは、若者の行為が未熟であるということ、つまり子どもは十分に道徳的に振る舞うことができないため、大人による援助が必要な状態にあるということである。もう一つは、親あるいは社会に子どもを教育する責任があるということである。マッシェラインは、成熟した大人と未成熟な子どもの間の教育的関係を「権力関係」と呼んでいる（Masschelein, Wimmer 1996: 164）。カントの場合、権力は身体的にも道徳的にも未成熟の状態にある子どもを自律させるための重要なメディアであった。その際に、権力は表象機能を持つ。すなわち、権力は子どもの未来（道徳的自律）を子ども自身に現前させるのである。教育者の権力は、子どもに生まれつき備わっているとされる自律によって正当化される。権力モデルに特有のパラドクスは、自由が強制によって可

能になるという点にある。

　しかし、教育の権力モデルは人間の実存が根本的に開かれている、または歴史的であるという事実に基づいて否定された。それによって、権力を正当化する基盤が失われる。子どもは本質的に大人と同じ価値を持つパートナーとみなされる。教育者の権力的な立場が否定されることによって、教育はもはや「教育者の活動」ではなくなる。教育者の行為は伝達という性質を失う。教育を特徴づける目的－手段関係も消失する。権力モデルに対する批判の核心は目的－手段関係の批判にある。

　教育における技術的操作とは、子どもを望ましい状態へと導くことを目的とした大人の働きかけである。そのような働きかけには、子どもを適切な答えへと導くものや、子どもを発見的認識へと導くものがある。いずれにせよ、このような技術的操作には限界がある。なぜなら、大人の教育的意図は挫折する可能性があるからである。他者の他者性の観点から問われているのは、教育的意図の独善性である。もっとも、私たちは教育的意図を放棄するわけにはいかない。大切なことは、大人も子どもとともに成長する事実を認めることである。

(2) 相互主体的関係における他者

　自由を強制によって実現しようとする教育的関係論は1960年代に批判される。例えば、ロジャーズの人間性心理学や精神分析的・ネオマルクス主義的な理論は権力を根本的に否定した。自律は自律それ自体で実現すると主張された。教育的関係は同じ権利を持つ者同士の関係として把握されるべきものとなった。権力関係の批判者たちは、教育的関係を相互主体的関係として規定しようと試みた。例えば、ブーバーやボルノウは教育的関係を対話の関係として把握しようとした。また、シャラーやモレンハウアーは教育的関係をコミュニケーション的行為の関係として捉えようとした。これらの試みは意図的教育のオルタナティブを構想するものであった。そこでは教育が人格発達の過程とみなされている。人格発達の過程は相互行為に基づく。その過程は主体と客体の間の関係、つまり目的－手段関係ではなく、主体と主体の間の人格的な関係によって成立する。

　しかしながら、これらの試みは失敗しているとマッシェラインは言う。教育の対

話的・コミュニケーション的性質がただちに取り消されているというのである。その説明の趣旨はこうである。これらの試みでは、依然として子どもが未成熟で援助が必要な状態であると想定されている。教育が相互主体的関係から徹底的に考えられていない。主体の意図から相互主体的関係が把握されているため、相互作用が大人の意図的行為に切り詰められている。その結果、対話は指導的対話になり、コミュニケーションは見せかけの相互行為になっている、と（Masschelein, Wimmer 1996: 167）。例えば、モレンハウアーの解放的教育学は教育的行為とコミュニケーション的行為を同一視することによって、道具的思考の袋小路から脱出しようとしていた。マッシェラインによれば、解放的教育学の出発点は教育における伝達行為が目的を失ってしまったため、教育的行為の目的を新たに問わなければならないという点にあった。その際に、モレンハウアーは教育的行為を評価するための基準をコミュニケーション的行為に求めた。なぜなら、コミュニケーション的行為には理想的な発話状況の先取りという規範があったからである。その結果、コミュニケーション的行為は意図を持った主体の行為の特殊な方法として把握される。コミュニケーション的行為の可能性の条件を主体の意図に見出すことで、教育は見せかけの相互行為として現れる、というのである（Masschelein, Wimmer 1996: 168）。

　相互主体的関係を権力関係から根本的に区別するためには、相互主体性を出発点にして、主体性がいかにして可能かを問わなければならない。マッシェラインによれば、対話の構造は、相互行為のパートナーが相手を誠実に受け止めるという点に、つまり責任能力を持つ者として承認し合うという点に本質がある（Masschelein, Wimmer 1996: 170）。このことが含意するのは、対話によって共通の世界、すなわち共通の意味や規範が形成されるという点である。この共通の世界をハーバーマスは生活世界と呼ぶ。さらに対話の構造は、対話に参加する者が相互に期待（妥当要求）を提示し合い、場合によってはそれを受け入れるという点に本質がある。ハーバーマスは、妥当要求を相互に提示し合うことで行われる具体的なコミュニケーション的実践には行為を動機づける力があると指摘する。立場を表明し、応答し、責任を負うことの必要性が志向性の基盤にあるのであって、その逆ではない。受け入れたり、主張したりすることは主体の力にその源泉

があるのではなく、主体の行為を可能にするものである。

　相互行為のパートナーが能力を持つ前提には語りや行為が有意味であるという条件がある。語に「恣意的な」意味が付与される瞬間に、語はもはや「語」でなくなり（主体性も相互主体性も存在しなくなり）、応答ももはや「応答」ではなくなる。語り（あるいは行為）では、意味が疑わしくなる可能性がある。これこそ、何かが誰かによって語られ、行われる可能性の条件である。この条件を排除するならば、もはや「誰かと語る」のではなく、「誰かに影響を及ぼす」ということになる（Masschelein, Wimmer 1996: 171）。したがって、相互行為としての教育は相互行為のパートナーの対等な地位の承認を意味する。

　コミュニケーション的実践では自己の同一性も世界の共通性（間主観的な妥当性、すなわち何が真実で、正しく、価値あるものなのかについての共通の認識や信念）も危険にさらされる、つまり傷つきうる。コミュニケーション的自己の「被傷性」は援助がない状態（それゆえ援助の必要な状態）と誤解してはならない（Masschelein, Wimmer 1996: 173）。自己が同一性を形成しうるのは、ますます密で繊細になっていく人間関係のネットワークに、つまり絶えず複雑化している共通の歴史に自己が参画し、その中でかつての自己を失うことによって新しい自己が現れる場合である。

　相互主体的関係は、他者に対する応答責任を果たさなければ成り立たない。互いに相手を無視して語ってはならないのである。ゆえに、教育という営みは他者の語りかけを聴き応答する責任を負うという関係、すなわち倫理的関係に支えられる。

（3）倫理的関係における他者

　マッシェラインによれば、相互主体性は行為を「誕生の事実に対する応答」とみなすアーレントの思想によって捉え直すことができる。教育は「新しい始まりに対する応答」とみなされる。また、教育は「実現」という表現ではなく、「責任」という表現で言い表される（Masschelein, Wimmer 1996: 175）。その結果、教育的関係は倫理的関係とみなされる。

　マッシェラインによれば、〈私〉（Ich）が付与する意味は、〈私〉が付与した後で誰かが別様に受け取るかもしれないような意味ではなく、いつでも必ず共同体

の意味である（Masschelein, Wimmer 1996: 178）。それは対話の中で、語りと応答の中で、問いと答えの中でしか成立しえない。行為はいつも他者に対する応答であり、他者から発せられる問いに対する応答である。結び付きは対話それ自体の中にある。対話以外に、結合や統一をもたらす要素は必要ない。なぜなら、真の対話は何かについて一致することでもなければ、何かによって統一を実現することでもなく、いつでも語りと応答のやりとりだからである。結合状態は統一的基盤に依拠するのではなく、責任と弁明の性質を持つ。われわれが結び付くのは、われわれの行為と発話がわれわれを結び付ける性質を持つからであり、また、われわれに問いかけ、答えを促す他者とわれわれを結び付けるからである。それゆえ、応答は単純に自分の意志でするようなものでは決してない。他者に応答しなければならないという必要性が直接的にわれわれを結び付けるのであって、統一的基盤を共有するという道を経て、われわれを結び付けるのではない。このような応答的な関係では子どもとの関係が模範になる。

　子どもの地位は大人の判断や応答を要求するものとして特徴づけることができる。大人の判断や応答の必要性は相互主体性から直接的に根拠づけられる。新しく生まれる者（他者）は私に抗いがたい仕方で問いを投げかけ、応答する義務を負わせる。応答する義務は意図を経由して生じるのではなく、直接的に生じるのである。

　このように応答を要求する者として子どもを特徴づけるならば、さらに先の地点に到達する。というのも、応答的な関係では子どもの立場が他者の立場に置かれるからである。他者はわれわれの歴史や共通の応答や判断の基準に適合しないので、そうした歴史について新たに応答し、判断する義務をわれわれに負わせ、われわれにもっぱら責任を負わせるのである。

　それゆえ、応答としての行為は、今ここにいる具体的な他者に対する応答として現れる。その意味で、応答としての行為はすでになされた応答の継続や繰り返しではありえない。それはいつでも、かけがえのない〈私〉の応答であり、他者の回避しえない問い（責任の問い）に対する新しい応答である。応答の義務、すなわち判断の義務はこの意味でまさにかけがえのない〈私〉に課されるものである。このような義務は誰か代わりに果たしてもらったり、拒否したりすることができない。

教育的関係は、応答を促す他者の語りかけに傾聴し、態度表明をする責任に支えられている。子どもを善くしたいと願う教師は、教える技術を磨くことに専心するあまり、他者の言葉に傾聴することを忘れてしまいがちである。話せばわかる、教えたら学ぶものと想定しがちである。ゆえに、権力関係、相互主体的関係は、他者の語りかけを聴き応答する責任を負うという関係、すなわち倫理的関係に支えられる。

第2節　陶冶論から見た他者の問題

(1) 教育と陶冶

本節では、教育者と子どもの教育的関係における他者を論じるのではなく、人間（自我）と世界の相互作用という事象に「陶冶」（Bildung）を見るフンボルトの陶冶論を手がかりに、「他者」問題が、どのように捉えられるのかについて論じてみたい。ドイツ教育学の基礎概念として、「教育」（Erziehung）と並んで「陶冶」（Bildung）を忘れることは出来ない。この概念は他の言語に翻訳することが難しい「特殊ドイツ的」概念だと言われる。あえて英語に訳せば、カルチャー（culture）に近い。戦後において度々、その概念の検証不可能性が指摘されたり、他の概念（社会化、資格、オートポイエーシス等）への代替可能性が提案されたりしたものの、むしろ近年では経験科学としての陶冶科学（Bildungswissennschaft）や陶冶研究（Bildungsforschung）という概念が定着するなど、「陶冶」は、ドイツ教育学において不可欠な概念となっている。このように現代では、増殖しすぎて改めて「陶冶」とは何か問われている状況である。そのため本節では、「陶冶」概念の根本理念を共通理解するために、18世紀末から19世紀にかけてのヴィルヘルム・フォン・フンボルトの古典的な陶冶論を参照したい。これは、コラーも言うように、間違った措置ではないだろう（Koller 2012: 11）。

デルピングハウス他（Dörpinghaus u.a. 2006: 137）によれば、「教育」と「陶冶」は、少なくとも2つの観点で区別される。もし「陶冶」が自己関係、他者関係、世界関係における人間の反省能力及び形態化能力を意味しているなら、時間的視点の下で、人間の生涯における「教育」の措置や過程は、「陶冶」のそ

れに先行している。また事物の観点で言うと「教育」が教育されるべき者や未熟な者への外的な作用や働きかけ（意図的：教育者から、または機能的：社会から）を強調するのに対して、「陶冶」は自身の教育を対象にすることができる反省的遂行を強く強調している。つまり、「陶冶」とは「教育」を前提としつつ、自己と自己、自己と他者、自己と世界の関係を反省し、その在り方を自ら創り上げる自己形成概念だと言えよう。ただこの見方を子ども期にも見ようとする見方も一般化してきたから、その場合は子どもの無意識的な学習行為も含む広義の人間形成概念であると言えよう。いずれにしても教育者からの「教育」ではなく、むしろ学習者（主体）から世界にいかに関与するかを問題にする「もう一つの教育的パースペクティヴ」、すなわち哲学的な「学習」（Lernen）概念だと言えるだろう。

(2) フンボルトの陶冶論[1]

諸力を1つの全体へと最高で最も調和的に陶冶すること

　人間は何のために生まれ、生きているのだろう。それは兵士になって国に命を捧げるためでもなければ、会社組織の歯車として不本意な仕事を続け、自己を見失うためでもなかろう。社会や学校が一方的に外から決めた期待される人間像（他者規定）になるためでもなかろう。フンボルトによれば「人間の真の目的は、（略）自己の諸力を1つの全体へと最高で最も調和的に陶冶すること」（Humboldt 1792/1980: 64）である。自ら持って生まれた様々な力（Kräfte）を最高のレベルへと発展させること、しかも1つの力に偏るのではなく、様々な力を最も調和的にし、1つの全体を形成することである、と。これが人間として生まれた以上、人間として取り組まねばならない使命なのだ、と。こうした言葉は単なるスローガンに、非現実で空想的な妄想に聞こえるかもしれない。しかし一方で、フンボルトの時代には不可能であっても、今日では誰にもそれに取り組むチャンスを、少なくともその権利を有する時代が到来したと言えるかもしれない。個性尊重の時代と言われる今日、1人1人の差異を生かしながら、自己の素質を花開かせ「自己」を形成していく「陶冶」の思想は、もっと見直されていいのではなかろうか。

　フンボルトは、「陶冶」の条件として「自由」（Freiheit）と「状況の多様性」（Mannigfaltigkeit der Situationen）をあげている。「陶冶」は、単調な環境において

はその力を十分に発揮することはできない。1つの状況では1つの力しか育てることはできない。様々な諸力を引き出し、磨き上げるには様々な状況に身を置く必要があるのだ。

自我と世界の相互作用としての陶冶

　上記の陶冶理想は、いかに実現できるのか。フンボルトによると、力は自らを鍛えるための対象を必要とする。つまり「人間は自分以外の世界を必要とする」。そして「我々現存在の究極的な課題は、我々個人の中の人間性の概念に（……）できるだけ偉大な内容を与えることであり、この課題は、ただ我々の自我と世界との結合によって、最も一般的で最も生き生きとし、そして最も自由な相互作用に至るなかで解決されるのである」（Humboldt 1793/1980: 235f.）と。つまりフンボルトによると、人間の陶冶過程は、自我と世界の結合（相互作用）において遂行されるのである。したがって、教育者と被教育者の関係が中心に置かれる「教育」概念とは異なって、「陶冶」概念は、教育的に重要な事象を自我と世界の相互作用、主体と彼自身の外にある全てのものとの関係としてテーマ化するのである（Koller 2014: 80）。「陶冶」は、自我と世界が最も生き生きとした相互作用であるときに、その理想を実現する。自己陶冶する主体から見れば、それは単なる受容的な事象ではなく、世界をアクティブに、活動的に習得することであり、逆に世界も諸力の単なる訓練場という受動的な役割に還元することはできない。今日のアクティブラーニングの議論に対する有意義な視点を提供してくれるだろう。自我と世界の相互作用の質、アクティブな世界が問題にできる。フンボルトによると、世界はアクティブな機関（Instanz）として構想され、陶冶する人間は世界に対する「感受性」（Empfänglichkeit）を育て、維持すべきだと考えている（Humboldt 1793/1980: 237）。フンボルトの同テキストにおける「世界」＝「非人間」という表記にもかかわらず、他のテキスト等に鑑み、「世界」には他の人間も、人間によって作られた文化財（書物や芸術作品等）も含まれるということはフンボルト研究者の定説だと言えるだろう。

陶冶の対象とメディアとしての言語

　フンボルトの陶冶論において、「言語」(Sprache(n))は大きな位置を占める。言語は我と汝（私とあなた）のコミュニケーションメディアとしての役割のみならず、自我（私）と世界の相互作用における媒介者の役割も果たす。自我は言語を通して世界を理解するのだ。コラーによれば、フンボルトは言語を「思想の陶冶的器官（Organ）」とみなす。つまり言語は、すでに完成した思想を表現する道具ではなく、一緒になってともに初めて思想を生み出す「器官」なのだ、と。というのもフンボルトによれば、知的活動、すなわち思考と言語は一体であり、切り離すことができないからである。

　またフンボルトによれば、地球上の様々な言語は、音声、語彙、文法に基づき、その言語固有の世界の見方・世界観（Weltansicht）を有している。言語が異なれば、世界の見え方も異なるというわけだ。したがって、フンボルトは、言語の多数性や多様性を重視する。というのも、様々な言語が思考や感覚に新たな方法を開示し、これまでの世界観の境界を拡大させるからである。さらに言えば、外国語（Fremdsprache）の習得が重要であるばかりでなく、コラーに従えば、異他なる（fremd）世界観を持つ他者（anderen Menschen）との対話もまた、自己の世界観の拡大や超越（越境）につながる点で重要な意味を持つのである（Koller 2014: 86）。

（3）フンボルト陶冶論における「他者」

　以上、フンボルトの陶冶論のエッセンスを抽出した。ここにおいて「他者」はどのように論じられるのだろう。

　ベンナーは、「教育と陶冶の問題と課題としての『他者（人）』(Der Andere)と『他者（物）』(Das Andere)と題する論文を1999年『教育学雑誌』第45巻に掲載している（Benner 2011）。日本語の「他者」をドイツ語で表現すると、冠詞の違いによって同じ他者 Andere が、人と物（こと）に区別されて示される。つまり『他者（人）』(Der Andere)と『他者（物）』(Das Andere)である。そしてベンナーは、基本的に前者を教育論の、後者を陶冶論の対象とみなす。すなわち前者においては、教育する者と教育される者が互いにとって「他者」であり、後者

では、「事柄」「教材」「もの」「世界」が、すなわち教授・学習過程で習得されるべき世界が問題にされるのである。だがベンナーはこの両者を別々に論ずるのではなく、むしろ一体となって考察することの必要性を主張する。その古典的な事例として、フンボルトの言語論を考察している。言語は、話し手と聞き手が、同時にそれによって共通の世界を経験しつつ、互いを理解するということに関与することができるからである。言語が他者理解と世界理解を同時に可能にするのである。最近の研究として「ヴィルヘルム・フォン・フンボルトの陶冶論における異他なるものと他者なるもの」というシュレジンガーの研究（Schlesinger 2015）をあげることができる。シュレジンガーは今日注目されている「異他性／他者性」（Fremdheit/Andersheit）をどの程度フンボルトのテキストに見つけることができるか、フンボルトの陶冶論、人類学研究、言語学研究、旅行記を素材に探求している。その際現象学者のヴァルデンフェルスの研究を比較対象としている。フンボルトの『国家機能限界論』によれば、人間は一面性へ向けられているので、それを免れるためには、存在者の内面に由来する結合によって、人は他者の宝（Reichthum des andren）をわがものとしなければならないとし、結婚を事例に考察している（Humboldt 1792/1980: 64-64）。その際両者の親密さと共に自立性・差異も重要な要素とみなしている。異なっていることによって互いを刺激することが可能になるというわけである。 また陶冶のためには、「人間は自分以外の世界」（Humboldt 1793/1980: 235）を必要とするのである。このようにフンボルトによれば、陶冶は自己以外の他者（人・もの・世界）との結合を必要とするのだ。つまり人間は世界と対決するか、世界と関係することによって自己を形成するのである（Schlesinger 2015: 31）。フンボルトによれば、人間はその本性によって、自己の外部の対象に急き立てられる。だがフンボルトによれば、人間はこの疎外（Entfremdung）の中で自己を見失うべきではなく、むしろ「自己の内面を照らす」べきなのである。そのため、人間は対象を自己自身に近づけ、この素材に彼の精神の形態を表し、そして両者を互いに類似したものにしなければならない（Humboldt 1793/1980: 237）。つまりここでは他者なる世界の同一化を問題にしている。シュレジンガーによれば、多様性（Mannigfaltigkeit）と世界（Welt）が、フンボルトの場合、異他性／他者性に関わる中心的な用語である。多様性の中で、人間は、他者性や異他

性と立ち向かう。多様性が大きくなればなるほど、陶冶性を促進する。しかしながらヴァルデンフェスの場合、異他なるもの（Fremdes）は完全に掌握できないものとして経験される一方で、フンボルトの場合、十分把握可能なのである。人間は疎外の中で自己を喪失すべきではない。むしろ再び自己に戻るために、異他性（Fremdheit）を通過するだけなのである。未知なるもの（Fremdes）は、内面化されるし、されるべきなのである。このようにフンボルトの陶冶論における「他者」は、多様性を意味するが、把握できないラディカルさは認めていない。調和的な全体に至るための不可欠な構成要素として位置づいていると言えるだろう。

(4) 「陶冶」概念の修正と「他者」

　以上、フンボルトを手がかりに陶冶論における「他者」問題を論じてきた。こうした他者論は、他者の他者性を十分に捉えられていないという評価もありうるだろう。その意味で陶冶論における新たな動きをまとめておきたい[2]。

　コラーは陶冶概念のアクチュアルな修正に関して、フンボルトの思想から継承可能であると考えている。つまり陶冶は個人が有するこれまでの「世界の見方・世界観」の拡大或いは変容の中に存在すること、またそのためには、他の言語や話し方との対話的対決が決定的な前提であるという思想である（Koller 2012:14）。これを基にコラーは、自己の変容的陶冶過程の理論（Die Theorie transformatorischer Bildungsprozesse）を構想し、陶冶事象それ自体を別様に考えること Andersdenken あるいは別様になること Anderswerden として捉えることを提案する（Koller 2012: 9）。彼は人間の世界関係及び自己関係の根本的形状の変容として陶冶を捉えるコーケモア（Kokemohr 2007）から出発した。彼は従来の世界関係や自己関係の形状では十分に克服できない新しい問題状況に直面したときに、潜在的には常になされうる世界関係及び自己関係の根本的形状の変容として陶冶を記述していたのである。したがって、コラーの理論は、新しい問題状況に直面した際の、世界関係及び自己関係の根本的形状の変容の過程として捉えようとする理論であり、フンボルトよりもはっきりと経験的なパースペクティヴを含んだ理論であるとしている。それにより伝記研究などの質的な経験的研究への接近を可能にすることができる、とする。

こうした研究に連なるものとして、近年の移民の増加によるドイツ社会のアイデンティティの揺らぎを背景にして、外国人との接触によってもたらされる未知なる経験、異他性（Fremdheit）の陶冶性をエスノグラフィックに研究するシェーファーの一連の研究がある（Schäfer 2009）。なおフンボルトは思弁的な陶冶研究だけではなく、時代の制約はあるものの「経験的な研究」を遂行していたとし、バスク研究を再評価したマティヒの研究（Mattig 2012）もある。

ヴィマーは、ポスト構造主義哲学の刺激を受けて教育学的なものを新しく別様に捉えようとしてきた教育哲学者の一人である（Masschelein, Wimmer 1996）。その意味で主体（性）形成に囚われてきた近代哲学・教育学の〈他者〉の忘却に光を当て、〈他者〉への問いを促してきた。彼は、人間が主観（主体）として中心に位置し、他のすべてが客観（客体）として人間に対置されるという人間学を批判する（Wulf 1994= ヴルフ 2001: 140）。その意味で世界における異質なもの・他者を同一視し、自己の同一者にしてしまおうとする（同化する）陶冶論（フンボルト・ヘーゲル）も批判の対象となる。ヴィマーは、自己に同一化できない他者の「他者性」（差異）を尊重する陶冶論を模索する。私と他者の差異が、同じ「人間」としての多様性ではなく、「一般性」に止揚されないものとして捉えようとする。その意味で「単数性／特異性」（Singularität）と「他者性」（Alterität）を重視する。レヴィナスに依拠し、経験的な他者ではなく、存在とは別様に生じる何かとして、人間の根本的な他者の規定性を問題にする。彼によれば、「陶冶とは他者との関係において生じる賜物（Gabe）である」（Masschelein, Wimmer 1996: 159）。ここに近代的な陶冶概念を超えようとするポストモダンな陶冶概念の捉え方を見ることができる。

今後の課題と展望

以上、教育的関係論と陶冶論における「他者」の問題について論じてきた。それらには、視点が異なっているが故の非連続な面と、異なってはいても連続する面が存在することが明らかになった。教育的関係論からだけでは見えてこない面を陶冶論から見ることによって、教育事象を多面的に見ることができることが、

ドイツ教育学の奥深さや多様性を形成していると言えるだろう。その意味でこれからも両概念が織りなす地層の考古学的研究によって、新しい発見が期待されるところである。

注
1　以下の記述は、Koller（2014）の第3章　新人文主義の陶冶概念：フンボルト　70-92頁を主に参照した。
2　「陶冶」（Bildung）概念の成立と変遷及び最近の研究動向については、ヴィガー，山名，藤井 2014、櫻井 2015、2018、野平 2015、山名 2015、2017 を参照のこと。

付記：本論は科学研究費、櫻井佳樹「日独における『教養』（Bildung）概念の比較思想史研究」（平成 29-31 年度　17K04558）による研究成果の一部報告である。

引用参考文献
ヴィガー，L., 山名淳，藤井佳世（編著），2014，『人間形成と承認－教育哲学の新たな展開』北大路書房．
櫻井佳樹，2015，「『教養』概念の比較思想史研究」，小笠原道雄（編）『教育哲学の課題「教育の知とは何か」―啓蒙・革新・実践―』福村出版，76-90頁．
櫻井佳樹，2018，「ロマンチックラブからみたフンボルトの恋愛結婚と教養理念」，教育哲学会（編）『教育哲学研究』第118号，93-108頁．
野平慎二，2015，「物語られた人間形成を読み解く―現代ドイツ教育学における人間形成論的に方向づけられたビオグラフィー研究をめぐる検討」，小笠原道雄（編）『教育哲学の課題「教育の知とは何か」―啓蒙・革新・実践―』福村出版，185-202頁．
山名淳，2015，「『陶冶』と『人間形成』―ビルドゥング（Bildung）をめぐる教育学的な意味世界の構成」，同上，203-220頁．
山名淳，2017，「ビルドゥングとしての『PISA 後の教育』―現代ドイツにおける教育哲学批判の可能性」，教育哲学会（編）『教育哲学研究』第116号，101-118頁．
Benner, D., 2011, „Der Andere" und „Das Andere" als Problem und Aufgabe der Erziehung und Bildung, In: *Ders.: Bildungstheorie und Bildungsforschung.* Paderborn, München, Wien, Zürich. 2.Auflage.
Dörpinghaus, A., Poenitsch, A., Wigger, L., 2013, *Einführung in die Theorie der Bildung.* Darmstadt 5. Auflage.
Humboldt, W. v., 1792/1980, Ideen zu einem Versuch, die Gränzen der Wirksamkeit des Staats zu bestimmen. In: *Wilhelm von Humboldt, Werke in Fünf Bänden* 1 Stuttgart. S.56-233.
Humboldt, W. v., 1793/1980, Theorie der Bildung des Menschen. In: *Wilhelm von Humboldt, Werke in Fünf Bänden* 1 Stuttgart. S.234-240.
Koller, H.-Ch., 2012, *Bildung anders denken.* Stuttgart.
Koller, H.-Ch., 2014, *Grundbegriffe, Theorien und Methoden der Erziehungswissenschaft.* Stuttgart. 7., durchgeschne Auflage.

Kokemohr, R., 2007, Bildung als Welt- und Selbstentwurf im Anspruch des Fremden. Eine theoretische Annäherung an eine Bildungsprozesse. In: Koller, Hans-Christoph, Marotzki, Winfried, Sanders, Olaf(Hg.): *Bildungsprozesse und Fremdheiterfahrung:Beiträge zu einer Theorie transformatorischer Bildungsprozesse.* Bielefeld. S.13-68.

Lippitz, W., Woo, J-G., 2011, Pädagogischer Bezug. Erzieherisches Verhältnis. Mertens, G., Frost, U., Böhm, W., Koch, L., Ladenthin, L.(Hg.), *Allgemeine Erziehungswissenschaft I. Handbuch der Erziehungswissenschaft 1. Studienausgabe.* Paderborn: Ferdinand Schöningh, S. 411-425.

Masschelein, J., Wimmer, M., 1996, *Alterität Pluralität Gerechtigkeit: Randgänge der Pädagogik.* Sankt Augustin: Academia Verlag, Leuven: Leuven University Press.

Mattig, R., 2012, Wilhelm von Humboldts ,,Die Vasken". Anmerkungen zu Theorie, Methode und Ergebnissen eines Klassikers kulturanthoropologischer Bildungsforschung. In: *Zeitschrift für Erziehungswissenschaft,* Jg.15, Heft 4, S.807-827.

Schäfer, A., 2009, Fremde Bildung In: Wigger, Lothar (Hg.), *Wie ist Bildung möglich?* Bad Heilbrunn. S.185-200.

Schlesinger, Ch., 2015, *Fremdes und Anderes in der Bildungstheorie Wilhelm von Humboldts.* Berlin.

Wulf, Ch.(Hg.), 1994, *Einführung in die pädagogishe Anthropologie*, Weinheim/Basel ＝クリストフ・ヴルフ（編著），高橋勝（監訳），2001,『教育人間学入門』玉川大学出版部．

さらに勉強したい人のための文献案内

①杉尾宏（編著），2011,『教育コミュニケーション論―「関わり」から教育を問い直す―』北大路書房．

　　教育はどのようなコミュニケーションなのか。教育社会学、教育史、教育哲学、教育心理学、発達心理学という様々な専門領域をフィールドにしている著者たちがそれぞれの学問的知見を活かしながら、「教育コミュニケーション」について考察する。

②ヴィガー，L., 山名淳，藤井佳世（編著），2014,『人間形成と承認―教育哲学の新たな展開』北大路書房.

　　陶冶とは何か。それはドイツ語のBildung（ビルドゥング）とは何かという問題であり、またBildungをいかに翻訳するかという問題でもある。本書は、Bildungをめぐる古典的・哲学的な研究（人間形成論）と現代の経験的な人間形成研究（伝記研究）の架橋を模索した好著である。

第8章　共存在と教育的関係
―J.-L. ナンシーの共同体論にもとづく検討

野平慎二

本章の概要

　人間形成とそれを可能とするような教育的関係にとって共同体はどのような意味をもつのか——本章ではこの問いを取り上げたい。共同体と人間形成との関係には相矛盾する側面がある。例えば、コミュニタリアニズムによれば、共同体は人間形成の目標の正当化の根拠であり、共同体における共通善こそ人間形成が行われる際の道徳の源泉である。他方、どのような共同体であれ、対内的には同調や従属を強い、対外的には拒否と排除の作用をもつ（cf. Kymlicka 1995=1998: 35）。共同体は、人間形成の根拠となると同時に、人々の間の相互理解という教育的課題の達成を妨げる方向にも働く。

　ひるがえって、共同体による個人の抑圧を批判するリベラリズムは、共同体からの個人の解放と自立を重視し、多様な個人が善き生をそれぞれ自由に追求できるための正義の観念が政治と社会の基礎に置かれるべきだと説く。けれども、共同体における具体的な善とは無関係の抽象的な正義がありうるかどうかは慎重に検討されるべきであるし、個々人の自由なコミュニケーションのための能力形成という考え方もまた特定の共同体の共通善の反映と捉えるならば、共同体に個人を対置する発想はコミュニタリアニズムと同じ土俵の上に立っており、重点の置き方の違いにすぎないとも言える。

　このような状況を背景として、本章では、個人と共同体の二項対立を解体し共同体をめぐる思考を刷新したとされるフランスの思想家ジャン＝リュック・ナンシー（Jean-Luc Nancy）の思想を主たる導きの糸としながら、共同体の教育学的な意義を探っていきたい。まず、共同体の概念とその教育学的な位置づけを確認し（第

1節)、続いてナンシーの共同体思想について検討する（第2節）。最後に、そこから導かれる教育的関係に対する含意について論じる（第3節）。

第1節　教育的関係と共同体

(1) 共同体の概念

　最初に、欧米語で「共同体」を意味する community, communauté の語源を確認しておきたい。これらの語は、「共通の」「一般の」「すべての人に分け持たれた」といった意味をもつラテン語の形容詞 communis に由来する（この語の名詞形は communitas）。communis は cum（一緒に）と munus（義務、責任、贈り物）が結びついてできた語で、common（共通の）、communication（コミュニケーション）、communion（合一、融合、聖体拝領）、communism（共産主義）などの語もそれに連接している。

　共同体という語で指し示される対象は多様である。歴史的にみると、地縁や血縁によって結びついた前近代的、伝統的な集団が「共同体（ゲマインシャフト）」と呼ばれ、近代以降に出現する利益や機能によって人為的に結びついた「社会（ゲゼルシャフト）」にしばしば対置される。空間的な広がりからみるならば、家族や地域社会、国家内の民族的、文化的集団が共同体と呼ばれる場合があり、国家もまた共同体として語られ、国家を包摂する上位の集合体に共同体の名が付される場合もある（欧州共同体、人類共同体等）。さらには、趣味や指向、価値観や原理にもとづく結びつきや、実体としての場をもたない脱身体化されたヴァーチャルな結びつきも共同体（コミュニティ）と呼ばれる。いずれも、何らかの共通項を介して結びついた個々人の集合体という点では共通しているといえるが、「個人」の概念はすぐれて歴史性を帯びた概念であり、「個々人の集合体としての共同体」という捉え方もまた歴史的に条件づけられたものである点には注意が必要である。

　視点を変えて、個人の側から共同体を眺めてみるとどうだろうか。共同体への帰属意識はアイデンティティを形成する要因のひとつに数えられるが、ひとりの個人が同時にさまざまな共同体への帰属意識をもつことは珍しいことではない。アイデンティティは複数の共同体への帰属意識が重なりあうところに像を結ぶ。それ

ゆえ例えば、同じ国籍をもち同じ国家共同体に属すると見られる構成員であっても、世代や地域やセクシュアリティや社会階層や価値指向等々の、相異なる共同体への帰属意識をもち、相異なるアイデンティティをもつことも十分ありうる。むしろ、互いに問題が生じない限りにおいて同じ共同体に属していると想定しあっている、というのが実情である。共同体は必ずしも実体として存在しているわけではないと言えるだろう。

(2) 共同体への関心

今日、共同体に関心が寄せられる背景として、次の2点を挙げることができる。第1に、近代社会における個人主義化や、世界各地の均質化を促すグローバル化が政治的無関心や社会的紐帯の解体を招いたとして批判され、その傾向への反動として民族、文化、国民国家といった共同体の再興が指向されていることである。もっとも、このような共同体の「喪失と回復」という物語は、デランティによれば歴史的事実に対応したものではなく、むしろ近代社会において要請され仮構された郷愁の物語にすぎない。すなわち、実際には前近代のコミュニティの多くもまた、近代社会と同様、政治的であると同時に契約にもとづいて成立していたのであり、「コミュニティを社会の出現に先立つ黄金時代だとする19世紀に作られたロマン的でノスタルジックな区分は、近代以前のコミュニティの説明として非常に疑わしい」(Delanty 2003=2006: 8)。

第2に、共同体のなかでも特に国家共同体とその伝統や文化を強調する新国家主義の傾向が世界各地で強まっていることである。この傾向は、上で述べた「喪失と回復」の物語の一種であるが、教育の分野に限っていえば、個々人の思想・信条の自由の侵害や、個々人の多様な意見をもとに構成される民主主義の否定につながりかねない。近代における国家や国民といった表象が学校教育をはじめとするさまざまな政治的装置によって創り出された「想像の共同体」(アンダーソン)であるとすれば、その伝統や文化と称されるものに「共通善」を名乗る権限があるのかどうか(むしろそうした伝統や文化を習得すればするほど真正の自己から遠ざかる結果にならないか)については、慎重な検討を要するだろう。

この第2の点について付言するならば、人間形成にとって共同体がもつ意味を

多角的に考察した岡田敬司は、現代の新自由主義的な個々人の分断と新国家主義的な同質化の両方に対抗する道筋を、学校や学級といった中間共同体のなかに探っている。それによれば、人間形成の出発点には一定の情動共同体への他律的な帰属が不可欠である。「教育的観点からは、その帰属欲求の充足による安心感を基礎に、共同体文化、共同体規範を身につけつつ自己意識あるいはアイデンティティを形成していくところが重要」（岡田 2009: 3f.）である。もっともこの帰属は、共同体の外部に対する排他性と共同体への同化を強いるものでもある。これに対して、言語によるコミュニケーションが可能な規模の中間共同体（学校や学級）を対話共同体として組織することで、そこでの異質な他者との出会いを介して、それまで帰属してきた情動共同体の相対化が図られると同時に、異質な他者との対話的な関係の構築に向けた基礎が築かれる。「中間共同体の中で諸個人は狭義の自律性を半ば失うが、共同意思の形成が会話や討議によって成し遂げられるに応じて集団的自律性を獲得する。これがうまくいったときには狭義の自律、広義の自律が共に成り立ち、互いに補い合う」（岡田 2009: 218）、とされる。

　国家共同体がはらむ困難を中間共同体によって打破するという着想から学ぶべき点は多い。ただ、対話共同体を担う主体の発生の機序にハーバーマスの理想的コミュニケーション共同体の構想が前提とされていることからも見てとれるように（岡田 2009: 160ff.）、その中間共同体論には対話の規則の相互承認という同質性の想定が暗黙のうちに含み込まれており、その意味ではやはり共同体の外部に対する排他性という難点を十分に免れているとは言いがたい。このような同質性という前提が通じない他者との関わりをどのように捉えるべきか。この点が、人間形成における共同体の意味を探る上での課題となると言えるだろう。

第 2 節　ナンシーの共同体論

(1) 共同体をめぐる幻想

　さて、ナンシーは、共同体について探究するにあたり、「絶対的に、すぐれて内在的存在であるとみなされた人間こそが、共同体の思考にとって躓きの石となっている」（Nancy 1999=2001: 15）と述べ、人間に内在する本質と、それを共有する集

団としての共同体、という思考を批判する。内在的な本質とその共有という想定は、必然的に異質なものの排除につながってしまう。理性的存在としての人間という近代的な想定は、非理性的とみなされる存在（精神異常者、犯罪者、未成熟な子ども、さらには身体や無意識など）を排除し、隔離し、それらに介入し矯正することを自己正当化してきた。したがって、何らかの本質によって結びつくのではないような共同体の可能性を探ることがナンシーの課題となる。

　このことは、20世紀最大の社会的実験としての「共産主義 communism」にも当てはまる（cf. 岩野 2016: 7）。共産主義は、「共に持つこと」を基礎とする思想である。私有財産は否定されるが、労働によって財産が生み出され共有されることまでは否定されない。そこに見られるのは労働し生産する人間像、言い換えれば何らかの作品（œuvre）を産み出し所有する人間像である。これに対してバタイユは、エロティシズム、ポトラッチ、供儀などに見られる、生産や再生産に寄与しない消費の営みを重視した。ナンシーはバタイユに倣って「無為 désœuvrement」の側面に着目し、「共に持つこと」ではなく「共にあること」から共同体についての思考を再構成しようとする。

　ナンシーはまた、デランティと同様、共同体について語られる場合にしばしばつきまとうノスタルジーにも批判の目を向ける。一般に近代社会は前近代的、伝統的な共同体の解体の上に誕生したと考えられているが、それは倒錯にすぎない。「ゲゼルシャフトは、国家や産業や資本とともに到来し、それ以前にあったゲマインシャフトを解体したのではない。……共同体は、社会が破壊したり喪失したりしたものであるどころか、社会から発して我々に出来する何物か——問い、期待、出来事、命令——なのである」（Nancy 1999=2001: 34）。すなわち、近代社会において絆や親密性が失われたと感じられるのに従って、そのような失われたものを備えていたと考えられる共同体が仮構され理想化され、その再生と実現が望まれるのである。このような共同体幻想の原型は、キリスト教的な合一思想に求められる。そして近代化とともに「神的なものが退いてゆくことによって、共同体それ自身が神的なものにとって代わった」（澤田 2013: 52）というわけである。

(2) 共同体と死

　以上のように、ナンシーは、「共にあること」から共同体を捉え直すことを試みる。その際に援用されるのが、『存在と時間』においてハイデガーが示した「共存在 Mitsein」の概念である。ハイデガーは、現存在の分析において、世界内存在としての自己は世界をつねにすでに他者と分かちあっており、また他者とはそのもとで自己が存在することになるような者であると説き、「現存在は本質的に、それ自身において共存在である」（Heidegger 1977=2013: 161）ことを明らかにした。けれども最終的にハイデガーは、死への先駆という現存在の本来のあり方においては「他者たちとのあらゆる共存在は何の役にも立たない」（Heidegger 1977=2013: 192）と考え、共存在の思考を展開することはなかった[1]。むしろ、あろうことか、本来性の覚醒と歴史的実体としてのドイツ民族の覚醒とを無反省に重ね合わせてしまった。これに対してナンシーは、共存在と死という２つのモチーフをハイデガーから受け取りつつ、その交点から共同体の思想を構築していく。

　人は自らの死を知らない。自らの死は、誰かに看取られ、語り伝えられることで初めて意味ある出来事として完了する。このことは、近代的な個人主義が想定しているような自己完結した個人というものがありえないことを示している。死は、他者と共にあるという複数性、さらにはその連続性のなかで初めて可能になる出来事である。ナンシーによれば、「死を通してはじめて共同体は開示されるし、またその逆に共同体をとおして死が開示される」（Nancy 1999=2001: 39）。人は死を所有することはできず、また他人に譲渡することも他人と共有することもできない。にもかかわらず、あるいはそうであるがゆえに、その共有不可能性によって共同体が開示されるということである。このような逆説的なあり方を、ナンシーは次のように語っている。「共同体は、つねに他人によって他人のために生起されるものである。それは諸々の「自我」……の空間ではなく、諸々の私の空間である。そして、この諸々の私とはつねに他人である（あるいは、何ものでもない）」（Nancy 1999=2001: 42）。

　ここで少し脇道にそれるが、「死」と並んで「誕生」という契機もまた共存在としての人間のあり方を示していると考えられるだろう。熊野純彦によれば、人は自らの生を「所有」しているわけではない。私の生は自ら望んで得たものではなく、

受動的に与えられた（贈られた）ものである。しかもこの贈与には、「この私に」贈られなければならなかったという理由が欠如している。「生命はなぜか私に送りとどけられ、贈られている。生命とは、そのかぎりで、つねに〈誤配〉であるほかはない」（熊野 2003: 63）。子どもに生を与えた親にとってもまた、「のちに〈私〉となる存在に生命を分かちあたえたということは、選択が不可能なことがら」（熊野 2003: 64）である。このように、1人ひとりの生は個人の意志によっては如何ともしがたい出来事、所有や交換のできない「ゆえなき贈与、純粋な贈与」（熊野 2003: 63）として現前する出来事である。このように、「誕生」という契機もまた、ナンシーの取り上げる死や共同体と同様に、所有する者としてではない人間のあり方、単独者としては存在しえない人間のあり方を示唆していると言えるだろう。

(3) 存在の分有

ナンシーが「死」という契機を介して呈示する共同体は、一般にイメージされるような、何事かの共有から成り立つ歴史的な実体としての共同体ではなく、人間存在の条件としての共同性を指す。死が譲渡不可能であることに端的に示されているように、個々人はそれぞれ取り替えのきかない固有で特異な存在である。しかしそれは単独者としての個人がそれ自身で存在できるということではなく、他者と共にあるという仕方において初めて可能になる。特異な存在であることは複数性を前提としており、共存在とは複数の者が存在を分有（partage）[2]するということである。それゆえナンシーは人間存在のあり方を「複数にして単数の存在 être singulier pluriel」（cf. Nancy 1996）と呼ぶ。

それでは、他者と共に存在を分有するとはどのようなことなのだろうか。強い意味で捉えるならば、他者とは「私との差異であり、私からの隔たりそのもの」（熊野 2003: v）であるような存在である。とはいえ同時に、それと関わらないことができない存在でもある。他者との関わりは、自らの思いや願いに発する場合もあれば、意に逆らって、否応なく関わりを余儀なくされる場合もある。たとえ前者の場合でも、他者を十分に理解できるわけではない。また、否応なく関わりを強いられる場合でも、自己は決して無力ないしは無実であるわけではない。他者を他者として表象して語り出す時、すでにそこには他者に対する現前化の暴力が働いている。

他者と関わるとは、「「他者化」の暴力を行使してしまった自己のありようを問われること」(林田 2004: 123) でもある。

　ナンシーは、他者への応答というこのような困難な事態を、構想力の限界の出来事として描き出している。他者を構想力によって捉えることのできない「呈示しえないもの」と名づけた途端に、他者は呈示しえないものではなくなり、自らの理解の枠組みに回収されてしまう。ナンシーによれば、他者に応答することは、構想力の外部にある実体としての「呈示しえないもの」や、有限な構想力が捉えることのできない「無限なもの」との関わりとしてではなく、構想力の限界を浮かび上がらせる出来事として捉えられなければならない。構想力は他者を理解しようとしてそのつど自らの限界に突き当たり、その限界を引き直して他者を捉えようと試みる。けれども他者はつねに自己の彼方にあるため、この限界を引き直す運動が終わることはない。他者への応答において問題となるのは「呈示によって生起し到来し、起こるものなのだが、呈示ではないものである。すなわちそれは動きなのであって、それによって限界づけられぬものが自らの限界を画定し、自らを呈示する限界に沿って絶えず自らを浮かび上がらせ、自らを限界からはずしていくのである」(Nancy 1990=2011: 70)。他者を理解しようとする構想力の運動のなかで、自己と他者とが事後的に分化する。このような運動として存在の分有は生起している。

　ヘーゲルは個人と共同体の弁証法的統合の論理を示したが、ナンシーによれば統合されるべき実体としての他者や共同体が個人の外部にあらかじめ存在しているわけではない。「限界の外にはなにもなく、呈示可能なものも呈示不可能なものもない……。まさにこの「限界の外にはなにもない」という肯定こそが、崇高(そして芸術)の思考と弁証法(そして芸術の完結)の思考とを本来的に、絶対的に区別するのである」(Nancy 1990=2011: 79)。ナンシーの思考は、非・弁証法的な人間存在の論理を示していると言えるだろう。

第3節　共存在と教育的関係

---

(1) 人間形成の可能性の条件としての共存在

　以上のようなナンシーの共同体論は教育学に何を示唆するのだろうか。その検

討に先立って、共同体が人間形成の根拠となると見なされるその機制を再確認しておきたい（cf. 野平 2010）。物語論の知見に従えば、物事の認識や存在は物語るという言語行為によって条件づけられている。アイデンティティの形成と変容も自己自身についての物語とその語り直しによって可能となる。その際自己は、自己物語を語る主体である以前に、自らを取り巻く人々が語る自らについての物語を受け入れるほかない存在である。すなわち自己は、先にも見たとおり自らの意志とは無関係に生を授けられる存在であり、また誕生の瞬間から周囲の人々によって言動を否応なく解釈され意味づけられてしまう存在である。その意味づけを受け入れることが、自己と世界に対する認識の基点となる。また、自己についての語りと語り直しは、自己自身のモノローグによっては成立せず、自らを取り巻く人々からの受容と承認をまって初めて成立する。このように、自己の形成と変容にとって共同体は構成的な役割を果たすとされる。

　これに対してナンシーの共同体論からは、次の2点が明らかとなる。第1に、自己や他者を物語に回収することはできないということ。出来事を言語で捉えて物語ることができるのはつねに事後的にでしかない。自己であれ他者であれ、それをそれとして象り、物語のなかに組み込めたように見えたとしても、その時すでに自己や他者は構想力の彼方にいる。自己も他者も、物語によって固定できる実体ではなく、構想力の不断の動きのなかにあり、つねに事後的に現前するものである。第2に、共同体もまた実体として確定できるものではないということ。たしかに共同体は一定の語りの共有を通して、あたかも実在するものであるかのように想定される。しかしながら、共有されているように見える集合的な語りであっても、互いに他者である複数者の間で語られる以上、そこには異なる筋立てや解釈の余地がつねに含まれている。

　ひるがえって、近代以降の教育は、大人の設定した目的に向けて子どもを発達させることが可能であるとする目的合理的思考の上に推し進められてきている。あるいは、その思考の基礎を提供したともいえる古典的な人間形成論においては、個人と共同体の弁証法的統合が想定されていた。言い換えれば、そのような語り方が人々の認識や思考を規定してきた。しかしながら、互いに他者であるはずの子どもと大人は、そのような仕方でのみ語られ規定される実体として存在し関係を

取り結んでいるわけではない。弁証法的発達の語りは今日なお子どもや教育に対する見方を強く方向づけているものの、上で見たように、その集合的な語りのなかにも、除去できない形で、その語りに回収されない契機が含まれている。その契機が引き起こす語りのズレや破れ目を手がかりに、目的合理的な教育とは別種の語りを編み出すことができるであろう。共存在というあり方は、子どもと大人が相互に異質であり、それにもかかわらず、ないしはまさにそれゆえに、自らの存在と変容のために異質な相手を必要とすることを示している。もちろん、出来事の経過を後から振り返り、弁証法的発達の物語に適合する出来事のみを拾い上げてそのように筋立てることができないわけではないが、個人と共同体の統合はあらかじめ保証されているわけではない。またそのような筋立てに適合しない出来事も無数に生じており、それを拾い上げることで別種の筋立てを語ることも可能なのである。

(2) 教育的関係における応答と倫理

　ナンシーの共同体論は、教育的関係における倫理についても示唆を与えてくれる。これについて、仲正昌樹の議論を参照しながら考察したい。仲正によれば、他者と遭遇する時、自己は自らの限界（limit）に突き当たる。そして「「私の限界」の向こう側に、直接的には表象しえない「何か」（＝「異なるもの＝他者」）が「有る」ことを間接的に認識することが、「私」という存在者の「脱・限界化 de-limitation」に繋がる」（仲正 2003: 26）。ここで述べられている脱限界化が、ナンシーのいう構想力の境界線の引き直しの動きと同じものを指すことはすぐに見て取れるだろう。もっとも、どれほど自己が脱限界化を繰り返したとしても、他者を自らの構想力の内部に取り込むことはできないのであり、自己は自らの限界のなかで他者に応答するほかに方法はない。この点に仲正は他者との関係における倫理の所在を指摘する。「「他者」に対して「責任を取る＝応答する respond」ことは、新たなる「正義」の基準を立てることに繋がる。当然、それは「他者」それ自体に対応する「無限の正義」ではなく、「脱・限界化」された私にとっての「有限な正義」である。この新たな「境界線」引きに際して、これまで法外なところに置かれていたある一定の他者たちに「応答する」可能性が生じてくる反面、別の他者たちにとっては「不正 injustice」が生じるかもしれない」（仲正 2003: 27）。た

とえ自己がどれほど誠実に他者への応答を試みるとしても、それは他者一般への応答とはなりえず、ある他者への応答が別の他者に対しては不正となるかもしれない。このように捉えるならば、他者への応答における倫理とは、自らの応答が不正をはらむ可能性を引き受けつつ、それでもやはり応答を試みること、そして他者との遭遇が照らし出した自己の拠って立つ立場を見つめ直し、その立場から誰の声を聴き誰の声を聴いていないのかを省察すること、となるだろう。

繰り返しになるが、自らがどのような立場に立っているのか、どのような共同体に所属しているのかは、あらかじめすべて自らに自明であるわけではなく、他者と遭遇して初めて明らかになり自覚されるものでもある。また、他者に対する応答の正当性を自らが所属する共同体の規範を引き合いに出して根拠づけることはできない。問題となるのは、その根拠を共有しない他者との関わりだからである。

教育においては、子どもの声を聴くことが大切であるとしばしば言われる。けれども、以上のように見るならば、それが実際にはきわめて困難な営みであることがわかる。大人は、相手を「子ども」と名づけて大人の構想力に取り込み、共同体が「教育的」とみなす規範に従ってその声を解釈しようとする。けれども子どもの他者性はその構想力の限界を明るみに出し、その限界を引き直すよう大人に迫る。あるいはこれまで共同体が「教育的」と見なしてきた関係を捉え直すよう迫る。他者としての子どもとの遭遇は、大人が不断に自己自身に出会い直すことを要請する。この出会い直しと自己反省は、個人の心構えとして求められるものでもあるが、それ以上に、大人と子どもという複数性にもとづく共存在の構造から導かれる倫理であり、大人と子どもとの関係が応答関係として成り立つための条件であるとも言えるだろう。

今後の課題と展望

本論では、主にナンシーの非実体的な共同体概念に拠りながら、人間形成と教育的関係の捉え直しを試みてきた。存在論的な次元で展開されている共存在の議論から直接に、実体としての共同体やそこで優勢を誇る弁証法的な思考がはらむ排他性を回避する方途を導き出そうとするならば、それはカテゴリーの取り

違えとなるだろう。共存在の思考を弁証法の思考に対置する発想は、弁証法の思考そのものでしかない。けれども、あるいは、まさにそれゆえに、弁証法の思考の限界を浮かび上がらせる共存在概念に目を向けることは、近代的な仕方とは違った形での子どもと大人の「共にあるあり方」を探っていく基点となるだろう。

本論では、教育的関係をもっぱら子どもと大人の相互人格的関係に限って論じてきたが、子どもと世界の表象の関係という視角からは論じていない。世界の意味の理解をめぐって、ナンシーは、「ヘルメーネイア（hermeneia）とは……意味の理解でも前理解でもない。……意味が与えられるということは、それが分有に……委ねられていることをも意味しており、それがわれわれの声やわれわれの朗唱に先行する外在的なひとつの所与ではないことをも意味している」（Nancy 1982=1999: 75f.）と述べ[3]、プラトン的な意味のイデア性や、意図しない形でそれを前提としている存在論的な解釈学を退けつつ、共存在における反復と分有のなかで生じる現象として意味理解を捉えている。子どもと世界の表象との関係については、意味理解をめぐるこのような議論を手がかりとして検討することができるかもしれない。他日を期したいと思う。

注
1 　田中智志（2017a, 2017b）は、キリスト教神学と哲学史への豊かな理解を背景に、ハイデガーの共存在概念を解釈し再構成する作業をとおして、存在論的な教育学を展開している。それによれば、「私」の抱く「あなた」の実存への信に支えられた、「私」と「あなた」の呼応関係」、「愛への呼びかけに与り、実存への信に支えられた、享受的関係性」（田中 2017a: 410）が教育的関係の基底をなすという。
2 　分有（partage）という語は、「分けること」と「つなぐこと」を同時に意味する両義的な語である。周知のとおりプラトンは、個物がそれとして存在するのは普遍的で超越的なイデアに与り、それを分け持つ（methexis ＜ meta（共に）＋ hexis（持つこと））限りにおいてであると説いたが、本論の末尾でも言及するとおり、ナンシーはそのような本質主義的思考を退け、共存在における反復の動きから意味が生起すると説く。
3 　ヘルメーネイアとは、「告げ知らせること」「解釈すること」を示すギリシャ語で、神々の使者ヘルメースが神の言葉を告げ知らせること、あるいはその言葉を解釈し理解することに由来する言葉である。ハイデガーはヘルメーネウエイン（hermeneuein, ヘルメーネイアの動詞形）に言及しながら存在論的な解釈学を展開しており（Heidegger 1977=2013: 50 u. 197ff.）、ナンシーは『声の分割（パルタージュ）』（1982年）においてその探究を批判的に検討している。

引用参考文献

岩野卓司，2016，「共同体を考えるために」，岩野卓司ほか（編）『共にあることの哲学　フランス現代思想が問う〈共同体の危険と希望〉1　理論編』書肆心水，7-16頁．

岡田敬司，2009，『人間形成にとって共同体とは何か　自律を育む他律の条件』ミネルヴァ書房．

熊野純彦，2003，『差異と隔たり　他なるものへの倫理』岩波書店．

澤田直，2013，『ジャン＝リュック・ナンシー　分有のためのエチュード』白水社．

田中智志，2017a，『共存在の教育学　愛を黙示するハイデガー』東京大学出版会．

田中智志，2017b，『何が教育思想と呼ばれるのか　共存在と超越性』一藝社．

仲正昌樹，2003，「「無限の正義」のアポリア」，仲正昌樹（編）『脱構築のポリティクス』御茶の水書房，3-31頁．

野平慎二，2010，「生成と物語　語りと語り直しの可能性の思想史」，教育思想史学会（編）『近代教育フォーラム』19，15-30頁．

林田幸広，2004，「政治的ならざるものの場をめぐって」，仲正昌樹（編）『共同体と正義』御茶の水書房，113-159頁．

Delanty, Gerard, 2003, *Community.* London (Routledge). ＝山之内靖，伊藤茂（訳），2006，『コミュニティ　グローバル化と社会理論の変容』NTT出版．

Heidegger, Martin, 1977, *Sein und Zeit.* (1927) In: Gesamtausgabe Bd.2, Ffm. (Klostermann). ＝熊野純彦（訳），2013，『存在と時間』全4巻，岩波書店．

Kymlicka, Will, 1995, *Multicultural Citizenship. A Liberal Theory of Minority Rights.* Oxford. ＝角田猛之ほか（監訳），1998，『多文化時代の市民権　マイノリティの権利と自由主義』晃洋書房．

Nancy, Jean-Luc, 1982, *Le partage des voix.* Paris (Galilée). ＝加藤恵介（訳），1999，『声の分割（パルタージュ）』松籟社．

Nancy, Jean-Luc, 1990, *Une pensée finie.* Paris (Galilée). ＝合田正人（訳），2011，『限りある思考』法政大学出版局．

Nancy, Jean-Luc, 1996, Être singulier pluriel. Paris (Galilée). ＝加藤恵介（訳），2005，『複数にして単数の存在』松籟社．

Nancy, Jean-Luc, 1999, *La communauté désœuvrée.* [3e éd.] Paris (Bourgois). ＝西谷修，安原伸一朗（訳），2001『無為の共同体　哲学を問い直す分有の思考』以文社．

さらに勉強したい人のための文献案内

①デリダ，J.，鵜飼哲ほか（訳），2003，『友愛のポリティックス』全2巻，みすず書房．
②リンギス，A.，野谷啓二（訳），2006，『何も共有していない者たちの共同体』洛北出版．

　①は、「共同性をもたない共同体」という思考の矛盾を批判しつつ、他者と共にあるあり方の可能性と限界を示す「友愛」概念に哲学史的検討を加えたもの。②は、世界の人々のさまざまな生の断面に即しながら、合理的な共同体の他者としての、より根源的な「もうひとつの共同体」のありようを示したもの。ナンシーの共同体論と併せて読むことで、他者に対して閉じられていることと開かれていることのダイナミズムがより明確になる。

第9章　目的的行為としての〈教える〉と〈ケア〉の接続

矢野博史

本章の概要

　〈教える〉は学びの生起を目指した目的的行為である。この目的的行為としての〈教える〉は、個別のさまざまな振る舞いから構成されている。言い換えるなら、一つ一つの振る舞いに教育目的を割り当てることにより、それらの振る舞いの総和として〈教える〉は構成されているといってよい。話す、書く、聴くなどの振る舞いは、挨拶をしたり、日記をつけたり、音楽を聴いたりすることである一方で、場面が変わると教科書の読み上げ、説明事項の板書、生徒の発表の傾聴等々の教育的な意図を持った振る舞いとして〈教える〉を作り上げていくことになる。

　この〈教える〉という行為、あるいはそこに生じている教育的関係に対する再考の試みが、ギリガン（Gilligan 1982=1986）以降、〈ケア〉概念を手掛かりとして活発に展開されてきた。ケアすることとは「最も深い意味で、その人が成長すること、自己実現することをたすけることである」（Mayeroff 1971=1987: 6）といわれているように、〈ケア〉概念は教育的行為との親和性が高く、教育学に貴重な視点を提供してくれるものである。

　その一方で〈ケア〉は、目的的行為には馴染みにくいものでもある。目的的行為には、実現されるべき結果として未来が先取りされており、行為の当否は目的に対する手段としての妥当性によって決定づけられることになる。しかし、〈ケア〉においては「成果よりも過程が第一義的に重要」であり、その理由として「私が他者に関わる（attend）ことができるのは、現在においてのみ」（Mayeroff 1971=1987: 71）であることが挙げられている。結果もさることながら、〈ケア〉に際しては「いま、ここで、いかに」相手に応ずるのかということが重要なのである。

加えて、現在では〈教える〉に対する目的設定が学校という教育システムによって行われていることにも注意する必要がある。そこからは〈ケア〉における個別性の重視とシステム化による個別性の喪失という相反する事態が発生することになるからである。

本章は〈ケア〉とシステムの内側にある目的的行為のこうした特性を踏まえたうえで、目的的行為としての〈教える〉と〈ケア〉の接続を目論む試論である。〈ケア〉の再定義という作業を通じ、システムのなかで〈ケア〉が変性することを回避する可能性を探りながら、〈教える〉、そして教育的関係に対する〈ケア〉の接続を試みていくことにしたい。

第1節　教育的関係と〈ケア〉の分断

(1) 学校システムの成立、そして教育的関係と〈ケア〉の分断

たとえ養育（nursing）的な機能が主であったとしても、教育的関係が家庭やコミュニティにおける子育てという次世代育成機能のもとにあった時代には、他者への配慮としての〈ケア〉は教育的関係のなかに含みこまれていたといえる。親子愛や隣人愛に支えられた行為として、子育ては営まれており、〈ケア〉は大人―子どもの教育的関係における重要な構成要件となっていた。

しかし、近代化の過程で、次世代育成機能としての教育は、主たる場を学校システムのなかへと移すことになる。このときに〈ケア〉は、家庭やコミュニティという親密圏のなかへと置き去りにされることになったのである。技術的合理性が支配的なシステムの世界では「関係する人々のすべては、システムの機能要件として物象化され」、「人間存在は、あらかじめ設えられた目的の実現に向けて自発性を調達される受容的存在であっても、能動的で活動的な状況構成的主体」（田中 2009: 308）ではない。こうした社会システムや技術的合理性の論理と〈ケア〉は対極をなしている。そのため技術的合理性によって構築されようとする教育システムとしての学校に〈ケア〉の居場所が確保されることはなかったのである。学校における教育的関係の構築は、個別性に対する気遣い（ケア）をいったん締め出し、システムの論理のもとで進められていくことになったといえる。

(2) 目的的行為に〈ケア〉は取り込めるだろうか

　教育が現在抱えている多くの問題の後景には、その学校システムがあることは指摘されて久しい。そして、その検討を通じて様々にこれからの教育の可能性は論じられている。教育的行為のなかに〈ケア〉を導入すること、あるいは教育的行為のなかから〈ケア〉的な要素を取り出して強調すること、こうした動向もそれらの一つに挙げることができる。

　すでに拙論においても〈ケア〉を導きの糸として、「教える」という行為をめぐる関係性の構図の織り直しを試みた（矢野博史 2015）。そこでは、従来の教育的関係の構図、すなわち教える者が学ぶ者の時間を所有し、操作するという構図に言及し、〈ケア〉という関係性に導かれた教育者が「自らの時間をゆだねる立場」に身を置き直すことで、学ぶ者＝ケアされる側を「自らの希望を実現する主体」として主体化していく可能性を提示した。

　しかし、そこには残された課題もあった。システム化された〈教える〉という行為に〈ケア〉を織り込む際には、〈ケア〉がシステムによって提供された行為の範型となる可能性を看過できない。この時〈ケア〉の可能性は、大幅に縮減されることになる。こうして、システムのなかに回収された〈ケア〉は、教育者に「能動的で活動的な状況構成的主体」としての資格を付与することなくシステムに従属的な立場にとどめるのではないか、そして、ケアされる側も操作的立場に置かれたままなのではないか、これらの問いが検討の俎上に載せられねばならないのである。

第2節　システムにおける〈ケア〉の反転

　「人道主義が最後の勝利を占めるというのは真実であろうと思う。ただ私は同時に世界は一個の大きな病院となり、各人はお互いに他人の人道上の看護人となり終るのではあるまいかと、恐れているのだ」。
　　　　　　　　ゲーテ（『イタリア紀行 中巻』、岩波書店、1942年、197頁。）

ここでは〈ケア〉がシステムに取り込まれることによって、対象操作へと反転する様態について確認しておきたい。そのためには、看護実践を対象としてシステムと〈ケア〉の関係や実践の構造を検討したいくつかの論考から示唆を得ていくこととなる。まずその理由を述べておこう。

一つ目の理由としては、看護と教育のあいだに見られる相同性が挙げられる。教育の起源を「生存への配慮」(原 1996: 4) に見たときに、養護と看護がともに Nursing の訳語にあてられていることにたどり着くのは容易である。こうした背景のもとで、看護と教育は共に「ケアが不可欠である営為」(品川 2007: 149)[1] とされている。

この点を踏まえたうえで、二つ目の理由として、看護職は〈ケア〉を職業的なアイデンティティとしているという点が挙げられる (筒井 1993)。〈ケア〉に対して、より自覚的に向き合ってきた看護職であるからこそ、〈ケア〉とシステムの相克に関する端的な事例を看護実践に関する論考は提供してくれると考えられる。

看護職は、一般的に「思いやりのある (Caring) 人間」であり、「全人的に捉えた患者と向き合う」ことを自らに課している (Chambliss 1996=2002: 84-86)。その一方で看護職は、病院組織のなかで「本来は自発的に感じられるものであるべき感情作業 (emotion work) を職務上命じられ」、患者の傍にいて医師の「眼」や「耳」になるという役割を求められている。加えて「クライアントが自分だけだと思っていることを、何千例も扱う」というルーチン化によって専門職としての「真のコンピテンス」を獲得していくとされている (Chambliss 1996=2002: 34)。看護実践はこのようにシステムによってコントロールされており、看護職はルーチン化された〈ケア〉の実践者として患者に対して非一個別的な関係性を持つようになっていく。

また、関係性のもう一方を担っている患者は、医療システムのなかで「病気であると定義」された治療の対象、「精巧な生物体」として扱われている。このような「患者の非人格化」は、「狡猾な医師やナースの個人的な判断でも、高圧的な病院の方針でもない」とされ、「診ることとそれに伴う非人格化こそ、医療システムの核心部分」(Chambliss 1996=2002: 200) であることが指摘されるのである。

このように医療システムは、日常的なケアをルーチンワーク化し、看護職を「あらかじめ設えられた目的の実現」に向けた従属的存在に位置づけ直している。同

時にそのなかの患者は個別性を消失し、「非人格化された」個人でしかない。

　端的に言えば、ここに生じているのは「パターナリスティックなケア」というパラドキシカルな事態である。システムに取り込まれることによって看護職の〈ケア〉は本来の様相から反転し、看護職、患者ともに、自らが置かれた状況に主体的に関与していく存在としての地位は失われている。患者本位のケア、あるいは「自らの希望を実現する主体」を援助するケアは、客体として操作化された患者に対する働きかけへと変性しているのである。

　こうした〈ケア〉とシステムとの関係性は、教育的関係のあり様を映し出す鏡でもある。職業としての〈ケア〉は、まさにそれが職業であることによって、システム化の囚われから抜け出すことは困難であり、教育者も〈ケア〉ならぬケアを行うことになる[2]。

　このシステム化の囚われを抜け出すための〈ケア〉とシステムの結び目はどこに探し出せるだろうか。もうしばらく看護の臨床に視点を据え、個別の実践が〈成立〉するプロセスを検討していくことによって、その手立てを探していくことにしよう。

第3節　看護実践にみる目的的行為としての〈ケア〉とその限界

(1) 堂々巡りする〈ケア〉

　医療システムにおける〈ケア〉の手順は、あらかじめ設えられた目的（たとえば疾患の治療）に従って実践に先行して設定されている。行為指示としての規範性を有して〈ケア〉は医療システムに定常化しているといってよい。その一方で、ベッドサイドでの〈ケア〉＝看護行為は、状況の個別性への志向も有している。ベッドサイドでの〈ケア〉＝看護行為は、ある出来事への応答、たとえば病棟における患者の急変に対する応答としてその場で・から生じていくものでもある。具体的な行為としての〈ケア〉＝看護行為はシステムによって事前に規定されているだけではなく、臨床では変化する状況のなかでその都度発動させられるという様相も持ち合わせている。

　このように実践を理解するための手がかりとなるのが、看護職による実践の振り返りを現象学的に分析した西村／榊原による論考である。

第9章　目的的行為としての〈教える〉と〈ケア〉の接続　131

　まず西村／榊原は、ベッドサイドの看護行為においては「思考から行為へという流れ」にはなっておらず、経験を積んだ看護職は、思考する手前で未来の結末を先取りして行為しているということを指摘する（西村／榊原 2017: 237）。
　たとえば、「疼痛コントロールのために点滴をしていた患者が、麻薬のために朦朧としているにもかかわらず『わっと動き始め』」た際に、四人の夜勤看護師全員で即座に患者を押さえたという事例の分析からは次のような結果が導かれている。
　四人の看護師は「今の自らの行為が、未来の結末を導くことを先取りして把握」すること、この事例ではせん妄の収束を予測しながら、「即座に患者を押さえ」、そして実際に収束させている。これが「判断を含んだ直接経験としての行為は、未来の先取りとともに成り立ち、同時に、その行為が未来をつくり出すという円環構造が看護師たちの実践を形作る」（西村／榊原 2017: 210-213）という〈ケア〉＝看護行為の時間的な構造である。
　そこでの看護師の意識・思考は、「行為と意志を動機づける客観（患者の状態）が思考によって意味づけられ判断される以前に、〈行為しつつ意志すること〉が発動し、その行為のうちで初めて客観についての思考と判断が成立」（西村／榊原 2017: 237）するという機序になっている。ここには行為に先行して設定された目的に行為が誘導されるという順序はない。行為はその急変の場で・から、システムによる指図の以前に生じていることが重要である。しかし、同時に「患者へ向かおうとする志向性」は、医療チームに分かちもたれた「看護や治療の目標（＝遠い未来の見通し）」（西村／榊原 2017: 244）、すなわち、システムによってあらかじめ設えられた目的に支えられたものでもある。
　この事例検討からまず明らかになるのは、臨床における看護行為＝〈ケア〉の状況応答性、すなわち〈ケア〉が今ここでの患者への応答を起点とするという一面である。システムに先導されるだけではなく、ケアする側の主体的な関与の余地がここには確保されているようにも見受けられる。しかし、同時にこの〈ケア〉は発動すると同時に未来の先取りを試みている。この先取りされる未来は医療チームが患者に設定している目標や方針に従っている（西村／榊原 2017: 219）という点においてシステムの介入と切り離すことはできないものなのである。つまり、「場＝臨床」から生じたこの〈ケア〉も常に目的─手段関係のなかに収斂させられて

いくことになる。計画された手順に拠らずに始まる〈ケア〉であっても、どれほど患者に寄り添って行われる〈ケア〉であっても、この回路から抜け出ることは容易ではない。患者の非―人格化は解除されることなく、システムに看護行為＝〈ケア〉は回収され、目的達成へのプロセスは再プログラムされることになる。

　やはり、「パターナリスティックなケア」とは回避できないシステムの必然であり、〈ケア〉を目的的行為に接続するのは叶わないことなのであろうか。

（2）堂々巡りするしかないのだろうか

　こうした看護行為のなかに西村／榊原は、〈過去と未来の二重の地平〉があることを指摘する。「行為しつつ意志することは、先取りされた目指すべき事象を志向しつつ、生み出され創造された事柄をその都度知覚する」ことなのであると。そしてこの「二重の地平」の上で、「すでに実現された事態の知覚」を「目指すべき事態」に向けて意味づけ直すことを通じて、「未来への意志」は「そのつど修正されたり更新されたり」しているとする。こうしたプロセスのなかで、「患者のあるべき状態の先取りそのものが創造されることも起こりうる」とするのである（西村／榊原 2017:226）。

　臨床におけるこのような創造の可能性を認めるならば、ケアの実践にはシステムから与えられる「パターナリスティックなケア」を回避する余地[3]が残されているように思われる。しかし、ここでも看護行為の時間的な始点には、「遠い将来の目標」および「先取りされた未来」として実践の目的が事前に設定されたままである。その場で・から創造された目的に従って処置を終えると患者は再びシステムに回収され、〈ケア〉＝看護行為の目的も同様にシステムによって再設定されることになる。

　こうしてみると〈ケア〉＝看護行為は、設定された目的に沿って選択され、組み上げられていくことを回避できないように見受けられる。職業としての〈ケア〉からこうした性格を取り去ることはできず、目的的行為の陥穽のまえでは、システムと臨床はこうして創造・更新とパターン化の堂々巡りを続けていくしかない。

　しかし、以上の榊原／西村の考察からは、職業としての〈ケア〉（看護実践／教育実践）が〈ケア〉であり得る可能性を探るという本章の目的にとって二つの重

要な示唆をくみ取ることもできる。まず一つ目は、計画された手順に拠らず、創造や更新の可能性が認められる場面の〈ケア〉それ自体は、その「場で・から」生まれており、その意味で常に患者の〈今〉に定位するものであったということである。そして二つ目は、その〈今〉を未来と結び合わそうとする途端に〈ケア〉は変性を始めることになるということである。

　この〈今〉に定位するという点に焦点を当て、未来の先取りを停止することができれば、ここまで問題となってきた「目的」そのものを転換することが可能になる。そうして「ケアの規範化」を回避するための関係性の成立にもつながると考えられることを次にモデル化した関係性によって示していくことにしたい。

第4節　〈ケア〉の規範化は超えられるか

(1) 先取りを停止する

　〈ケア〉は常に〈今〉に定位する必要がある。その〈今〉とはいつのことなのか。まずこの点から明らかにしていかねばならない。

　西村／榊原の考察に立ち戻るなら、少なくともこの〈今〉とはケア＝看護行為が開始される時点より〈後〉ではない。看護行為として実行された〈ケア〉はすでに見たようにシステムによる回収を完全に回避することはできないからである。そうすると、少し時間を遡ってみることを検討しなければならない。つまり、目的設定以前の〈ケア〉とそこにある関係性を捉えることになる。具体的には、医療者と患者の出会いにおいて関係性が始まる場面である。

　先取りして提示しておくなら、このモデルは一枚の絵の様に切り出すことが可能ではない。出会いから始まり、目的の探索から〈われわれ〉という一人称複数による目的の共有に至るまでの変化のプロセスとなる。

　この〈われわれ〉という位相に関しては、それが〈私〉と〈あなた〉のあいだに生じる「能動─受動」という行為の関係性を抜け出していることに重要な意味がある。たとえば〈ケアする─ケアされる〉という構図で関係性の把握が可能なうちは、すでに見たように事前に設定された目的に従うという行為の作為性がアクセントになり、システムに受動的な行為者による対象操作に陥る可能性が残されて

いる。また、〈ケア〉は別の形で能動から受動へと反転することもある。〈ケア〉から作為性を排除しようとする機制のもとで起動した受動性が〈ケア〉の反転を生じさせる場合である。たとえば、医療システムにおいて〈ケア〉する側である看護師が、〈ケア〉される側に操作化され、つまり、〈ケア〉される側のニーズにコントロールされ、〈ケア〉する側が重荷を背負わされるケースなどが考えられる。

　しかし、一人称複数が成立している場面では、〈ケア〉が反転する可能性は残されていない。〈われわれ〉という視点の獲得は、そこに目的が共有されていることを意味しているからである。この時には、患者が客体化され、対象操作に組み込まれるという目的的行為の陥穽を免れることに成功していることになる。

(2) 〈われわれ〉の成立

　一人称複数の成立までのプロセスは図1の通り、3つのフェイズに分けることができる。

　フェイズ1は両者が出会い、目的探索が開始される局面である。この局面では、とりわけ「観察する側」が両者の〈距離〉に自覚的であることが重要になる。両者はこの局面では、相互に「見る―見られる」という関係にある。たとえば、看護師が患者を見ている場面を想像してみよう。ここで患者の〈おもい・ねがい〉を、熟達が往々にしてそういった意識を生むように、直観的に看取可能であると見做し「未来の先取り」につなげるようとするのか、それとも他者理解の困難性を自覚し、自他の〈距離〉は容易に埋めえないものと捉えたうえで〈今〉に定位し続けようとするのか、立場の違いによってこの先のプロセスはまったく異なってくる。

　患者との距離を最初から想定していない、あるいは容易に埋められるものと考える前者の場合は、患者の主体性を阻害し、「共感という名の侵襲」につながる可能性があると考えられる。またこの場合、次のフェイズに進むことはなく、この患者理解は、医療システムの基準で行われ、当初からシステム的に標準化されたものになっているということもできる。

　逆に自他の〈距離〉を明確に意識する後者は、相手を理解するために〈見ること＝観ること＝診ること＝看ること〉をどこまでも重ねていくことになる。この活動は専門職としての経験と知識、基準と根拠に裏打ちされた活動、きわめてロゴス

的な活動である。

　ここでのロゴス的な活動は、いわば事態の客観的把握（池上2011：52）に努めようとするものである。この時〈ケア〉する者は「問題の事態の外にあって、傍観者ないし観察者として客観的に事態把握」し、「実際には問題の事態の中に身を置いている場合であっても、（中略）事態の外から、傍観者ないし観察者として客観的に（自己の分身を含む）事態を把握する」ことを試みる者である。

　フェイズ2は関係のなかに〈相互性〉が立ち上がってくる局面である。透徹して〈みつづける〉こと、すなわち先を急がず〈ともに居続ける〉ことによって生まれた信頼を通じて、〈私〉と〈あなた〉の視点を交換する可能性が獲得される。看護師には次第に〈今〉に定位している患者のことが見えてくる。また見られる患者も自ら見せるようになる。そこから生じた〈相互性〉という関係性のもとで目的が編み上げられていく。

　この視点の交換は、関係への参加として、相手との〈距離〉を近づけようとする〈ケア〉によって可能となる。何かを成し遂げようとするのではない〈純粋贈与〉としての〈ケア〉、縮まらないはずの〈距離〉をただ近づけようとするパトスこそが、この視点の交換を可能にするものであると考えられる。

　ここでのパトス的な活動は、いわば事態の主観的把握（池上2011：52）に努めようとするものである。この時〈ケア〉する者は「問題の事態の中に自らの身を置き、その事態の当事者として体験的に事態把握をする」ことを試みる者である。

　フェイズ3において、〈私〉と〈あなた〉という関係性は〈われわれ〉という一人称複数のなかへと解消されることになる。これは「差異の中の同一性（Identity-in-Difference）」（Mayeroff 1971=1987: 186）が生じる局面であるといえる。この関係性は「見る―見られる」といった「能動―受動」の関係ではなく、いわば中動態的な行為の位相へと変化しており、「目的」は互いに「見えている」という形で共有されている。

　これらの3つのフェイズからなる一人称複数成立までのプロセスは、以上見てきたように、二つの〈ケア〉によって動かされている。一つはロゴス的な〈ケア〉、縮まらぬ患者との距離を意識しながら「見る＝観る＝診る＝看る」という行為を継続させる〈ケア〉であり、もう一つはパトス的な〈ケア〉、患者との距離を

近づけていこうとする〈ケア〉である。そのどちらの〈ケア〉も、先を急ぐことなく〈今〉という時点に定位することにより可能になったものである。こうしたロゴス的相貌とパトス的相貌の二つの相貌を内包することにより、専門職のケアは、目的的行為の陥穽を回避し、システムから相対的に自立した関係性を獲得することに成功する。こうした２つの〈ケア〉の相貌のあいだに時間的な連関が成立することで、初めて職業としての〈ケア〉は可能になるのではないだろうか。

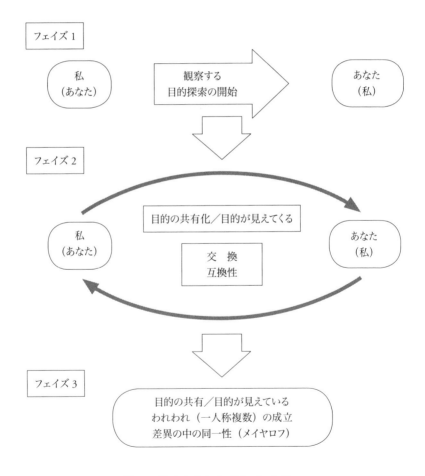

図1　〈われわれ〉の成立プロセス

今後の課題と展望

　ここまで目的的行為における〈ケア〉の居場所を探してきた。そのなかで〈ケア〉は常に〈今〉に定位する必要性があることに言及したが、あらためて見直せば、これは何か新しいことを主張しているわけではないことに気づく。それどころか、すでに本章の冒頭でも「他者にかかわる（attend）ことができるのは、現在においてのみ」（Mayeroff 1971=1987: 71）であると引用しながら確認した〈ケア〉の性質そのものでさえある。

　しかし、クライアントを目的地までエスコートしていくことが専門職の役割であることを踏まえるなら、この〈今〉に定位すること、さらに言えば、定位し続けることの難しさを理解することも容易である。エスコートすべき目的地は当然のことながら未来に設定されたものである。〈ケア〉の変性として本章が描き出してきた事態の背景もここにある。

　すでに述べたように「自らの時間をゆだねる」ことによって、〈ケア〉は〈教える〉を構成する1本の糸になり得るものである。遠回りしながらモデルとして提示したフェイズ1からフェイズ3までの局面の展開は、この「自らの時間をゆだねる」ことを具体的に専門職の役割に即しながら理解しようとする助けとなるであろう。〈ケア〉する者は、システムのなかにあっても他者とのかかわり方の習慣を固定化することを拒み、逆にそういった態度から積極的に距離をとる態度こそが必要なのである。

　今後、このフェイズ1からフェイズ3までの展開は、具体的な場面に即して検討していかねばならない。その際にはいかなる技法や知識・知見がそれぞれのフェイズにおいて専門職に求められるのか、具体的に確認していくことも課題となるであろう。

　たとえば、その方法論として医学的な臨床場面には「ナラティブ・ベイスト・メディスン（以下NBM）」などの興味深い試みが導入されている。「特定の技法の実践に限定されるものではない」（斎藤／岸本 2003: 6）とされるNBMを方法論として提示することの有効性については慎重に検討していく必要があるが、ここで詳細に論じるには紙幅も尽きている。手がかりとなる試みの可能性を提示しておくこ

とで本章における考察を閉じることにしたい。

注
1 　品川はケアと呼ばれるにふさわしい営為として看護と教育を挙げ、そこに従事するひとが採るべき態度や行動様式を「ケアについての倫理」と名指し、ギリガンに由来する「ケアの倫理」とは区別している。そのうえで両者の密接な関係を認めて考察を進めている。
2 　貨幣による報酬を伴う職業としての〈ケア〉は〈ケア〉ではないとする立場もある。矢野智司（2013）を参照していただきたい。
3 　あらためて言うまでもないが、パターナリズムの回避に関しては、インフォームドコンセントのもとで医療者と患者は「主体―主体」関係であることが目指されている。しかし、それも実際にはミス・コミュニケーションとなるケースが多いという問題がある。この問題に教育的関係を援用することも興味深い観点であるといえる。

引用参考文献
池上嘉彦，2011，「日本語と主観性・主体性」，澤田治美（編）『ひつじ意味論講座第5巻　主観性と主体性』ひつじ書房．
西村ユミ，榊原哲也，2017，『ケアの実践とは何か　現象学からの質的研究アプローチ』ナカニシヤ出版．
齊藤清二，岸本寛史，2003，『ナラティブ・ベイスト・メディスンの実践』金剛出版．
品川哲彦，2007，『正義と境を接するもの　責任という原理とケアの倫理』ナカニシヤ出版．
田中毎実，2009，「臨床的人間形成論の現在」，平野正久（編著）『教育人間学の展開』北樹出版．
筒井真由美，1993，「ケア／ケアリングの概念」，『看護研究』26巻1号所収．
矢野智司，2013，「ケアの倫理と純粋贈与」，西平直（編著）『ケアと人間』ミネルヴァ書房．
矢野博史，2015，「教育的行為としての「ケア」の可能性」，小笠原道雄（編）『教育哲学の課題「教育の知とは何か」―啓蒙・革新・実践―』福村出版．
Mayeroff, M., 1971, On Caring, Harper Perennial, New York. ＝田村真，向野宣之（訳），1987，『ケアの本質』ゆみる出版．
Gilligan, C., 1982, In a different voice: psychological theory and women's development. Cambridge, Massachusetts: Harvard University Press. ＝岩男寿美子（監訳），生田久美子，並木美智子（訳），1986，『もうひとつの声―男女の道徳観のちがいと女性のアイデンティティ』川島書店．
Chambliss, D. E., 1996, Beyond Caring hospital, nurses, and social organization of ethics, Chicago, The University of Chicago. ＝浅野祐子（訳），2002，『ケアの向こう側　看護職が直面する道徳的・倫理的矛盾』日本看護協会出版．
Charon, R., 2006, Narrative Medicine: Honoring the Stories of Illness, Oxford, Oxford University Press. ＝斎藤清二ほか（訳）『ナラティブ・メディスン』医学書院．

さらに勉強したい人のための文献案内

①國分功一朗, 2017,『中動態の世界　意志と責任の考古学』医学書院.

「するか」・「されるか」という能動・受動の対立関係ではなく、事がらが相互性の存在下で起きる様子を把握するために、中動態という態についての理解はとても役に立つ。

②グリーンハル, T., ハーウィッツ, B., 斎藤清二, 山本和利, 岸本寛史（訳）, 2001,『ナラティブ・ベイスト・メディスン　臨床における物語と対話』金剛出版.

私たちはひとりひとり自分の物語を生きている。それゆえに定型的な構造化によって、その人の姿は見えてこない。こうした考え方のもとにナラティブに注目する立場を詳述している。医学教育の観点からの論述もある。

第10章　すれちがいの人間形成論

藤川信夫

本章の概要

　教育や福祉など対人支援を行う領域では他者（生徒、高齢者等）との相互理解を深めることが前提とされる。そのため、すれちがいをめぐる議論は、ともすれば不謹慎さの印象を与えかねない。しかし、様々な人やモノとの日常的相互作用にはすれちがいの要素が満ちており、それどころかこれを推進する契機となることすらある。人間形成の過程や教育的関係も例外ではない。そこで本章では、相互作用への参加に伴う人間の変化を3つのレベルに分けて整理した上で、特に人間形成論としてすれちがいを扱った先行研究を参照しつつ各レベルでのすれちがいの働きを考察する。最後に、人類学における最近の研究動向を踏まえ人間の変化の第4のレベルとして人間形成論の新たな地平を切り拓いてみたい。

第1節　あるコントから

　小学校教師・児島（以下 K）：いやうちにね。まあ、手が付けられない悪い子がいましてね。
　小児科医・渡部（以下 W）：手が付けられないぐらい悪いんすか？（中略）
　K：だからこの間ね、3 時間廊下に立たしてやりましたよ。
　W：なんてことしてんですか。廊下に立たせたんすか？
　K：それでも全然よくならないっすよ。
　W：当たり前ですよ。廊下に立たしたりするからですよ。

K：ですからわたしもついに我慢の限界来ましてー。（中略）子どもたちみんなの前でその子に、お前のこことここが悪いってはっきり言ってやったんすよ。
W：残酷ですよ。なにみんな集めて告知してんすかねー。
K：いやいや、子どもにはねー。それぐらいはっきり言ってやった方がいいんすよ。（中略）
K：先生も大変でしょう。子ども相手って。
W：ん、まーね。特に思春期の女の子なんか大変ですよね。（中略）だってね。胸みせてくれって言ってもなかなか服脱がないでしょう。（中略）何しにうちに来たんだっていう話じゃないですか。
K：別に胸みせに来てるわけじゃないですから。何言ってんですか。
W：まあその点、男の子はすんなり脱いでくれるからいいっすよね。
K：男の胸みてんすか？（中略）何やってんすか、先生。（中略）
W：はあ。あと何が大変かなー。あっ、そうそう。泊まり込みの24時間勤務が大変ですねー。（中略）
K：えっ、えっ？　何のために24時間も泊まり込むんですか？
W：まあ、たまにですけど、夜中、まあ遠方からものすごい悪い子がヘリに乗って来たりするんすよー。
K：悪い子がヘリに乗ってくるんすかー？　めちゃめちゃ悪いっすねーそれ。（中略）
W：たしかに。たまにですけどねー。
K：いや、たまにでもすごいなー。

これはお笑いコンビ・アンジャッシュによるコント「先生の会合」の一部である。「全国小学校教員会」に参加している小学校教師・児嶋と「日本小児科医師会」に参加している小児科医・渡部はいずれも「先生」の集会に疲れ会場からロビーに出てきたところで出会し言葉を交わす。そして互いを同業者と勘違いしたまま「すれちがいコント」が5分近く続くのである。2人はなぜすれちがいに気づくことなく会話を続けられたのか。それを可能にする条件としては、いずれも「先

生」と呼ばれ、思春期の子ども、特に「悪い」子どもを相手とした「大変な」仕事をこなしていること、初対面であるため、相手への敬意からか、相手の反応が多少奇妙であってもそれ以上深く立ち入らないこと等が挙げられる。しかし何よりも彼らのすれちがいを可能にしているのは、各々の立場から違った意味で解釈できる多義的シンボル（「先生」「悪い子ども」「なおす」「よくなる」等の語）の使用である。お笑いコント故に誇張されているとはいえ、程度の差こそあれ我々もまた日常的相互作用の中でこれに類するすれちがいを経験しているのではないだろうか。

　この章では、人間形成過程もまた多様なすれちがいの要素に満ちているにもかかわらず長期的に持続する人間と世界（人やモノ）との相互作用として捉えられるのではないか、たしかにすれちがいは人間形成過程の阻害要因となることがあるにしても、学習者だけでなく教育者の側にも新たな振る舞いの可能性をもたらしうるのではないかという問いのもと、人間形成過程の再考を試みることにする。

第2節　人間の変化のレベルとすれちがい

　以下では、現代ドイツの教育学者コーケモア（R. Kokemohr）、マロツキー（W. Marotzki）、コラー（H.-Ch Koller）等に従い、人間形成を人が世界や自己自身との間に結ぶ関係の型の変化の過程と見なす（コラー 2017a、2017b）。そうした観点から見れば、人間形成過程における人間の変化は大きく次のような3つのレベルに区分することができる。

（1）レベル1の変化とすれちがい

一時的・可逆的な変化

　米国の人類学者・社会学者ゴフマン（E. Goffman）は、初期の著作群、特に『行為と演技』（1959）において多様な日常的相互作用を舞台上での演技に喩えて分析した。ゴフマンによれば、「演技者」（行為者）は「舞台」（相互作用の場）への参入に際して「状況の定義」（舞台の意味や機能）に則して自らの振る舞いを変化させるとされる。それは、その舞台を離脱する時そこで相応しいとされた振る舞いも意味と機能を失い消滅することを含意する。よって、舞台への参入に際し

て演技者が示す振る舞いの変化は一時的・可逆的なものである。以下では、このような一時的・可逆的変化をレベル1とする。

　ゴフマンは、時間的・空間的にミクロな舞台での相互作用とそれに伴う人間の一時的・可逆的変化を取り上げ、かつ、相互作用の発生と持続を支えるべく演技者たちによって呈示される様々な振る舞いに関心を向けた。しかしその際、舞台への参入者が早晩そこでの人やモノの様子や配置から状況の定義を正しく把握し、それに則して振る舞うであろうことが暗黙の前提とされていた。そのため状況の定義の把握やそれに則した振る舞いの一時的・可逆的変化がそもそもなぜ可能となるのか、また、ある舞台で経験する変化が未来の別の舞台での状況の定義の把握やそれに則した振る舞いにどう影響するのか、という問いは重視されなかった。

　しかし、ある舞台で観察された一見一時的・可逆的な変化ですら、舞台内に存在する人やモノやそれらの間の関係の意味や機能についての見当識がその条件として必要であるし、そうした見当識が成立しうるためには少なくとも何らかの類似性をもつ別の舞台での学習が過去になされていなければならない。現在の舞台から未来の舞台への影響についても同じことが言えるだろう。だとすれば、純粋な意味で一時的・可逆的な変化というものを想定することは難しくなる。よって、このレベルでの変化はあくまでも理念型的なものと見なされるべきだろう。

関わりの浅さは実りなきすれちがいをもたらす

　教育学者ではなかったゴフマンがレベル1の変化の人間形成的意味に関心を示さなかったとしても不思議ではないが、それを度外視しても、このレベルの変化の、さらにはそこでのすれちがいの人間形成的意味について論じることにはそもそも困難が伴う。冒頭で引用したコントは、レベル1の変化の過程で生じうるすれちがいの分かりやすい事例である。2人の間でのすれちがいはたしかに誇張されているが、初対面的状況では起こりうるものである。この事例では、両者が初対面でありかつ短時間の会話の後おそらく再び出会うこともないだろうことから、互いに相手を奇妙な「先生」と感じつつも個々の話題に深入りせず、従ってすれちがいの事実が自覚されない。また、相手における世界や自己自身との関わり方

がどれほど異質に思えたとしても、それがただちに自らのそれに影響することもない。そこでの相互作用はおそらくすぐに忘却されるだろう。要するに、この相互作用における両者の関わりが浅いため、すれちがいが生じているか否かにかかわらず、状況の定義が正しく理解されているか否かにかかわらず、そもそもこの相互作用からは世界や自己自身との関わり方の不可逆的変化が生起しにくいのである。

　ただし、先に触れた通り、純粋な意味でレベル1に分類されるような一時的・可逆的変化が現実に存在するとは考え難い。すれちがいに基づく一時的・可逆的な変化（読み違えた状況の定義に則して振る舞うこと）についても同じことが言えよう。すなわち、現在におけるこのレベルでの変化がすれちがいに基づいている場合、そのすれちがいはそれまでのレベル2（後述）での連続的・不可逆的な変化の結果と考えられる（長年の教師生活で培った世界との関わりの型の持続性・安定性故に小児科医を学校教師と勘違いする）し、現在すれちがいに基づいて生起しているレベル1の変化が将来参加するであろう相互作用における振る舞いに影響を及ぼす可能性も否定できない（夜中にヘリでやってくる「悪い子ども」を相手に取り組む熱心な「先生」のことを思い出し、小学校教師が「悪い子ども」に一層真剣に取り組もうと決意する）。

(2) レベル2の変化とすれちがい

連続的・不可逆的な変化

　パフォーマンス研究者シェクナー（R. Schechner）は、上述のレベル1の変化を「一時的変化 transportation」と呼び、後にレベル3として示すような劇的・不可逆的変化を「変容 transformation」と呼ぶ。しかし彼は、一時的変化の蓄積によって生じる変化をもその不可逆性故に「変容」の概念に含めている[1]。すなわち、類似した状況の定義を持つ相互作用への長期的・反復的参加によって、その場に則した振る舞いの型が演技者の中に徐々に定着し、連続的・不可逆的変化が生じるということである。これをレベル2の変化とする。このレベルの変化は、それが意図的・意識的なものか否か、誰が意図・意識するのかによってさらに細分される。以下、心身の変化を一体的に表現できる点で便利な《身につく》《身につける》《身につけさせられる》というキーワードによってその分類を示す。

　《身につく》―ヴルフ（Ch. Wulf）が文化学習の基盤として論じる社会的相互作

用のための「実践知」の獲得はレベル2の変化に分類できる。ヴルフによれば、実践知は「ミメーシス Mimesis」（感化的模倣）を通じて、すなわち共同体の他の成員の振る舞いを模範として社会的実践に繰り返し共に参加することによって獲得される。ここでヴルフが主に論じるのは、レベル2の変化のうち振る舞いの型の学習が必ずしも学習者の意図・意識を伴わず、むしろ身体化として生じるような過程である。こうして獲得された振る舞いの型は、ブルデュー（P. Bourdieu）の概念を用いれば「ハビトゥス habitus」と呼ばれるだろう。それは半意識レベルで知覚様式や趣味や欲望として作動するとともに、発話やジェスチャーなどの振る舞いに類似した性格を与える。ハビトゥスはその作用の半意識性故に高度の持続性・安定性を示すため、行為者は状況の定義が変わろうとも類似した振る舞いを呈示し続けるのである。

　《身につける》―《身につく》タイプの変化を基盤とし、そこに学習者の意図的・意識的努力が加わり、いわば《身につける》という形で進行する変化の過程もある。フンボルト（W. v. Humboldt）以降ドイツで「人間形成 Bildung」（以下ドイツ的文脈を強調する場合括弧を付す）という概念で表示されてきた事態は、そうした変化に含めることができよう。コラーによれば、「人間形成」には、人間の内に備わる潜在的可能性から出発する点、世界及び自己自身との意図的・意識的関わりを通じてその関わりの型が徐々に改善され、最終的に内的諸力の調和に至るという点、そして基本的に自己形成としての性格を持つため教育行為による外部からの操作的介入に限界を示すという点に特徴がある（コラー 2017b: 1-2）。加えて、「人間形成」の過程では言語が重要な役割を果たす。そこでは「人間の世界や自己自身に対する関係が言語やシンボルによって媒介される」（コラー 2017a: 2）。コラーは、このような伝統的な意味での「人間形成」を「学習過程 Lernprozess」とも呼ぶが、この過程は学習者の意図的・意識的努力のもとで進行する。従って、「人間形成」を促す契機としての世界についても変化を遂げる自己自身についても、身体のみならず特に言語による表現が可能であり、この言語化がさらに人間形成を促す重要な契機ともなるのである。

　《身につけさせられる》―学校での教育的関係における学習者の変化は、学習者の《身につく》あるいは《身につける》という変化に教育者の意図・意識が加

わったものとして特徴づけられるだろう。教育者は、学習者の「人間形成」「学習過程」を意図的・意識的な環境操作によって誘発・誘導したり加速したりするだろう。他方、学習者の方も、教育者によって操作された環境から意図的・意識的に学ぼうとするかもしれない。学習者のそうした変化を引き起こすために教育者が行う努力は、《身につけさせる》という語で表すことができるだろう。この努力に応じて学習者側に変化が生じた場合、それは教育者によって《身につけさせられた》ということになろう。ただし、コラーが述べるように教育者による外部からの操作的介入には限界がある。というのも、教育者が意図的・意識的に提示した教育内容（顕在的カリキュラム）であれ何気なく呈示した振る舞い（潜在的カリキュラム）であれ、学習者にとっては学習の対象となる多様な環境の一部にすぎないからである。その意味では、純粋な意味で《身につけさせられる》という変化は生起しえないとも言える。

すれちがいは《身につく》過程に革新をもたらす

　ミメーシスを通じた実践知の獲得ないし《身につく》過程では、ある文化において伝承されてきた社会的行為への実践的参加の反復を通じ、共同体成員の振る舞いを支えている行為の型（模範）が徐々に身体化していく。しかし、ヴルフによれば、この身体化の過程は必ずしも模範との一致へと帰着せず、むしろ革新の契機ともなるとされる（ヴルフ 2017: 58-59）。すなわち、ミメーシスの過程では、模範が体現する振る舞いのパターンが感覚的に受容され自身の振る舞いとして再現されるが、いわばこの過程で生じたすれちがいの結果として振る舞いのパターンの革新が生じるのである。とかく没個性や画一性をもたらすものとして否定的に評価されがちな模倣だが、ヴルフは逆に、いつでもすでに模倣の過程に革新の契機が含み込まれていることから、むしろこれを肯定的に評価するのである。ただし、ミメーシスの過程が意図的・意識的に進行するわけではないのと同様に、模範とのすれちがいやそれによって生じる革新もまた偶然的・自然発生的な特徴を持つ。つまり、それらは結果的に生じるものであり、目的として追求する類いのものではないのである。

すれちがいは《身につける》過程を推進する

ドイツの伝統的「人間形成」論を代表するフンボルトやヘーゲル（G. W. F. Hegel）は、「疎外」（対象世界への没頭）と「自己自身への帰還」（自己との再帰的関係）とを交互に繰り返すことで「人間形成」が推進されると考えた（今井 2004: 189 及び今井 2009: 154）。このことは、意図的・意識的に世界との取り組みを開始すること、何かを《身につける》ことを意図することはできるが、その取り組みの中で何が生起するか、従ってその取り組みの結果として何が実際に《身につく》のか、いかなる自己が新たにもたらされるのかを意図的・意識的には制御し切れないことを含意している。というのも、世界との取り組みの只中にあっては、その取り組みを制御すべき自己が世界の中に溶解してしまっているからである。よって、新たな自己はたしかに世界との取り組みに先立って形式的目標として設定されうるかもしれないが、その具体的内容は世界との取り組みの結果としてしか与えられない。その限りにおいて、「人間形成」過程における人間の変化は、基本的にはミメーシスと同様に偶然的性格を孕み持つ。換言すれば、今新たに世界と取り組もうとしている自己は、過去における世界への没頭によっても世界とすれちがってしまった（対象世界を把握し切れなかった）ため再び世界に飛び込もうとするのであり、今まさに世界と取り組もうとしている自己は、世界への没頭から帰還した後に与えられると信じる未来の自己ともすれちがう（未来の自己の姿を予測し切れない）だろう。それでも世界や未来の自己との間にすれちがいが残される限り、主体は世界との取り組みを繰り返すのである。そう考えるならば、すれちがいは「人間形成」過程をたえず前方へと推進する必然的契機であるとも言えるだろう。

すれちがいは《身につけさせる》ことの限界を知らしめる

丸山の論文「教育において〈他者〉とは何か」は、教育的関係における相互理解の限界を正面から見据えている点で、教師の教育意図が介在する学校での「学習過程」におけるすれちがいについて論じたものと見なすことができる。それは、教師の意図における《身につけさせる》過程と、生徒の現実における《身につける》過程とのすれちがいである。丸山はウィトゲンシュタイン（L. J. J. Wittgenstein）が『哲学探究』で提示した数列の学習の事例をもとに教育的関係

における教師と生徒との間の相互的すれちがいについて論じるが、その際特に重点を置くのは教師から見た生徒の他者性である。教師から見れば、生徒という他者は教師の前に「言語ゲームの遂行を妨げる者」として現れ、やがてその他者性は「生活形式における行動ないし判断の一致のうちに解消される」(丸山 2000: 117)。ただし、教師が生徒に教えようと意図した知識や態度と実際に生徒が教育の過程で学んだ知識や態度との間の「一致」を確実に検証する方法はない。ここから丸山は次のような教育の倫理的立場を導き出す。「教育においてなされるのは、むしろ、一致の確認に甘んじることであろう」、「教育はユートピアを実現する方途ではなく、潜在的な他者性を認めつつ、とりあえず共生を始めるためのステップなのである」(丸山 2000: 118)。このように教育の限界を指し示す丸山論は、教育的関係におけるすれちがいが単にその出発点においてだけでなく終点においてすら避けられないことを示唆している。この不可避性を受け容れることは、生徒における人間形成の促進を意図する教師にとってはある種の諦念を意味するだろう。

美的経験は《身につけさせる》と《身につける》の適切なすれちがいを可能にする

　今井の『メディアの教育学』も教育的関係におけるすれちがいに着目している。ヴルフと同様今井もすれちがいの中に創造性の契機を見て取っている。新教育的な考え方に従えば、子どもの成長・発達を効果的に促すために教育者は子どもを十分に理解しなければならない。しかし、新教育の時代から今日に至るまで、子ども理解と子どもの成長・発達への統制とは不可分の関係にある。それに対して今井は、教育者が意図する子どもの変化と子ども自身の側で実際に生じている変化との間のすれちがいを現に生み出しているメディアに着目し、むしろこのすれちがいを作り出し、大人と子どもが適切にすれちがうためのメディアをいかに構成するかを問うのである。そこで今井が着目するのが「美的経験」である。「大人と子供は、互いに相手が誰であるかを十分に認識することなしに、相手に向けて様式化と変換を同時に可能にするような意味深いメッセージを送りあうことになる。このような積極的なすれちがいを可能にしているのは美的経験のサイクルである」(今井 2004: 276)。教育者側がすれちがいをいかに構成するかを問う点で、今井もまた丸山と同様に教育的関係における《身につける》過程と《身につけさせる》過

程とのすれちがいを論じていると言えよう。

(3) レベル3の変化とすれちがい
劇的・不可逆的な変化

　レベル2の身体化や言語化を経て持続性・安定性を獲得した世界や自己自身との関わりの型がもはや機能しえなくなるような危機経験を契機とする劇的・不可逆的な変化のレベルもある。現代ドイツ教育学において伝統的「人間形成」概念の再定義を試みるコラーの「変容的人間形成 transformatorische Bildung」の理論は、このレベルでの変化を「変容 Transformation」と呼び「人間形成」概念に新たに組み込む点、しかも「人間形成」過程を経験的研究の対象にした点に特徴を持つ（コラー 2017a, 2017b）。

　ところで、レンツェン（D. Lenzen）によれば、前近代社会において人生の節目で行われていた通過儀礼は危機経験を劇的に演出することで受礼者の人生の歩みを導いた。通過儀礼では「死と再生」のプロットのもと、先行する人生段階において妥当していた振る舞いの型が一旦解体され、新たな人生段階に相応しい振る舞いの型が厳しい試練の中で身体化された（Lenzen 1985, 1991）。こうした受礼者の移行過程もレベル3の変化に含めることができる。

　しかし、通過儀礼での危機経験と現代の社会・文化的条件のもとでのそれとの間には重要な違いがある。前者においては、文化・社会を代表し人生の節目を超えた先で世界や自己とどう関わるべきかを指し示す明確な指針や模範が存在していた。他方、現代では社会の変化が加速し、人々の生活条件・労働条件が短期間で大きく変化する。ライフスタイル・価値観・解釈モデルも多元化した（コラー 2017a: 2）。そうした状況で生じる危機経験の例としてコラーは、テクノロジーの進歩に伴う社会の変化、ドイツの再統合、世界規模での移民の増加等の社会的な危機経験、あるいは思春期等の個人的な危機経験を挙げている（コラー 2017a: 6-7）。こうした危機経験の中で人生を導く安定した指針や模範を見出すのは非常に困難である。しかし、コラーの変容的人間形成の理論は、こうした困難を抱えた現代の危機経験をも変容を促す契機として「人間形成」過程に組み込む点に特徴を持つ。

すれちがいの自覚化・言語化としての「変容」

それまでに形成された世界や自己自身との関わりの型によってこうした危機に対処することがもはやできなくなった時、①危機の事実から目を背け旧い型へと逃げ込むこと（否認）、②危機経験を旧い型によって強引に処理すること（同化）、あるいは③旧い型を捨て新たな世界の住人になること（転向）が選択肢として考えられる。①と②を選択すればレベル２の変化の過程は停滞もしくは静止し、③を選択すればそれまでとは全く異質な世界の中でレベル２の変化を最初からやり直すことになるだろう。それに対してコラーは、リオタール（J.-F. Lyotard）のコンフリクト倫理学を基盤に、危機経験を契機とする変容の過程で獲得されるべき新たな世界や自己自身との関わりの型の形式的定義を試みる。すなわち、言語として表明されたコンフリクトを未解決のままにしておくか、もしくはそれまで言語として表明できなかった関心事を言語化することである（コラー 2017a: 17）。ここで提示されるのは、自己と異質な世界（人やモノ）とがどうすれちがっているのかを言語化できる程に明瞭に自覚し、すれちがいを事実として受け容れるという選択肢である。その意味で彼の理論は、すれちがいの自覚化・言語化を現代の文化的・社会的状況に則した「人間形成」の目標として位置づけていると言える。

しかし、ここで素朴な疑問が湧いてくる。この目標を達成した後、人間形成の歩みはどうなるのか。そこが人間形成過程の行き止まりなのだろうか。

第３節　レベル４の変化

(1) すれちがいの自覚を超えて

教育的関係論では、すれちがいを否定的に評価するにせよ肯定的に評価するにせよ、教育者と学習者が互いに理解すべく向き合っていることが前提となる。他方、人と人だけでなく人と――心をもたない――モノとの間で交わされる相互作用をも対象として取り上げる今日の人類学では、人とそれ以外の存在とが相互理解を求めて向き合うという事態を常に想定できるわけではないため、これまでに論じてきたすれちがいに比して遙かに明瞭なすれちがいが論じられる可能性がある。実際そこではすれちがいを自明のこととして前提とした上で、なおかつそのすれち

がいの中に創造性の契機を見て取ろうとするような研究がなされている。そこで最後に、コラーの理論の限界を超えるべく、すれちがいを自覚した上でさらに継続される人間形成をレベル4の変化と呼び、人類学研究を参考にしながらその可能性を探ることにする。

　ここでは事例として、人類学におけるいわゆる「存在論的転換」を基盤として、さらにアナロジーを介してこれを発展させようとする立場に立つ人類学者、久保による研究を紹介したい。彼は、犬型ロボットとしてよく知られた AIBO とユーザーとの間の相互作用やコンピュータを相手とした将棋電脳戦等を事例として取り上げているが、ここでは人間形成との関連をより明瞭に見て取ることができるため後者の事例を紹介しよう。

(2) アナロジーによる新たな人間形成の可能性

　久保は人間棋士の次のような言葉を紹介している。「コンピュータは怖がらずにちゃんと読んで、踏み込んでくる。強いはずですよ。怖がらない、疲れない、勝ちたいと思わない、ボコボコにされても最後まであきらめない。これはみんな、本当は人間の棋士にとって必要なことなのだとわかりました」（久保 2016: 197）。久保の解釈によれば、ここでは「「あきらめること」が「ない」という否定形の特徴が、棋士との相互作用を通じて、コンピュータのように「あきらめない」将棋が「ある」という肯定形に変化し、「本当は必要なこと」という価値判断を生み出しながら、プロ棋士の全域にわたる変化の可能性を方向づけていく」（久保 2016: 198）のである。ここで重要なのは、人間棋士がすれちがいの事実を自覚しながらも機械の中に存在しないはずの「あきらめない」という積極的価値を〈見て取って＝創造して〉いる点、しかも人間である棋士がアナロジーによってこの機械の「心」を人間である自らの変化の模範と見なしてすらいる点である。

　久保が提示したこの事例から、すれちがいを契機とした新たな人間形成のモデルを取り出すことができないだろうか。すなわち、異質な世界（人やモノ）とのすれちがいの自覚化というレベルに留まることなく、アナロジーによってさらに新たな意味や価値を創出し続けていくというモデルである。

今後の課題と展望

たしかに、最後に提示したようなすれちがいの人間形成論を教育的関係と関連づけた場合に、どのような実践イメージが得られるのか、その点を考えていくことは今後の大きな課題となる。しかし、レベル4の人間の変化のモデルによってレベル3の限界をどう超えていくのかを示唆することはできるのではないだろうか。周囲の世界（人やモノ）との決定的な矛盾・対立に直面した場合、その世界に対してどのように振る舞うかの決断を安易に行うことなくそのコンフリクト自体を自覚化・言語化するというコラーのモデルは、人間形成のいわば頭打ち的停止状態を示しているようにも思える。だがここで、世界の理解という思考モードをアナロジーという思考モードに切り替えることができないだろうか。もしある世界から見て取った構造特徴をアナロジーを介してそれとは全く異なる世界にも適用してみることが容易になれば、世界との新たな関わりの型を発見・発明し続けながら、コンフリクトの袋小路を超え出てさらに人間形成の過程を前方へと推し進めていくことが可能になるのではないだろうか。

注
1 シェクナーとコラーの「変容」概念が指示するものは微妙に異なる。シェクナーの「変容」はコラーの言う「人間形成」と「変容」を合わせた事態を指す。コラーの「人間形成」は連続的変化を、他方「変容」は非連続的変化を特徴とする。

引用参考文献
アンジャッシュ,「先生の会合」,「エンタの神様」(2018年9月15日放送).
今井康雄, 2004,『メディアの教育学』東京大学出版会.
今井康雄（編）, 2009,『教育思想史』有斐閣.
ヴルフ, Ch., 2017,「ミメーシスと儀礼のプロセスにおける身体知の創造」, 藤川信夫（編著）『人生の調律師たち』春風社, 53-72頁.
久保明教, 2016,「方法論的独他論の現在」,『現代思想3月臨時増刊号　人類学のゆくえ』Vol. 44/5, 青土社, 190-201頁.
ゴッフマン, E., 石黒毅（訳）, 1976,『行為と演技』誠信書房.
コラー, H.-Ch., 藤川信夫（訳）, 2017a,「変容的人間形成過程の理論の問題と展望」（大阪大学で行われた講演の配付資料）.
コラー, H.-Ch., 藤川信夫（訳）, 2017b,「人間形成論的に方位づけられたバイオグラフィー研究の方法論について」（教育哲学会第60回大会・ラウンドテーブルでの配付資料）.

シェクナー, R., 高橋雄一郎（訳）, 1998, 『パフォーマンス研究』人文書院.
丸山恭司, 2000, 「教育において〈他者〉とは何か」, 『教育学研究』67/1, 111-119頁.
Lenzen, D., 1985, *Mythologie der Kindhei*, Rowohlt Tb.
Lenzen, D., 1991, *Krankheit als Erfindung*, Fischer Tb.

さらに勉強したい人のための文献案内

①ゴッフマン, E., 石黒毅（訳）, 1976, 『行為と演技－日常生活における自己呈示』誠信書房.
　我々の日常的な相互作用と演劇との類似点、また、相互作用における我々の配慮や戦略に改めて気づかせてくれるゴッフマンの初期の著作。

②藤川信夫（編著）, 2017, 『人生の調律師たち－動的ドラマトゥルギーの展開』春風社.
　この章で示したレベル1と2の人間の変化に含まれる、教育・福祉・心理臨床等からの具体的事例を集めた論文集。

第 11 章　言葉の経験がひらく、共同体の可能性
――「狐の言葉」と「無知な教師」をつなぐもの

奥野佐矢子

本章の概要

　言葉を通じて「わかる」時、そこではいったい何が起こっているのか――日常、当たり前のようにある私たちと言葉の関係の再考を促すこの問いは、同時に、教えと学びの根幹をも問うている。たしかに「言語と教育の間には密接な関係がある」こと自体は周知の事実であるといってよいだろう。今日においてもこの国では「言語活動の充実」のスローガンのもと、国語科のみならず各教科において「言語に関する能力の育成」が目指されてもいる。だが「言葉は教育に先立つ」（森田 2013: 2）という端的な指摘が示すように、「言語活動の充実」は、すでに言葉を自分のものとしている子どもたちを前提とした「狭義の意味の教育」（森田 2013: 2）である。他方で、言葉を通じて行われていながら、上記には含まれていない「広義の意味の教育」の射程を、私たちはいったいどこまで見定めているのだろうか。

　実際、「狭義の意味の教育」を担う近代教育制度が、制度として存在する以前から、言葉を通じた営みそれ自体は在った。物語や詩や歌やそれを伝える声を通して、経験や歴史は伝承された。そうした営みは既に消え去ったのか。それともそれは、「狭義の意味の教育」に先立ち、今もそれを下支えしつつも、語り得ないものとしてそこに在るのか。もし後者であるとするなら、そうした言葉を通じた営みを分析することは、言語と分かちがたく結びつく教育的関係という事象に迫るひとつの方法ではないだろうか。

　本章では上記のような問題関心のもと、言葉を通じて「わかる」という経験の様態を、語りや伝承、言語活動といった概念を通じて分節化することを試みる。

第1節 「わかる」とはどういうことか——「狐たちの言葉」をめぐって

(1) 石牟礼道子の語る「狐たちの言葉」

　そもそも言葉を通じて「わかる」という経験を、どう示すことができるのか。この問いが触れている問題圏に光を当てるため、本節ではまず石牟礼道子の言葉を取り上げる。代表作『苦海浄土』などで語りのべられる彼女の言葉は、水俣病で悶死した人間をふくむあらゆる生きものと、生きながら言葉を失った人々との深い魂の叫びを、天草言葉に根ざして生き生きと語り伝える「独創的な巫女文学」（鶴見和子）とも称される。ところで、石牟礼が語り伝えるのは水俣で悶死した「人」の言葉だけではない。居場所を奪われた水俣の「狐たち」の言葉——それをめぐって書かれた彼女の短いエッセイの冒頭は、以下のように唐突に始まる。

　　　今わたしは、水俣の狐たちの言葉を、もちろん人間語にですが、どういう言葉にしたものかと考え込んでいます。五十年前くらいまで、ここら海辺の村々には、野犬たちの群があちこちするようなぐあいに、狐たちが大勢いました。わたしが育った家など、もとは狐たちの住居跡だったと、隣のお爺さんがいわれます（石牟礼 2004: 90）。

　「狐」とは何なのか。エッセイにはその具体的な説明は全くない。語りは淡々と続く。

　　　狐たちには、所の名がつけられていました。丸山狐、猿郷（さるごう）狐、しゅり神狐、などなど。見かけも特徴があって、わたしの所の猿郷狐は小さくて、猫のようだったから、川向うの土手で逢っても「ほ、猿郷狐が遊びに来とる」と、すぐにわかったというのです（石牟礼 2004: 90-91）。

　狐たちはそのようにして、水俣の海辺の村人たちのすぐ近くにいた。だが狐たちの棲む「しゅり神山」に、あるとき「（チッソ工場の：引用者）会社が来て」「発破かけて打ち崩した」ために、狐たちは居場所を失ってしまう。

あそこに居った狐どもが、祇園さまの藪あたりに、おろおろしておりよったがなぁ、あそこにも、もとからの狐が居るし、いっせいに、塩田の塩小屋に来たわけじゃなぁ。塩田の衆たちもえらい困っとったが、相手が狐じゃし、祟られでもすれば、ただでは済まんど。心で願いよった。どこか狐どもの行く、よか所はなかろうかい。よか所に行ってくれい、と願うとったですよ（石牟礼 2004: 92）。

　その願いが通じたのか、狐たちは、天草や長島などに通じる渡し船が行き来する大廻りの塘に集まってきて、お礼にと木の葉や本物の銭などを差し出しながら向こう岸に渡してくれと人間たちに頼み込む。その言葉を石牟礼は次のように記す。

　　──あのう、渡し賃な足りましょうか。
　　と狐はふところからそれを出して見せて、
　　──まちっと用意の出来ればようございましたが、急々なことで、思わぬ災難に遭いまして、じつは訳を言わんなりませんが、その、家屋敷ばおっとられまして会社の人たちに……。向こうに渡って暮らしの立つようになれば、一家眷属かかって働いて、きっとご恩返しはいたしますけん（石牟礼 2004: 75）。

(2)「狐たちの言葉」／「標準語」

　こうした「狐言葉」は、「古典として生きている、方言」で再現されるべきだと石牟礼は述べる（石牟礼 2004: 93）。石牟礼がそれと対置するのは、東大出身のチッソ幹部たちが操る「標準語」、すなわち「書物の世界」や「学問知識の世界」に属する言葉である（石牟礼 2004: 94）。石牟礼は、無限で広大な「学問知識の世界」の魅力を認めつつも、それらと比べて貶められがちである「生の現実」の側にもまた、豊かな言葉があることを見てとっている。「世界はもう、目のくらむような、未解読の言語に満ち満ちています。その未知の意味のはらむ豊かさの総量！」（石牟礼 2004: 94）。──そう語る石牟礼にとって、「学問知識の世界」に属する「標準語」は世界に満ちる「豊かさ」を表象するうえで十分な役割を果

たし得ない。というのも「標準語」とは、「自分の民族と異る民族との、共通語を作る努力」によって作り出されたものなので、「まことに繊細で複雑深遠な」「人間とその風土」は、標準語だけで扱いきれるものではないのである（石牟礼 2004: 94）。

石牟礼によると、言葉には以下の2つの側面があることになる。

① 「書物の世界」や「学問知識の世界」に属する「標準語」
② 生の現実世界に満ち満ちている「未解読の言語」

学校教育を通じて私たちが慣れ親しむのは、①の標準語的な言語観のほうである。そこでは、言語は言われていることの意味を伝達する透明な乗り物と見なされ、そのやりとりは、差異が捨象された一義的な意味という共通性に依拠するからこそ可能だとされる。だが他方で私たちは、①ではすくい取りがたい「なにごとか」を前項の「狐たちの言葉」を通じて経験している。それはいったい何かという問いに答えも意味も与えられぬまま、ただ、そこにいる狐、そのものたちの言葉のみが淡々と語りのべられ、そこに耳を傾ける以外にないような経験。いったい、こうした経験をもたらす「狐たちの言葉」あるいは「未解読の言語」とは、どのようなものなのだろうか。そして私たちは、そうした言葉とどう関係づけられているのか。

第2節　言葉の「力」をめぐって

(1) 石牟礼の「詩(うた)」がもたらすもの

「標準語」とは異なる「未解読の言語」の特徴を、もう少し際立たせてみたい。そのための手がかりとして、「狐たちの言葉」を収めた同書に付された「解説」に目を向けてみよう。書き手は、詩人の伊藤比呂美である。彼女は、生地である東京から移り住んだ熊本の「ことばが耳に慣れてきた」「ちょうどそのころ」、『苦海浄土』を読んだ経験を次のように語っている。

『苦海浄土』の中からひびいてくる水俣のことばと人々の声と、熊本の、住んでいた家の前の路地を行き来する女たち、老人たち、十字路のお地蔵様やあそぶ子どもらの声が、区別がつかないまま、耳の中に入り込んできました。生きているのか死んでいるのかわからない、むすうの人々の声に取り巻かれる思いをいたしました（伊藤 2004: 226）。

　水俣の言葉と人々の声とが、その生死も分かたれぬままに混じり合う——その独特の言葉を通じて、読み手にそうした経験をもたらす石牟礼のことを、「詩とともに、とても獰猛に生きていらっしゃるかた」（伊藤 2004: 227）と表現する伊藤は、石牟礼とともにあるという「詩」の用途を以下の 3 つに分類してみせる（伊藤 2004: 227）。

　　①マジナイ　ことばの力で相手を動かす。
　　②カタリ　　人や神の生きざまを人に伝える。
　　③ウタ　　　おのれの声を、神、というか超常的な力にとどかせる。

　上記のいずれの用途も、言葉の「意味」というよりも、「力」に関わるものであることが見て取れる。詩人としての伊藤は、「詩」の言葉を、透明な意味の乗り物としてのそれではなく、より物質的で力をもつもの、具体的作用を及ぼすモノとして見なしているのである。更に伊藤は、そうした詩の言葉が、自己からの「トランス」を誘発すると述べる。すなわち「『わたし』という概念をもっている近代では、まず『わたし』の意識があ」るわけだから、「そこからことばの力を借りて、どこか別のところに行くことが必要」（伊藤 2004: 227）なのだ、と。

(2) 石牟礼の声を体験するということ

　この「トランス」は伊藤にとってある種の「超越」であると考えられるが、まさにそうした超越を可能にする働きをおこなうのが石牟礼の言葉である。いったい石牟礼の言葉がもたらす経験とは、いかなるものか。それを語る伊藤の言葉に、暫く耳を傾けてみよう。

声呑み妖怪のようなかたです、石牟礼さんは。人の声を飲み込み、飲みくだし、そうするうちに、呑んだ声は、風土になって、石牟礼さんの声をとおして、外に出ていくのです（伊藤 2004: 230）。

　この体験は、もはや本を読んだとか書見をいたしたとかいう体験ではなくなっている。声を聞いたという体験です。……読めるというものではない。耳を澄ませて聞かなければいけない（伊藤 2004: 230）。

　その力の中にひきずりこまれてみるのもいいかもしれないと思ってやってみたら、……自分なんてそっくりそのままどこかへ持って行かれそうになりました。それが石牟礼さんの本を読むという体験です（伊藤 2004: 231）。

　これらの言葉から感じ取れるのは、「本を読む」とも「声を聞く」ともつかない「体験」——すなわち身体的なものを伴う言葉の経験である。以上の伊藤の言葉に含まれる比喩に注目することで、先に石牟礼が示した「未解読の言語」がもたらす経験の特質について把握できるのではないだろうか。以下に整理しておこう。

　①「わたし」という主体を凌駕した経験である。
　②「風土」「体験」「耳を澄ませて聞く」「持って行かれる」など身体的な経験に関わる。
　③「耳を澄ませて聞かなければいけない」と感じさせる、よびかけを含む。

　言葉がもたらすこうした経験と私たちとの関係について、次節でさらなる考察を試みてみよう。

第3節 〈言語活動の経験〉がひらく、「共同体」の次元

(1) 〈言語活動の経験〉をめぐって

だがここで、私たちは、あるひとつの根本的な問いかけに突き当たる。

はたして、言語でありながら風土でもあり（身）体でもあるようななにごとかを、言語で言い表すことなど可能なのだろうか。

この問いを問うことで拓かれる領域に、おそらくもっとも近いところで思考している者の一人がイタリアの哲学者、ジョルジョ・アガンベンである。先の問いへの解ともなり得るラテン語の成句である〈言語活動の経験（Experimentum linguae）〉と題された短いエッセイにおいて、アガンベンは、言語的な存在である私たちの「究極にして唯一のコモン」（岡田 2018: 81）である言語活動（linguaggio）について論じている。

ちなみに上記のエッセイを序文[1]として収めた著作は『インファンティアと歴史（Infanzia e storia)』と題されるが、この表題そのものが言語活動の特質に深く関わっている。語源であるラテン語にさかのぼれば、インファンティアとは「いまだ言葉をもたないこと、話すことができないこと」が原義であり、派生して幼児期という意味を含意するが、アガンベンもその見立てを共有している。したがって著作の表題であるインファンティアとは「私たちが幼児期から大人に成長するある段階できっぱりとそれを克服できるような何ものかなのではなく、誰でもいつでも直面しうるような存在論的な無能性（不可能性）」（岡田 2018: 82）を示す。このように、インファンティアを子ども期特有のものから私たち誰もが持つ潜在性へと捉え直そうとするアガンベンは、「話すこと」の否定的な側面から言語活動に接近しようと試みる。その彼が深く関心を抱いているテーマのひとつが、言語活動の根幹にある声（voce）の問題である。

声が言語活動の根幹にある――アガンベンのこの指摘を、前節で石牟礼の言葉を通して経験（あるいは体験）した「なにごとか」に呼応させてみよう。もはや「本を読んだ」というのでなく「声を聞いた」という体験だと伊藤が語ってみせた、あの生々しさ。そこにある生の痕跡は、たとえば「生(なま)の声」という言い回しが含み持つ何物かと同様、声が関係づけられている「剥き出しの生」の存在を私たちに

感じさせる。

　他方で近代の言語制度は、「書かれたこと」や「言われていること」など言語によって表現されていることがらの方を優先させ、他方でそれを話した声の出来事性、そうした性起そのものは忘却されてしまう構造をもつ。「〈声〉をそれにとって構成的なものである否定性から放免し、〈声〉を絶対的な仕方で思考することは可能なのだろうか」（アガンベン 1982=2009: 235）──この問いを携えてアガンベンが検討するのが、ギリシャにおける動物のフォーネー（phōné：音声）と人間のロゴス（lógos：言葉）に関する思索である。

（2）動物の音声／人間の言葉の「閾」

　たとえばフォーネーとロゴスの区別を示すテクストとして頻繁に参照されているもののひとつに、アリストテレスの『政治学』が挙げられる。そこでは、自然・本性（natura）に属する動物の声と人間の言語（linguaggio）とが区別され、前者は苦痛と快楽の感覚を交信するもの、後者は善悪・正不正の感覚を表明するものと規定されて、後者の「共同性（コイノニア）」が家（オイキア）と都市（ポリス）の基盤とされる。ここで、動物の声からロゴスへの、自然からポリスへの移行を分節するものとしてアリストテレスが置くのが文字＝グランマタ（grammata）である。

　アガンベンの見立ては上記と異なる。彼はむしろフォーネーとロゴスの「閾（soglia）」すなわち「あいだ」に注目する。背反する二項を結びつけているような切り離しているような、あるのかないのかわからない、非‐場所。その閾は、例えばパロールとラングのあいだ、あるいは意味論的なものと記号論的なもののあいだにもあるという。アガンベンは倫理性共同性の契機を、この閾をめぐる動態に見出している。「言語活動はあくまでわたしたちの声、わたしたちの言語活動である（強調は筆者）」（Agramben 1982=2009: 252）──たとえば私たちが、（石牟礼の）言葉を通して体感するモノ、互いにそれを体感していると感知することで立ち上がる「私たち」の感覚、これこそがアガンベンが提示してみせる〈言語活動の経験〉がひらく「共同体（comunità）」の次元である。

　　　人間は、……言語活動のなかに投げ込まれているからこそ、〈言語活動の

経験〉のなかで、「文法」なしに、この空虚、この音声なき状態にみずから身をさらすからこそ、エートスのようなもの、そして共同体が、彼にとって可能となるのである(Agamben 2001=2007: 13)。

ちなみにこの〈言語活動の経験〉は、「前提されたものの形式をもつことができない」(Agamben 2001=2007: 13)。それはたとえば、語るさいに「私は」と文法的な主体を立てるといった形式すら持ち得ない、とアガンベンは言う。「〈言語活動の経験〉のなかでわたしたちが自分を測るさいの尺度になる〈語っている〉ということと〈言われている〉ということとは、音声でも文字でもない」(Agamben 2001=2007: 13)——このアガンベンの言葉を字義どおりに受け止めるなら、石牟礼が語っていること、狐の言葉が言われていることなどを、文法的な区別なく「ただ経験する」在り方こそが、〈言語活動の経験〉であるといえる。前節の伊藤による下記の記述は、まさに「わたしが語る」「だれかが語る」といった文法的な切り分けが不可能な〈言語活動の経験〉を指し示している。

　　老婆と孫のことを語っていたはずなのに、いつのまにか天草の自然や風土について語っている。天草の自然や風土について語っていたはずなのに、いつのまにか神と向かい合って語り合っている。生きてる人のことを語っているはずなのに、亡くなった人々も、狐たちも、その中に混ざり合い、水俣や天草のことばを出して、石牟礼さんに呑み込まれてゆく（伊藤 2004: 235-236）。

(3) 言い得ないものとしての〈言語活動の経験〉

このような〈言語活動の経験〉は、したがって私たちの誰もが、日々、経験している「社会的実践そのもの（la stessa prasi sociale）」(Agamben 1982=2009: 246)である。そうでありながらこの経験は、これまでインファンティア、すなわち話すことができないものとされ、超越論的なものを問う思考の対象であり続けてきた。これを「口では言い表せない（ineffabilis）」といったありふれた概念で捉えることを止め、それとは異なる方向性で思考しようとするときにこそ、新たな局面が開かれる（Agamben 2001=2007: 4）。というのもインファンティアとは口では言い表せないも

のであるどころか、むしろ「最大限言いうるもの」すなわち「言語活動というものそのもの (la cosa del linguaggio)」(Agamben 2001=2007: 4) であるからだ[2]。アガンベンは言う。

〈言語活動〉の唯一の内容は、言語活動が存在するということなのである (Agamben 2001=2007: 13)。

それは「人々がすでにつねにそこに住まっており、そのなかで、語りながら、呼吸をし、運動をしている、前提をもちえないままに非潜在的なかたちである在り方」(Agamben 2001=2007: 14) であるところの「人間の生」すなわち「エートス (ethos)」(Agamben 2001=2007: 14) なのである。

この知見によって、まず「共同体という理念自体の根本的な修正」(Agamben 2001=2007: 13) が要請される。実際、上記のエートスを指し示すためにこれまで使われてきた「言語とか、国家とか、それぞれの国民が世代から世代へと伝達している名前や規範」といったどんな言葉に依拠したとしても、それを「表象することはできない」(Agamben 2001=2007: 14) からだ。では、そのように否定的にしか語り得ないエートスとはいったい何か。その問いに対して私たちができる唯一可能な回答とは、(前節で私たちがおこなったように)「言語活動を経験すること」、言語的な存在である私たちがつねにすでに経験していることそのもの、いまここにある経験なのである (Agamben 2001=2007: 10)。

第4節 〈言語活動の経験〉の射程—「無知な教師」をめぐって

(1) 無知な教師は、何を教えたか

前節で考察したエートスとしての〈言語活動の経験〉。この経験が可能にしていることの一例として、ある実践に着目してみたい。

それはオランダ、ルーヴェン大学の教室で起こった。居合わせたのは、王政復古のフランスから逃れてやってきた一人の教師と、学生たちである。教師はオランダ語を解さず、学生たちはフランス語を解さない。その状況でフランス語を教えな

くてはならなくなった教師ジャコトは、学生たちに仏蘭対訳本『テレマック［の冒険］』を示す。前半は対訳を参考しつつフランス語原文を暗記し、後半は自分で物語れるように読むこと——通訳を介してこれだけを指示したジャコトは、その後の書き取りテストの結果に目を見張ることになる。学生たちは、ネイティブ顔負けのフランス語を書くではないか！

　この実践では「教える」教師と「学ぶ」生徒という古典的な教育的関係の転倒が起こっている。なぜ、教師が知っていること以上のものを学生に教えることができたのか——著書『無知な教師』においてランシエールは、この特異な実践を知性の解放という観点から分析する。私たちにとって興味深いことには、この実践がそもそも可能となる前提条件として、言語の介在が示唆されているのだ。ランシエールは書いている、与えられたテクストと格闘する学生たちは、「彼らに向けられた人間の言葉、それが何なのか分かりたい、そしてそれに応えたい」という思いで「子供のように手探りで、謎かけを解くように」進む「言葉を備えた存在」(Rancière 1987=2011: 16) なのだ、と。

　テクスト、教師、学生たちを結びつける、ある種の共同性——それこそが、前節で我々が分析した〈言語活動の経験〉であると思われる。ジャコトの実践、すなわち教える者が知っていること以上のことが学ばれてしまう事態は、〈言語活動の経験〉があるからこそ成立する。そこで働くのは物質的で力をもつもの、具体的作用を及ぼすモノとしての言葉である。言葉は、教える者と教えられる者のあいだを引き離しつつ接続する。そのような言葉を媒介とするからこそ、複数の言葉の間を絶え間なく往還し、翻訳を繰り返し、幾つもの層を潜り抜けていくような実践が可能なのだ。そのような経験について語ったジャコトの印象深い言葉が、以下に残されている。

　　一つ一つの単語はただ一つの思考だけを運ぶことを意図して送り出されるのだが、話す者の知らぬ間に、そして彼の意に反するかのように、この言葉、この単語、この幼虫は、聞く者の意志によって豊饒なものとなる。あるモナドを代弁するものがあらゆる方向に光を放つ思考の球の中心となり、かくして、話者は自分が言わんとしたことに加えて、他の無数に多くのことを実際に言っ

たことになるのだ（Rancière 1987=2011: 94-95）。

今後の課題と展望

「無知な教師」ジャコトの特異な実践に触れたのちに教育的関係を語ろうとする際、ある方向へと誘惑されることがあり得るかもしれない。すなわちこの実践を、第二言語習得の方法や、アクティブラーニング、生涯教育といった主体的な学びを称揚する今日的テーマと結びつけて論じたいという誘惑である。だが改めて確認しておかねばならないことは、この実践が決して近代教育制度、あるいはそこで想定される近代的な言語制度に収まるものではないことである。ランシエールは語る。ジャコトの実践は「全ての学習・教育法のなかで最も古い」（Rancière 1987=2011: 23）ものだ、と。たとえば母語の獲得過程、すなわち「いまだ話すことのできない」幼児期から出発して今日母語を話すまでのプロセスを振り返るとき、私たちもまた「何かを独力で、説明する教師なしに習得した」者であると気づく（Rancière 1987=2011: 23）。したがってこの実践は意図的に計画されたものを超越したもの、言語とともにつねにすでにそこに在る実践の一端を明るみに出したにすぎないのだ。

「世界の始まり以来ずっと、すべての説明的学習・教育法と並んで現実に存在している」（Rancière 1987=2011: 23）この実践は、それゆえ言葉の経験と密接な関係をもつ。その中では教えること以上のことが学ばれ、言葉以上のものが受け取られる可能性がある。ジャコトによればその可能性は「聞く者の意思」にかかっているということになろうが、これまで論じてきたことを踏まえるなら、〈言語活動の経験〉において既に「話す者」／「聞く者」はそれほど明瞭には峻別できないはずであろう。そこで、この可能性を〈言語活動の経験〉わけても声の側面から描き直してみよう。言葉には、その意味よりもまず「それが話された」という声＝生の痕跡がまとわりつく。動物の音声が発せられたと同時に消えるように、声もまた「話された」という性起を指示しつつそれ自体は消え去る。だが話す動物である私たちは、その〈声〉を感じ取ることができる——動物たちが鳴き声を通じて、感覚を交信し合うように。言葉には、語る者の生の痕跡が、それゆえ「耳を澄ませて聞かなければいけない」と感応させるよびかけが含まれる。そのよびかけに耳

をすませること——教えること以上を学び、「狐の言葉」すら「わかって」しまうほ
どの豊穣な言葉の経験の可能性は、そこから始まるのである。

注
1 　序文が付された経緯について、若干補足しておこう。というのもこの「序」は 1989 年に翻訳出版されたフランス語版に向けて書かれたものであり、初版のイタリア語版（1978 年出版）には付されていなかったからである。イタリア語初版からフランス語翻訳版にかけての十年余のアガンベンの軌跡は、一般に「美学から政治学への転換期」（岡田 2018: 82）と見なされており、この間に深められた言語と政治に関する思考のエッセンスが当該の序文には凝縮されていると言えるだろう。
2 　ここで「言語活動というモノそのもの」を指示するため、アガンベンが次のようにウィトゲンシュタイン「倫理学講話」（1929）の著名な一節を引用していることは注目に値する——「世界の存在という奇跡の正しい言語表現は、それが言語の中のいかなる命題でもないとしても、言語自体の存在である、と言いたい誘惑に駆られます」（Agamben 2001=2007: 14）この、言語の中のいかなる命題とも無縁である「言語自体の存在」こそが〈言語活動の経験〉であると言えるだろう。

引用参考文献
石牟礼道子，2004，「狐たちの言葉」，『妣たちの国』講談社，90-94 頁.
伊藤比呂美，2004，「解説　すべてを飲みこんで生かしてもどす声」，『妣たちの国』講談社，225-240 頁.
岡田温司，2018，『アガンベンの身振り』月曜社.
鶴見和子ほか，2004，「『石牟礼道子全集』を推す」，藤原書店 PR 誌『桜』2004 年 4 月号.
森田伸子，2013，「言語と教育の限界をめぐる思想史序説」，森田伸子（編）『言語と教育をめぐる思想史』勁草書房，1-50 頁.
Agamben G., 1978 ［2001］, *Infanzia e storia. Distruzione dell'esperienza e origine della storia*, Einaudi, Torino. ＝アガンベン、G.、上村忠男（訳），2007，『幼児期と歴史—経験の破壊と歴史の起源』岩波書店.
Agamben G., 1982 ［2008］, *Il linguaggio e la morte, Un seminario sul luogo della negativita*, Einaudi, Torino. ＝アガンベン、G.、上村忠男（訳），2009，『言葉と死—否定性の場所にかんするゼミナール』筑摩書房.
Agamben G., 2005, *La potenza del penriero. Saggi e conferenze*, Neri Pozza, Vicenza. ＝アガンベン、G.、高桑和巳（訳），2009，『思考の潜勢力—論文と講演』月曜社.
Rancière, J., 1987 ［2004］, *Le maître ignorant: cinq leçons sur l'émancipation intellectuelle*, Paris: Fayard. ＝ランシエール、J.、梶田裕，堀容子（訳），2011，『無知な教師—知性の解放について』法政大学出版局.

第11章 言葉の経験がひらく、共同体の可能性 167

さらに勉強したい人のための文献案内

①石牟礼道子，2004，『妣たちの国』講談社
　『苦海浄土』でつとに有名な石牟礼の手による詩歌文集。彼女の言葉を通じて、狐たちや風土の神々、死者たちと邂逅する経験を是非。収録されている「あやとり祭文」にて描かれる〈声のない言葉のかまくら〉遊びのくだりは秀逸。

②アガンベン , G., 上村忠男（訳），2007，『幼児期と歴史——経験の破壊と歴史の起源』岩波書店.
　邦題では「幼児期」と訳されたインファンティア（infanzia）すなわち「いまだ言葉をもたない状態」を手がかりに、従来の歴史観が鮮やかに描き直される。言語活動をその否定性からとらえようとするダイナミズムに触れてほしい。

コラム2 ── 戦争を伝える

「戦争体験の風化」が指摘されるようになって久しい。戦後73年が経過した現在（2018年）、「戦争体験の風化」はやむを得ないことかもしれない。では、「風化」とはいったい何を指すのだろうか。

「風化」とは戦争体験を伝えることのできる者の多くが亡くなり、戦争の記憶が薄れてきたことをまず意味するだろう。しかし、「風化」とはそれだけでない。戦争体験によってこれまで呼び起こされてきた戒めやスローガンが「凡庸化」したり、「陳腐化」したりしたことも指すのではないだろうか（米山 2005）。たとえば、「教え子を再び戦場に送るな」や「二度と戦争を繰り返してはならない」というスローガンは戦後間もない頃から唱えられてきた。そして、そのスローガンとともに「平和の尊さ」も繰り返し叫ばれてきた。しかし、これらは繰り返し唱えられることによって形骸化し、人びとを揺り動かす力を次第に失っていったように思われる。

広島や長崎へ修学旅行に出かける地域の小学校や中学校では原爆資料館の見学、語り部による講話、平和公園での慰霊がセットとなっていることが多かった。そして、平和公園では千羽鶴が手向けられ、平和のメッセージが子どもたちによって読み上げられた。しかし、語り部の体験談は今日と時代状況が大きく異なるため、今の小学生や中学生の間ではどこか「ひとごと」であまり響いていないように思われる。

これまで「風化」が嘆かれる場合、戦争体験者が亡くなり、戦争の記憶が次第に薄れていったことによって「風化」が生じると考えられてきた。しかし、たとえ戦争体験者が戦争を語り継いだとしても、形骸化してはその意味をなさないだろう。「継承」とは単なる事実の複製とは異なる。それは「生きられた経験を重ね合わせ、過去の出来事に新たな意味を付け加え、その重さを増していくこと」である（小倉 2017）。

「戦争を伝える」とは世代間継承の1つである。したがって、若い世代に関心を持ってもらわなければ「戦争を伝える」ことは成立しない。だから、若い世代に知ってもらうためにはそのきっかけづくりがカギとなるだろう。たとえば、戦争関係の博物館に足を運んでもらうためには「不謹慎」と思われるかもしれないが、マスコットやキャラクターを使って少しでも関心を持ってもらえるように工夫することが今や必要なのかもしれない。また、戦闘機や戦艦が登場するゲームやアニメをつくることが今は戦争関係の博物館を訪れるきっかけになるのかもしれない。

被爆者の証言を集めているNPO法人「ノーモア・ヒバクシャ記憶遺産を継承する会」は被爆者の証言をデジタルアーカイブ化（電子記録保存）することに取り組んでいる。同法人のウェブサイトでは証言した被爆者の現在の居住地を表示し、各地で体験を聞く交流会を開き、被爆地以外の人たちに被爆者の存在を身近に感じてもらうように努めている。したがって、この活動は今という時代に合わせた「継承」

の形であり、このような取り組みが若い世代の関心を高めるきっかけとなるかもしれない。「戦争を知らない」というのは「何もなかったこと」と同じである。だからこそ、あの戦争を目撃し、体験した人に何が起こったのかを次世代に伝えなくてはならない。間もなく戦争体験者がいない時代が到来する。

　したがって、自らの戦争体験を語ることのできる人がいなくなる前に、(1) 彼らの体験を聞くことができるようにアーカイブスとして保存すること、(2) 戦争関係の博物館では戦争資料を整理し展示することによって、来館者が戦争について考えたり、話し合ったりできるようにすることである。それが戦争を体験した世代（戦前・戦中世代）から戦争を知らない世代（戦後世代）への、戦争体験の「世代間継承」のあり方の1つとなるだろう。

引用参考文献

小倉康嗣, 2017, 「参与する知を仕掛けていくパフォーマティブな調査表現－関わりの構築へ－」, 『社会と調査』№19 所収.
米山リサ, 2005, 『広島　記憶のポリティックス』岩波書店.
NPO 法人「ノーモア・ヒバクシャ記憶遺産を継承する会」（http://kiokuisan.com/）

　本コラムは JSPS 科研費（17K04871）による研究成果の一部である。

寺岡聖豪

第12章　教育的関係の存立条件に対する
　　　　　ルーマン・ウィトゲンシュタイン的アプローチ
―教師と子どもたちの関係はどのようにして生まれるのか

鈴木　篤・平田仁胤・杉田浩崇

本章の概要

　近年、教師と子どもの間の教育的関係の成立が「あたりまえ」でなくなっている。その極端な例が学級崩壊であり、そこでは教師と子どもたちの間に良好な関係や信頼関係がそもそも成立していないとされる。しばしば、その原因として教師の能力不足や子どもたちの逸脱行動が挙げられる。だが教育的関係とは、それほど「あたりまえ」なものなのであろうか。むしろ、偶然に集められた教師と子どもの間で教育的関係が成立することの方が不思議とも言える。教育的関係が成立していると私たちが判断するとき、はたしてその成立条件が私たちの想定と異なっている可能性はないのだろうか。

　本章で取り上げるニクラス・ルーマン（Luhmann, N.）とルートヴィヒ・ウィトゲンシュタイン（Wittgenstein, L.）の思想はともに、近代教育学が自明としてきた枠組みの外側から教育的関係の成立を描き出す。ルーマンによれば、教育的関係は予期と相互浸透を通したシステム同士の複雑性の縮減の産物である。ウィトゲンシュタインによれば、規則の一致（教育内容の理解）を裏付ける根拠などないのであって、教育的関係は無根拠に一致する言語ゲームの営為に支えられて成立する。他方で、そこで描かれる教育的関係の成立は無根拠であるがゆえに、常に綻ぶ可能性を持っている。彼らの主張はラディカルに映る。だが、綻ぶ可能性を持ちながらも無根拠に成立することを教育的関係の成立条件に含みこむ彼らの思想は、その成否を教師個人の思いや努力に還元しない点で、教育的関係を新しく眺める視点をもたらしてくれる。

第1節　教育的関係が存在することの不思議さ

　子どもたちは6歳を迎えると、小学校に通うことになる。入学式に出ると、隣にはほぼ見知らぬ子どもたちが並んでおり、前には初対面の大人が立っていて、それから1年間、その大人の指示に従う生活が始まることになる。そして、同級生とは、必ずしもお互いが望んで集まったわけではないにもかかわらず、仲良くすることが求められる。このように不自然かつ強制的な状況にもかかわらず、なぜか多くの場合、子どもたちはそのクラスの先生に馴染み、クラスの仲間に馴染んでゆく。今度は状況を教師の側からも見てみよう。始業式になると、会ったこともない子どもたちの前に教師として立つわけであるが、子どもたちの中には親近感を感じられる者もいれば、そうでない者もいる。しかし、その日からは「担任の先生」として、彼らに対して無条件に愛情を注ぐことが求められる。このような状況にもかかわらず、多くの教員は思いのほか自らのクラスの子どもたちに対して等しく愛情を感じ、「うちの子は自分が頑張って育てないと」などといった意識を持って、一年間を過ごすことになる。

　こうした教師と子どもたちの間の関係については、ヘルマン・ノール（Nohl, H.）によって教育の基礎が教育者と被教育者の間の「教育的関係（Pädagogischer Bezug）」の中に見出されて以降、様々な議論が積み上げられてきた。そこでは、インドクトリネーション（教え込み）をできる限り避けながら、教師の教えようとする教育内容を子どもが主体的・批判的に捉え、判断することを可能とするような教育的関係が求められ、教師と子どもの関係もタテの関係からヨコの関係へと捉え直されるに至っている。しかし、こうした議論においては教育的関係の成立が前提とされ、すでに成立した後の教育的関係についての検討が行われるものの、そうした教育的関係がいかにして成立可能であるのか、あるいは成立し得ないのか、といった点については、ほとんど注意が向けられてきていない。こうした教師と子どもたちの間の関係の成立の機構は、教師からの愛情や教育に対する子どもたちからの当然の応答という素朴な刺激―反応図式の中で捉えることは困難である。子どもたちがなぜ見知らぬ大人を「先生」として受け入れるようになり、教師がなぜ見知らぬ子どもたちを「うちの子たち」として受け入れるようになるのか、そして

両者の間において教授行為がいかにして成立するのか、その過程はいまだ解明されていないままなのである。

　さらに興味深いのは、こうした教育的関係が一年後には（ごく一部の例外を除いて）多くの場合、あっという間に解消されてしまうことである。クラスが変わり、ひとつのクラスの子どもたちと担任という関係が終了するや否や、子どもたちの側では新たな担任や同級生との関係が始まり、新たな先生やクラスの仲間に馴染んでいく一方、かつての担任や同級生が有する重要性は急速に低下する。同時に、教師の側でもその意識は新たな子どもたちへと向けられ、かつてのクラスにはほとんど意識が向けられなくなるのである。

　なお、教師と子どもたちの間の関係を捉える際には、教授－学習における両者の関係と、その前提としての人間関係、すなわち「学級づくり」とも呼ばれる関係とを区別し、それぞれがいかにして成立し、維持されるのかを検討する必要があろう。こうした視点に立つ際、重要な手掛かりとなるのが、後者に関してはルーマンの社会システム理論、そして前者に関してはウィトゲンシュタインの言語ゲーム論やアスペクト論である。彼らの論はそれぞれ、独立した存在たる教師と子どもたちの間での「学級づくり」ならびに教授－学習に関する相互作用を適切に説明するものと考えられるためである。

第2節　「学級づくり」としての教育的関係の成立・維持と解消
ルーマンの社会システム理論からのアプローチ

　ルーマンによれば、個々の人間（ルーマンは「人格」と呼ぶ）は、自らの意思で自律的に行動しているのではなく、お互いに相手の思考や判断基準などを知ることもできないままに、それでもお互いに折り合いをつけ、何らかの秩序を常に生み出すよう強いられている。そうした人間と人間の間でのコミュニケーションの継続（ある行為の後に次なる行為が常に続く関係）がうまく機能するのは、ルーマンによれば他者の行動に対する期待、すなわち予期（Erwartung）による部分が大きいとされる。

(1) 人格、役割、プログラム、価値を通した予期

　個々の人格たる我々は論理的には無限の行動の選択可能性を有している。しかし、日常のコミュニケーションにおいては相手の行動に対して、無限の可能性を考える必要はない。個々の人間は、なかば自動的に予期を抱くことによって、否応なしに行動を限定されているのである。ルーマンはシステム（人格）とシステム（人格）の間のコミュニケーションを調整するために必要な予期の形成・維持を支えるものとして、人格、役割、プログラム、価値に着目する。

　ルーマンの論じる人格とは、我々が普段、他者に対して「A先生は優しい人だ」といったかたちで想定する人柄のようなものである。我々は意図的・無意図的に他者に対して自らの人格を示す。こうした人格は一定の傾向性や一貫性を帯びているように見えるため（それらが真実の姿であるかどうかにかかわらず）他のシステムは、当該のシステムは「○○な人だから」と、そのシステムの行動に対して一定の予期を行うことが可能になる。

　同じく大きな役割を果たすのは役割である。役割とは、教師、母親／父親、医師などの社会的立場のことであり、それぞれの役割に対しては、それが誰であるかに関係なく、一定程度は同じ行動様式や反応が予期されることになる。

　もちろん教師の中にも様々な人がいる。しかし、社会の中には「教師」という役割と期待される振る舞いに関する知識が蓄積され、たとえ当該の教師が多少、その役割や期待される振る舞いから外れていたとしても、子どもや保護者は「でも、教師なのだから」と、一般化された「教師」という役割に依拠して理解を行うことが可能となるような仕組みが設けられているのである。

　さらに予期を形成するのに役立つのがプログラムである。プログラムとは、個々の個別的な事情を検討することなく一律に「良いこと」とみなされる行動を示すものである（Luhmann 1984=1995: 589）。

　教室での場面を考えると、例えば（教師が子どもに対して）「優しい言葉で話す」「褒める」「約束を守る」「しっかりと話を聞く」などといった行動が例として考えられる。教師も子どもも双方が特定の行動を「良いこと」だとあらかじめ理解しておくことで、本音はさておき、期待される行動に関して共通の理解を形成することが可能となり、同時に内心や本音の是非に踏み込まないまま、お互いに相手の行

動を予期することが可能となるのである。学級目標もまた、プログラムの一種である。

　さらにこうしたプログラムは、当事者間における価値（親切、誠実、勤勉、自制など）についての合意（共有）によって補強される。当事者双方を含む社会システムの中でこれらの価値の大切さについて合意が生み出されていることにより、特定の場面におけるプログラム、すなわち良いこととみなされる行動が明確になるのである。

　教育に特有の例としては、例えば、教育愛、恩師への尊敬・感謝などの価値が挙げられる。教師は必ずしも自らの担当する子どもたちに対して愛を抱けるわけではないだろうし、子どもたちは必ずしも自らを担当する教師に対して尊敬や感謝を抱けるわけではないだろう。しかし、こうした価値を「良いもの」あるいは「正しいもの」とみなす考え方が教室の内外で共有されることで、こうした価値に明らかに反するような行動は慎まれるようになる。

　教師と子どもたちの間の関係においても、これら四つの視点が複雑に絡み合うことで、相手のシステムがいかなる思いを持っているかとは関係なく、お互いに無難な行為を選択し合い、互いの予期の範囲内に収まる行為を選択し合うことで、さらなる予期の形成が支えられる。その際、本当に当該システムが「教育愛」や「恩師への尊敬・感謝」を大切だと考えているか、「優しい言葉で話す」「褒める」「約束を守る」「しっかりと話を聞く」などといったことを「良いこと」とみなしているか、「教師」や「小学生」としての役割に居心地の良さを感じているか、「〇〇な人」というようなかたちで人格としての一貫性を有しているか、などは、そのことが表面化しない限りは必ずしも重要ではない。教師と子どもとが期待されている予期行動を互いに異なる仕方で解釈している可能性は残り続けるのである。

(2) 認知的予期と規範的予期

　だが、予期に基づく予期はあくまでも予期であり、他者の行動によっては結果として予期が裏切られることもある。ルーマンによれば、予期はずれに対しては二通りの対応が考えられる。すなわち、予期はずれの結果そのものを学習によって「起こりうるもの」として次回以降の予期の範囲に取り入れ、あらかじめその可能性と

対応方法を考慮に入れる（認知的予期）という方法と、予期はずれの結果を「起こりえないもの」として退け、そうした事態が再度起きることのよう、罰則を用いて阻止する（規範的予期）という方法とである（Luhmann 2008=2015: 32）。

認知的予期においては、次なる予期のため、他者の行動がこちらの予期をどのように裏切ったのかが把握され、学習されることになる。事前に子どもが自らの担任に対して「先生は優しく話すものだ」と予期をしていたとして、もしも教師が優しくは話さなかった場合、子どもは「この先生（人格）は内心は優しいのだけど、言葉遣いだけは優しくないのだ」「嫌なことがあった日だけはイライラしているのだ」などといったことを新たに予期し（認知的予期を形成し）、その後のコミュニケーションに備えることになる。他方、教師もまた、担任する子どもが自らの予期を裏切った場合、「この子はかっとすると、我を忘れるのだ」「乱暴な子だが、実は優しい一面もあるのだ」などと新たな予期を形成し、次のコミュニケーションに備えることになる。

なお、そうした認知的予期のみでは対処しきれない場合には、規範的予期の形成が行われ、その場合には主として「法」という形式をとることになる。当然、教師も子どもも日本の法律には従わなくてはならないし、教師は学校教育法や教育基本法、さらに身分が公立学校の教員であれば教育公務員特例法や地方公務員法などにも拘束されることになる。学校での場面を考えると、校則やクラスのきまりなどもその一部と言えよう。こうした規範的予期により、教師は「授業中に相手の意にそわない注意をしたとしても子どもから暴力を受けることはない」と予期し得るし、子どもは「授業で先生が教えているのは普遍的事実なのだ」と予期することが可能となる。

教師も子どもも、一方では相手の個別的な特性を認知的予期により学び、他方ですでに形成された規範的予期の力を借りて相手の振る舞いをある範囲内に限定することで、双方が円滑なコミュニケーションの範囲にお互いを回収しているのである。

(3) 相互浸透による教育的関係の成立と維持

上では予期の概念に従いながら、教師と子どもたちの間の意識面・人格面で

の相互依存関係の成立過程を確認した。そのようにして双方が円滑なコミュニケーションを続けていくことができたとしたら、どのようなことが起きるのだろうか。ルーマンは独立したシステムとシステムの関係である個人と個人の間の「親密な関係」を「人と人との相互浸透の関係」と呼ぶ（Luhmann 1984=1993: 354）。ルーマンによれば、二つのシステムが交互に他方のシステムの成り立つ前提条件となっている場合には、相互浸透（Interpenetration）、すなわち相互的な同期が成立する（Luhmann 1984=1993: 336）。

　当初、子どもたちと教師はお互いに相手のことをほとんど知らない状況に置かれている。子どもたち同士も同様であろう。だが、ともに生活をしていく中で、上で挙げたような様々な仕組みによって支えられ、教師と子どもたちの間ではお互いに予期が生み出され、お互いの行動が同期していくことになる。独立したシステム同士である構成員の間において、同じ教室で長い時間を過ごす中、お互いの個性をお互いが認識し合うことによって、あるいは大きな逸脱を許さないような装置（校則やクラスのきまりなど）が整えられていくことによって、子どもたちと教師の間、そして子ども同士の間では、お互いに相手の存在を前提とした行動や判断が生み出されるようになる。そして、最終的にはひとつのクラス、すなわち35人ないし40人にも上る大人数の間で、行動や判断の同期が生み出されるのである。

　こうした関係においては、それぞれのシステムがその関係の中で果たすべきキャラクターというものも相互の間で（漠然とではあっても）認識されるようになり、個々のシステムはもしも自らがその役割を果たさなければクラスの関係が損なわれる、あるいは変質してしまうことを理解するようになるだろう。「面白いキャラ」の子どもは「面白いキャラ」として、「姉御キャラ」は「姉御キャラ」として、自他ともにそのキャラクターを認識するようになり、教師もまた「そのクラスの教師」としてのキャラクターを演じることがクラス全員から必要とされていることを理解するに至る。そのような中、教師は、そのクラスにおいて、子どもたちへの愛情にあふれ、道徳性と責任感を備えたキャラクターとして、子どもたちの期待する振る舞いをとるようになる。そして、そうした中で、周囲から見ればまるで全ての子どもたちに対して「教育的愛情」を抱いているかのように見える状況が生じ、実際、教師自身もまた、クラスの子どもたちが求める振る舞いをとり続けることで、（まるで自らが子ども

たちに対して理屈によっては説明できないような愛情を抱いているかのように感じながらも）クラス内の相互浸透を維持し続けることを余儀なくされるのである。

　教育的関係とは、そもそも複数の見知らぬ子どもたちと教師とが強引に同じ場所に集められ、特定の期間、一緒に過ごすことを余儀なくされるところから始まる、不自然な関係である。しかしながら、自らの自由意思によって人々が集まり、自発的に始めたという関係であれば、比較的容易に関係を解消することも可能であり、そうした関係においては長期的な相互間のやりとりはあまり期待できない。そうではなく、強引に集められ、長期にわたる共同生活を強制されるからこそ、多少の衝突があったとしても、（一般社会に広く共通して存在する「役割」や「プログラム」、「価値」などに支えられつつ）お互いのシステムを相互に観察し合うことで個々の「人格」に対する理解を相互に増やしたり、望まれない行為について様々な禁止事項を設けたりして、お互いに他のメンバーの存在を自らの行動や判断の前提として位置づけ合うことが必要となる。相互浸透も、クラスの仲間としての意識も、それぞれの人格についての本人／他者からの理解も、全ては長期間にわたって一定の強制力のもとに生活を共有することから始まるのである。

（4）相互浸透の解消による教育的関係の崩壊

　では、こうした場の共有が失われるとどうなるのだろうか。学校の事例で考えるならば、一年間が終わり、卒業やクラス替えによって、既存の集団が解体される場面を思い浮かべることができよう。こうした場面では、当初、子どもたちも教師も「また会おうね」とか「クラスが変わっても仲良くしてね」とか「卒業しても会いに来てね」などと声を掛け合うものの、実際には、数週間もすればお互いに連絡をとりあうことはほとんどなくなり、かつての仲間たちを思い出すことさえも稀になるだろう。それぞれのシステムにとっては、以前のクラスの解体はその結果として新たな人間関係の誕生とクラス・仲間関係の構築を強いるものであり、新たなクラスで再び見知らぬ人々との間の関係性構築を余儀なくされることを意味するものであるためである。そうするなか、教師もまた、かつての「うちの子どもたち」に対する愛情や責任意識を急速に薄れさせていくが、それは教師の冷淡さや愛情の不十分さによるものではなく、単に相互浸透関係が解体されたことによるものなの

である。そして、新たな構成員のもとで長期的な場の共有が続けられる中、子どもたちも教師も再度、お互いに行動や判断を同期させていくことになるが、それは「偶然、同級生と気が合ったから」でも、「先生が優しい人だから」でも、「子どもたちがいい子だから」でもなくて、単に新たな相互浸透が生み出された結果に過ぎないのだと言えよう。

第3節　教授－学習を支える教育的関係？
ウィトゲンシュタインの言語ゲーム論からのアプローチ

　次にウィトゲンシュタインの言語ゲーム論から、教育的関係の成立について示唆を得ることにしよう。

　言語ゲーム論とは、私たちの言語使用の規則についてウィトゲンシュタインが展開した考察であり、その焦点は言語使用における規範にある。物語の創作や演劇、冗談や噂話、また算術の問題を解くことや翻訳作業、あるいは乞うこと・感謝すること・罵ること・挨拶すること・祈ることなど、さまざまな言語使用の局面をゲームに見立て、その規範を規則として考察するための視座である（Wittgenstein 1953=2009: sec.23）。

　教育的関係を、教育者と被教育者との言語使用を介した相互作用として捉えるならば、それを言語ゲームとして扱うことができるだろう。たとえば、ヒュー・メーハン（Mehan, H.）が指摘するように、授業を構成する規則として、教師の「開始（Initiation）－生徒の応答（Reply）－教師の評価（Evaluation）」というIRE連鎖を析出することが可能かもしれない（Mehan 1979）。

　だが、教育的関係という言語ゲームがあるとして、その規則とは何かと問いを立てて考察を進めることには慎重でなければならない。枯れ尾花に幽霊を見るがごとく、教育的関係を自明視してしまいかねないからである。遠回りに見えても、まずは言語ゲームの規則が立ち現れる機序を押さえておくことが、教育的関係の成立機序を考察するための最初の一歩になる。以下では、ウィトゲンシュタインの思考実験に注目して、しばらくの間考察を進めることにしたい。

(1) 規則のパラドックス

ウィトゲンシュタインは、次のような教育場面を描き出している。それは教師が子どもに対して「＋2」の足し算を教え、子どもが教師に従いながら「0, 2, 4, 6, …」と足し算を行っている場面である。

そして、足していく数が1000をこえたところで、子どもは教師の期待を裏切ってしまう。「1000, 1002, 1004, 1006, …」と足すのではなく、「1000, 1004, 1008, 1012, …」と続けたのだ。教師は驚いて誤りを指摘するが、子どもは誤りを認めない。それどころか、自分のほうこそ「＋2」の規則に従っていると主張するのである。どうやら子どもは、次のように「＋2」の規則を理解していたらしいのだ。すなわち、加える数が1000以下なら、「2, 4, 6, …」と続けるのであり、それが1000をこえるなら、「1004, 1008, 1012, …」、と。そして、2000をこえて3000以下ならば「2006, 2012, 2018, …」と（Wittgenstein 1953=2009: sec.185）。

一見して、この子どもの誤りは明白であり、軌道修正は容易なようにも思える。「＋2」の規則に従って、2ずつ足していくことなど直感的に明らかであり、他のやり方で解釈することなどできないのだから、と。

だが、ウィトゲンシュタインによれば、軌道修正は容易ではない。直観や解釈によって心あるいは脳内に何らかのイメージが浮かんだとしても、今度は、そのイメージをどう解釈してよいのかが分からないからである。「＋2」そのものをまじまじと眺めたところで「正しい」解釈を思いつくわけではない──いや、思いついた解釈が「正しい」のかどうかを一望できるような地平に立つことなどできないのである。

教師も子どももそのような地平に立てないとすれば、どのような行動が「＋2」の規則として「正しい」のか。ウィトゲンシュタインによれば、「どのような行動の仕方もその規則と一致させることができ」、また「矛盾させることもできる」ために、「規則は如何なる行動の仕方をも決定することができない」という。もはや規則に「一致も矛盾も存在しない」というパラドキシカルな議論を提示するのである（Wittgenstein 1953=2009: sec.201）。

(2) プラスなのかクワスなのか

　それにしても、どうして件の子どもを説得することができないのか。その点を少しばかり明瞭にしておきたい。その手がかりとして、ソール・クリプキ（Kripke, S.）のウィトゲンシュタイン解釈に注目しよう。

　クリプキは「＋2」の代わりに「68 ＋ 57」を、子どもの代わりに突飛な懐疑論者を思考実験に用いる。懐疑論者は「68 ＋ 57」の答えが「125」ではなく「5」だと主張する。これまで私たちが行ってきた計算は有限回数のものであり、実は 57 以上の数字を扱ってはいなかったのだと。私たちが「プラス」だと思っていた規則は、その実、「クワス（quus）」だったのだ。クワスとは、合計が 57 未満であれば「プラス」のままであり、57 以上になるときは 1 の位だけが残るような規則である。

　この懐疑論者は、足し算がクワスではなくプラスだと言うのであれば、その証拠を提示しろと私たちに迫ってくる。何という頭の固い、ひねくれた人物なのか。この面倒な奴を黙らせようと説得を試みるのであるが、次第に雲行きは怪しくなっていく。

　まず、68 個あるビー玉の山に、57 個のビー玉の山を合わせて、そこに 125 個のビー玉があることを数えてみせる。「68 ＋ 57 ＝ 125」は自明ではないか、と。だが、懐疑論者すぐさま反論する。ビー玉を数える（カウントする）行動は、本当は「クワウント（quount）」だったのだ、と。その行動がクワウントではなくカウントである事実を提示せよと続ける。

　いや、心のなかにこれまでプラスをしてきた記憶があり、それは間違ってなどいないと反論を試みるが、これもまた懐疑論者に否定されてしまう。なぜなら、その記憶像がプラスを意味しているのかクワスを意味しているのかが分からないからである。どんな記憶像であれ、その解釈が定まっていないのであれば、プラスなのかクワスなのか決定できない、と。

　ならば、傾向性（disposition）ではどうか。過去から現在にいたるまで「＋」という記号でプラスを続けてきたのだから、懐疑論者の主張は無理筋であると主張するのだ。だが、これも反論されてしまう。傾向性もまた、過去の有限の経験によって形作られているし、「誤った」偏向性の習得を避けられるのか、と。

とにかく「＋」という記号に従っているときは、クワスではなくプラスだという揺るぎない感覚──「分かったぞ！」（Eureka!）とでも言いたくなるような内的状態──が伴っているのだ。そう続けてみても、やはり懐疑論者は納得しない。「＋」に従っているときにクオリアを伴うとして、その感覚がクワスではなくプラスであることの証拠はどこにあるのか提示してみろ、と（Kripke 1983: 15-44）。

こうして懐疑論者を説得することができないどころか、かえって説得する側がこれまで「＋」という記号に本当に従っていたのかどうか、疑念の霧に包まれてしまうのである。

(3) 共同体：大胆で突飛な解決案

クリプキの思考実験を正面から受け止めると、ありとあらゆる記号や概念といったものの意味が瓦解してしまうことになるのだが、無論、そんなことはない。なぜなら、「＋」がクワスではなくプラスだということを示す事実など、そもそも存在しないのだと主張することに論点があるからである。ならば、どうして「＋」の規則遵守が、あの子どもや懐疑論者のように無秩序に応用されないのか。クリプキによれば、ある人物が規則に従っているかどうかは、その人物の周囲が決定するとされる。言い換えると、その人物の行動が規則に従っていると判断したり、その人物の主張を認めたり、あるいはその行動が誤っていることを指摘したり訂正したりできる場合にのみ、規則を遵守しているとされるのである。規則に従っているのかどうかについての判断や主張の権限を有するのは、行動している当人というよりも、その人物を取り巻く共同体（community）なのである。

クリプキは、共同体による判断が可能となる条件を3つ挙げる（Kripke 1983: 96-107）。第一は、一致（agreement）である。ある人物が規則に従っているか否かは、ある特定の状況において、共同体の成員と一致する行動をとるかどうかによって判断される。もちろん、誤りや不一致は往々に生じるが、それでもクワスのような事態は、まれにしか起こらない。その人物を教育することができない場合や、彼が正気ではないといった場合をのぞいて、私たちは十分な訓練を経験することによって「＋2」において一致した計算を行う。

第二は、生活形式（form of life）である。私たちが計算する際、突飛なクワス

ではなくプラスを行うのは、プラスを行う共同体が生活形式を共有しているためである。私たちは計算することにおいて、どうしようもなく一致してしまっているという生の事実（brute fact）によって支えられている。

　最後に、規準（criteria）である。ある規則に従っているかどうかは、共同体の成員との一致が決定する。ある人物が別の人物と同様に行動しているかどうかを判断するためのテストがあり、そこに規準が存在するのである。この規準は、共同体の原初的な言語ゲームであり、計算を例に挙げるとすれば、簡単な四則計算ができるかどうかが規準となる。

　クリプキによれば、規則に従っているかどうかを裏付ける事実は存在しない。ただ、生活形式において、とにかく一致してしまっているという「生の事実」があり、私たちはその事実に即した規準を採用している。つまり、規則が行動を規定しているのではなく、とにかく一致してしまっている行動から、規則が事後的に立ち現れるのである。この奇妙でありながら当然の事態を示すことにこそ、ウィトゲンシュタインの規則のパラドックスを引き受けた、クリプキの解答の要点がある。

（4）教育的関係のパラドックス

　長い迂回路を経由したが、ここでようやく教育的関係の成立機序に戻ってくることができる。

　本節では、教育的関係をある種の言語ゲームとして見立て、その成立機序を問うてきた。言語ゲームには規則があり、そのプレイヤーが規則を共有しているからゲームをプレイできる。この常識的な発想は、クリプキによれば転倒していることになる。まずはゲームをプレイする人々がいて、どういうわけか行動において一致している。その一致を前提として、ゲームの規則が逆算され、可視化される。つまり、規則がゲームを規定するのではなく、ゲームが規則を規定するのであった。

　このクリプキの議論を教育的関係論に当てはめると、認識の大幅な転換を求められることになる。ウィトゲンシュタインの思考実験に登場するような子どもは、現実の教育場面においてはほぼいないだろう。いたとしてもすぐさま教師によって修正され、教授－学習活動はつつがなく展開されていくことが予想される。すでに教師と子どもは、どういうわけか「＋2」の規則遵守において一致してしまっており、

その一致が足場になっているからこそ、教授－学習活動を展開することが可能となっていたからだ。つまり、教育的関係が成立したのちに教授－学習活動が展開されるのではなく、とにかく教授－学習活動が展開できてしまっている現実があり、そこに教育的関係が事後的に読み取られてしまうのである。

　子どもは教師の意図通りに理解しているのだろうか。子どもとの信頼関係は築けているのだろうか。こういった疑問に最終的な結論を与えることはできないし、その必要もない。クリプキの懐疑論者が示すように、教育的関係の成立を証拠づける事実などないからである。教育的関係の成立は、教授－学習活動におけるその都度の子どもの反応によってしか担保されない。「＋２」を書きだすという「応用が理解の規準であり続ける」（Wittgenstein 1953=2009: sec.146）からである。

　教育的関係が成立しているから教授－学習が可能なのではなく、なぜか教授－学習が可能とみなされ、（多くの場合に）可能であることから、教育的関係が成立していたのだと逆算される。このパラドクシカルな結論が、クリプリの解釈するウィトゲンシュタインの言語ゲーム論がもたらす知見である。

第４節　教授―学習における教育的関係の維持と崩壊
ウィトゲンシュタインのアスペクト論からのアプローチ

(1) アスペクト転換から見た教育的関係

　ウィトゲンシュタインの規則論によれば、教育は教師と子どもたちの間で規則の解釈がなぜか一致してしまっているという事実を足場にして営まれているのであって、その足場を支える根拠を説明する必要はないのであった。

　しかし、そうすると、教育的関係はひどく非合理的に映るし、また子どもは一方的に言語ゲームへと組みこまれる対象としてしか描かれないことになる。私たちはインドクトリネーション（教え込み）をできる限り回避し、子どもが教師の教えようとする教育内容を主体的・批判的に捉え、同意することを志向する教育的関係を肯定したくなるだろう（たとえば、教育的関係をめぐるタテの関係からヨコの関係への捉え直し）。ウィトゲンシュタイン哲学はこうした問いにどのように応えるのだろうか。本節では彼のアスペクト論をその手がかりとしてみたい。

目の前にあるものが同じであるにもかかわらず、別様に見える現象がある。『哲学探究』（以下、『探究』）第 2 部で論じられているアスペクト知覚である。たとえば、ウサギにもアヒルにも見える図は、ウサギというアスペクトとアヒルというアスペクトを持つ。ウサギにしか見えない人にアヒルというアスペクトを見させようとする場合、その人は実際にそのように「見える」のでなければ、アヒルというアスペクトに気づかない。それまで耳に見えていた部分がくちばしにも見えることに気づいたとき、当の図とアヒルとの連関が見出され、自分のそれまでの見方から解放される。アスペクトが転換するときには、こうしたことが生じている。

　教育的関係が取り結ばれるとき、アスペクト転換と同じような構造が見て取れよう。教師にも子どもにも同じ事象が目の前に提示されている。だが、教師には見えている事象の布置関係が子どもには見えない。教師は子どもが実際に教師の見ているような仕方で事象を見ることができるように、様々な手立てを講じる。しかし、対象に変化は起こっていないのだから、テレパシーでもない限り、アスペクトの変容それ自体を直接引き起こすことはできない。ウサギ – アヒル図をアヒルとして見ることができない子どもに対し、教師はくちばしを色で塗ったり、アヒルの絵本を持ってきたり、ガアガアと鳴いてみたりするしかないのである。

　もちろん多くの子どもはウサギ – アヒル図にアヒルを見出すだろうし、みかんとりんごを加算可能な「果物」として「$1 + 1 = 2$」という式を立式できるだろう。だが、そのように事象を見ることを確かなものとする外在的な根拠は存在しない。教育的関係が成立し、解消できるのは、たまたま多くの子どもが教師の見て取ってほしいポイントを見て取っているからにほかならない。問題は、こうした根拠を欠いた営みにめまいや違和感を覚え、外在的な視点から教育的関係を合理的なものとして根拠づけようとする場合に生じる。

（2）ウィトゲンシュタインの治療方法

　ここでアスペクト論が、哲学の方法に密接に関わっていることに注意したい。ウィトゲンシュタインは前期から晩期を通じて、誤った描像に囚われている哲学者を治療するという治療的哲学観を持っていた。しかし、治療する方法について、『論理哲学論考』（以下、『論考』）では唯一の正しい方法が考えられていたが、後期

では様々な方法が念頭に置かれるようになった。『論考』では読者が正しい世界の見方を見ることができると安易に前提されていた。対して後期に至る中でウィトゲンシュタインは「展望（übersehen）」という新たな方法を発見することになった。展望とは、「はじめ理解し難いと思えたものと、自分自身が慣れ親しんでいるものとの間に連関を見出して、理解可能とすることである。」（丸山 2007: 122）そこでは、例や比較を次々と示しながら連鎖の環を作り出し、理解を生み出すことが試みられる。『探究』では、次々と示される例や比較、ときに発話者が誰か特定し難い対話と悪戦苦闘することで、読者が自らの囚われている見方から解放される技法を身につけることが期待されたのである。

実際、ウィトゲンシュタインは様々な事例を用いている。建設現場での4つの言語からなる親方と弟子のやり取り、「赤いリンゴ5個」という紙だけを用いた買い物、箱の中の甲虫、私的言語日記、言葉を話すライオン等々。そうした事例は、私たちが自明としている言語とそれらを比較し、知らぬ間に陥っている哲学的な誤謬を照らし出す対象として用いられている（Wittgenstein, 1953=2009, sec.122）。

ウィトゲンシュタインにとって事例を用いる目的は、事例に共通する法則性を明らかにすることにはない。目の前にありながらもいままで気づかなかった連関に気づき、世界の見え方が変容することを目指しているのである。そこでは一般から特殊を導いたり（演繹）、特殊から一般を見出したり（帰納）することが目指されるのではなく、事例それ自体が世界を見るときの範型（パラダイム）になるような仕方で見て取られているのである。

(3) 謎なぞと類比的な教育的関係

では、あらためてアスペクト転換では何が生じているのだろうか。『探究』の注釈者であるゴードン・ベイカー（Baker, G.）は、アスペクト転換の文法的な特徴を簡潔にまとめている（Baker 2004）。それによれば、別様に見ることができる者だけが、その見方をできない人を特定でき、その人に別様の仕方で見るように努力することを求めることができる。ここに教育的関係が生じよう。別様の仕方で見て取ることができないとされた人（学習者）は、何とか別様に見ようとするが、実際に別様に見えたときにはじめてその可能性に気づくことができる。

こうした過程は、「謎なぞ」を説く過程と類似している。謎なぞは、「答えを手にして初めて、問いをどのように理解すべきか、それが答えを持つとはどういうことかを知る」（Diamond 1991=1998: 283）という特徴を持つ。実際、ウィトゲンシュタインは講義の中で、数学の問題をおとぎ話の中で王が王女に出した謎なぞと結びつけている（Wittgenstein 1979: 346-7）。

興味深いのは、謎なぞを通じて、数学の証明とアスペクト知覚と規則論が結びつく点である。たとえば、｜｜｜｜を $2 + 2 = 4$ として見る技法は、その規則（アスペクト）を理解しないものにとっては謎なぞのように映る。そして、｜｜｜｜を $2 + 2 = 4$ として見る仕方に気づいたとき、｜｜｜｜のうちに等式で表される本性が隠れていたのを発見したかのように思われる。

だが、アスペクト転換によって対象の真理や本性の記述が得られると捉えることは誤りである。私たちは数学において、様々な計算をし、そこに数学的な法則性についての仮説を立て、証明するとき、発明ではなく、発見をしたと言いたくなる。「実験」のように、仮説（モデル、規則、範例）と結果（行為、計算）が対応している（「同じだ！」）と考えたくなる。しかし、実験の場合の「同じ」と証明の「同じ」は異なっているとウィトゲンシュタインは言う。証明の場合の「同じ」は、モデルと事実の対応関係（同じであること）を記述するのではなく、「同じ」だと見るという取り決め（規約、規範、規則）を受け入れるということを意味している（Wittgenstein 1975=2015）。

ウィトゲンシュタインは、定義はひとつの技術から別の技術への移行なのだと言う（例えば、物差しによって長さを定義する）。そのポイントは、私たちは何かと何かを同じ／違うと取り決めることによって、対象に対する応答の仕方を変えるという点にある。たしかに、｜｜｜｜と $2 + 2 = 4$ に類似性（アナロジー）を見出すことによって、私たちは世界への態度を変える。だが、それはあくまでひとつのアスペクトのもとで見ることであって、世界の諸事象が加法の規則に対応していなければならないわけではない。

このように、教育的関係は教師側から見れば、自分にとってはすでに見えているアスペクトを子どもに見せようとする営みによって成り立ち、子ども側から見れば、目の前にある事象を新たな連関のもとで見て取ることを期待されるという関係であ

ると言えよう。その中で子どもは、謎なぞに類比的に、目の前の事象をどのような連関のもとで見ればよいのかわからないままに導かれる。子どもにとって、教師の意図は実際にそのように見えたときにはじめてわかるのであり、新たな連関に気づくことで世界に対する態度が変わる。教育的関係の成立は、子どもが実際に展望を得ることにかかっている。

(4) 教育的関係の成立と綻ぶ可能性

だが、別様の見方ができるというアスペクトの複数性（Baker 2004: 280）があるからといって、子どもに自由な解釈の余地が与えられているわけではない。子どもに「25×25」の計算をさせるとき、私たちはそれを実験とは呼ばない。子どもが624と回答しても、掛け算の規則が問い直されることはない。「もしその結果が［実験ではなく］計算の結果ならば、私はすでに、計算において自分が「規則に従うこと」と呼ぶものを固定しているのである。」（Wittgenstein 1975=2015: 172）

ウィトゲンシュタインにとって、論理的に無限に規則解釈が可能であるからといって、教育的関係が成立しなくなるわけではない。実験ではなく計算である限り、想定と異なった計算結果を子どもが示そうとも、「同じように」計算することを促す教師の規範的な地位は変わらない。それほどまでに計算規則は硬化（petrified）しており、規則に従っているか否かという私たちの判断を支えている。とはいえ、そうして硬化した規則（アスペクト）は、外在的な根拠に支えられているわけではない。人間のこれまでの歴史（自然誌）の中で適切な適用（位置）を持ってきたにすぎないのであって、可変的でもある。古田徹也が指摘するように、私たちは互いに有機的に結びついた言葉の意味を立体的に理解している（古田 2018）。互いに連関し合う言葉に共通する特徴は存在しないにもかかわらず、それらの言葉の使われ方に精通する中で、私たちは言葉同士の類似性を見て取り、世界に対する態度を洗練させていく。その過程で、新たな言葉の連関が見いだされる可能性は十分にある。人は別様のアスペクトの存在に気づかない限り、自分が特定のアスペクトに囚われていることに気づかないというベイカーの指摘を踏まえれば、教師側の想定するものよりも子どもが見出したアスペクトの方がうまく世界に適用できるかもしれない。アスペクト論からすれば、教育的関係は諸事例を比較するこ

とで子どもが法則性を見つけ出すといった合理的な手順によって成立してなどいない。だが、それゆえにこそ、他なるアスペクトに開かれているのであって、そこに一方向的な教育的関係が崩壊する可能性が含まれているのである。

今後の課題と展望

　なぜ偶然に集められた教師と子どもたちの間で教育的関係が成立するのか。この問いに、ルーマンは独立するシステム間の認知的・規範的予期が成立することによって応えている。教育的関係は、教師と子どもたちの間の愛情や伝達される知識の共有によって成立するのではなく、あくまで予期と相互浸透を通したシステム同士の複雑性の縮減（円滑なコミュニケーションの範囲にお互いを回収すること）の産物として描かれる。それゆえ、学校教育制度に代表される教育システムから抜け出したとき、教育的関係が継続される必然性もなくなる。他方、クリプキの解釈するウィトゲンシュタインからすれば、規則の一致（教育内容の理解）を裏付ける根拠はない。無根拠に一致してしまっている言語ゲームの営為から、その規則が事後的に立ち現れるのであって、ここでも教育的関係の成立は愛情や知識の共有によっては説明されない。ルーマン・ウィトゲンシュタインによれば、教育的関係はシステム間の関係継続／「生の事実」レベルでの言語ゲームの一致のために、なぜか成立するのであって、しかもそれは子どもの逸脱を「逸脱」として位置づけることができるほど強固なのである。

　だが、そこで描かれる教育的関係の成立は無根拠であるがゆえに、強固であっても綻ぶ可能性を持っている。ルーマンによれば、教師と子どもの良好な関係や信頼関係はあくまでも相互浸透に支えられているにすぎない。相互浸透が解消されれば両者の関係は解消されうるし、たとえ上手くいっているように見える場合にも、教師と子どもたちが期待されている予期行動を互いに異なる仕方で解釈している可能性は残り続ける。他方、ウィトゲンシュタインのアスペクト論は様々な事例を用いるとき、そこに共通する法則性を共有するのではなく、新たな見方（アスペクト）で世界を見ることを学習者に期待していた。その過程は規則の共有による教育的関係の成立という見方を切り崩す一方で、他なるアスペクトの可能性を残し続けてい

る。

　教育的関係が無根拠ながらどうしようもなく成立すること、にもかかわらず綻ぶ可能性があること。ルーマンとウィトゲンシュタインはこの閾を問題だと捉える眼差しに反省を促し、閾を閾のままに含みこんだ仕方で教育的関係を語る技法を提示してくれている。たしかに、彼らの見方はあまりにラディカルで、現実に教育的関係を取り結ぶことに苦心する教師にとってはあまりに心もとないだろう。だが、観察の観察に徹するルーマンの社会学と、多様な事例のもとに展望のきいた描写をもたらすことで治療を試みるウィトゲンシュタインの哲学のいずれもが、教育的関係の無根拠ゆえに強固かつ脆弱な特質を示してくれていた。教育的関係の成立の成否が教師個人の思いや努力をこえたところにもあるという双方の指摘は、教育的関係を新しく眺める視点をもたらしてくれるのではないだろうか。

引用参考文献
坂越正樹, 2001,『ヘルマン・ノール教育学の研究—ドイツ改革教育運動からナチズムへの軌跡』風間書房.
古田徹也, 2018,『言葉の魂の哲学』講談社.
丸山恭司, 2007,「言語の呪縛と解放—ウィトゲンシュタインの哲学教育」『教育哲学研究』第96号, 115-131.
Baker, G., 2004, *Wittgenstein's Method: Neglected Aspects*, Oxford: Blackwell.
Diamond, C., 1991, "Riddles and Anselm's Riddle," *The Realistic Spirit*, Cambridge, Massachusetts: The MIT Press, 267-289. ＝樋口えり子（訳）, 1998,「謎々とアンセルムスの謎」『現代思想』第26巻第1号, 281-303.
Kripke, S., 1982, *Wittgenstein on Rules and Private Language: An Elementary Exposition*, Cambridge, Massachusetts: Harvard University Press. ＝黒崎宏（訳）, 1983,『ウィトゲンシュタインのパラドックス—規則・私的言語・他人の心』産業図書.
Luhmann, N., 1984, *Sozialer Systeme: Grundriß einer allgemeinen Theorie*, Frankfurt am Main: Suhrkamp Verlag. ＝佐藤勉ら（訳）, 1993,『社会システム理論』（上巻）恒星社厚生閣.
Luhmann, N., 1984, *Sozialer Systeme: Grundriß einer allgemeinen Theorie*, Frankfurt am Main: Suhrkamp Verlag. ＝佐藤勉ら（訳）, 1995,『社会システム理論』（下巻）恒星社厚生閣.
Luhmann, N., 2002, *Das Erziehungssystem der Gesellschaft*, Frankfurt am Main: Suhrkamp Verlag. ＝村上淳一（訳）, 2004,『社会の教育システム』東京大学出版会.
Mehan, H., 1979, *Learning Lessons: Social Organization in the Classroom*, Cambridge, Massachusetts: Harvard University Press.
Wittgenstein, L., 1953=2009, G. E. M. Anscombe, P. M. S. Hacker & J. Schulte trans., *Philosophical Investigations*, Oxford: Wiley-Blackwell. ＝藤本隆志（訳）, 1976,「哲学探究」『ウィトゲンシュタイン全集8』大修館書店.

Wittgenstein, L., 1975, C. Diamond ed., *Wittgenstein's Lectures on the Foundations of Mathematics, Cambridge, 1939*, Chicago: The University of Chicago Press. ＝大谷弘，古田徹也（訳），2015,『ウィトゲンシュタインの講義 数学の基礎篇 ケンブリッジ 1939 年』講談社．
Wittgenstein, L., 1979, A. Ambrose ed., *Wittgenstein's Lectures Cambridge, 1932-1935*, London: Basil Blackwell. ＝野矢茂樹（訳），1991,『ウィトゲンシュタインの講義Ⅱ ケンブリッジ 1932-1935 年』勁草書房．

さらに勉強したい人のための文献案内

①田中智志，山名淳（編著），2004,『教育人間論のルーマン』勁草書房．
　　本書はルーマンの理論をもとに、教育や人間形成のメカニズムを再検討するものである。とりわけ第四章では、原理的には存在しないはずの「教育のテクノロジー」の役割を補いながら、教師の児童生徒に対する働きかけを支えるものとして存在する、「因果プラン」とは何かが論じられる。

②鬼界彰夫ほか，2011,『ウィトゲンシュタイン』（KAWADE 道の手帖），河出書房新社．
　　本書は近年のウィトゲンシュタイン研究の動向と、ウィトゲンシュタイン的なアプローチに基づく諸論考を分かりやすくまとめた一冊である。

第13章　学校における教育的関係の編み直し
―道徳教育における教師の立ち位置に着目して

小川哲哉・上地完治・小林万里子

本章の概要

　子どもが大人とは異なる存在――保護され、労働を免除され、教育を受ける存在――として析出されることによって、近代の学校教育は成立した。成熟した大人が、未成熟な子どもに配慮し、教育するという「大人－子ども関係」をプロトタイプとして、学校での教師と子どもとの関係は端的に「教える」－「教えられる」関係と説明できよう。そしてそれに対して、19～20世紀転換期の新教育運動に典型的に見られるように、子どもはただ「教えられる」だけではなく「学ぶ」存在でもあることが、教育をめぐる議論において強調されてきた。

　しかし、そうなると今度は、「学ぶ」存在である子どもに対して、教師がどのような立ち位置を取るべきかが問題となってくる。教育実践を語る言説では一般的に、「主体－客体」関係として教育的関係を捉える視点が批判され、「主体－主体」関係が奨励されてはいるが、では、「主体」としての教師は「主体」としての子どもに対して、どのようにその主体性を発揮することができるのだろうか。

　子どもとの関係から教師の主体性のあり方について考えるために、本章では学校における道徳教育を取り上げる。というのも、こうした問題は、「考え、議論する道徳」への転換を図って2015（平成27）年に「特別の教科　道徳」となった道徳科の授業においても重要となってくるが、同時に1958（昭和33）年の「道徳の時間」の特設以来の課題でもあったからである。

第1節　道徳教育における教師像
―「子どもの主体的な学習を促す教師の指導」という問題

(1) 子どもに寄り添う教師

　戦後日本の道徳教育の出発点は、修身（科）教育への反省と批判であった。特定の授業時間を設けた指導は退けられて全面主義が打ち出されるとともに、子どもに対する教師の姿勢にも根本的な転換が求められた。例えば教育課程審議会「道徳教育振興に関する答申」（1951年）において「道徳教育の方法は、児童、生徒に一定の教説を上から与えて行くやり方よりは、むしろそれを児童、生徒に自ら考えさせ、実践の過程において体得させて行くやり方をとるべきである」と示された（教育課程審議会 1951 ＝貝塚 2003: 246）。

　より具体的な記述を含む文部省「道徳教育のための手引書要綱」（1951年）を見ると、小学校では「教師が児童のなかまにはいり、児童と協力し助けあって、一つのしごとをやろうとすることは、つねに道徳教育のために、よき道をひらく」（文部省 1951: 33-34 ＝貝塚 2003: 289-290）とされた。高等学校での道徳教育に関しても「それぞれの分野において真理を求めて、真剣な努力を続けてゆく教師の学究的態度、生徒のひとりひとりに対して個人の権利を尊重する教師の民主的な態度、生徒たちの人生に対する悩みや疑いに対して、いささかも冷笑的な態度を示したり、なげやりな指導をすることなく、自分もまたこうした問題をともに悩み考えてゆこうとする教師の人間的な姿」（文部省 1951: 50 ＝貝塚 2003: 306）の重要性が強調された。個々の子どもに向き合い、寄り添う教師の姿が理想として描かれたことが読み取れる。

　1958年に小・中学校の教育課程に道徳の時間が設けられ、学校における道徳教育は全面主義から全面・特設主義へと移行したが、教師像に大きな変化は見られない。「民主的な道徳を形成すること」をめざして行われる道徳の時間の指導にあたる教師には「真剣に児童の問題に取り組み、ともに考えともに問題を解決していこうとするとともに、教師自身みずからを高めようとする態度」が要請された（文部省 1958a: 21-22）。1958年秋に文部省が開催した道徳教育指導者講習会では「けんそんな態度でいかにしてこどもたちといっしょに歩むかという心構えこ

そが大事」(文部省 1959：120-121)、「親なり教師なりまた政治家も、みずから道徳的行為をなし、子弟同行の精神をもって［中略］社会の道徳的水準を高めていくという心構えで努力する必要がある」(同上：141)といったメッセージが小・中学校教師に向けて語られた。道徳の時間を特設しても学校の教育活動全体を通じて行う道徳教育を重視した全面・特設主義をとるかぎり、学級や学校の雰囲気づくり、子どもの多面的かつ共感的な理解、子どもへの愛情や教師としての使命感、教師のふるまいだけでなく真理への探究心や謙虚さが子どもに感化することなどが重視されたのである。

(2) 子どもどうしの関係を築く教師

　道徳の時間の成立期に創出された「子どもに寄り添う」教師像は、その後の小・中学校学習指導要領および指導書や解説にも受け継がれていく。それは道徳の指導内容を「教師も生徒もいっしょになって理想的な人間のあり方を追求しながら、われわれはいかに生きるべきかを、ともに考え、ともに語り合い、その実行に努めるための共通の課題」(文部省 1958b: 24-25)とする捉え方に端的に看取できよう。

　道徳の時間における具体的な授業実践を考えると、子どもたちの人間関係への配慮が前景化する。「道徳指導の効果をあげるためには、よい学級のふんい気を作ることが必要である。学校における児童の生活の基礎的な場である学級に、道徳的規範を尊重する空気がみなぎっていなければ、指導の効果はあがらない」(文部省 1958a: 24)。また、「子どもが道徳的規範を尊重するのは、その規範が行われている集団に対する所属感を持ち、集団の成員に対する連帯感があるから」(文部省 1958b: 27-28)などと説明された。学級内の人間関係が道徳授業に影響を及ぼすだけでなく、道徳授業が学級の文化や風土を形成するという積極的な意義が示唆されたのである。

　この考え方は次第に道徳授業と学級経営との相補性として明示されていく。「道徳の時間の指導は、学級での温かな心の交流があって効果を発揮する。児童［中：生徒］と教師の信頼関係や児童［中：生徒］相互の人間関係を育て、一人一人が自分の感じ方や考え方を伸び伸びと表現することができる雰囲気を日

常の学級経営の中で」つくっていくと、学級には「一定の道徳的傾向」[小]や「温かい人間関係」[中]が生じると期待されている（文部省 1999a: 68／文部省 1999b：69。同趣旨の記述は文部科学省 2008a: 79 や文部科学省 2008b: 82 にも見られる）。

(3) 道徳授業を展開する教師——道徳授業論にみる教師の役割

　道徳授業の指導方法が論じられる際には、授業展開における教師の役割に焦点が当てられる。授業中の子どもへの教師の関わり方がどのように描かれてきたかを、いくつかの授業論をもとに明らかにしよう。

　価値の多元化や相対化が進む現代社会では子どもに価値を伝達することはできず、自分らしい生き方の追求が必要であるとの立場から提唱された授業論として価値の明確化がある。価値の明確化の授業で子どもは「価値のシート」を用いて自分自身を見つめ、小グループや学級全体での話し合いを通じてそれぞれに価値表現していく。教師は、学級内に受容的な雰囲気をつくることや、授業において子どもの思考を刺激する資料を提示するほか、子どもの発言に対する共感的な姿勢を示して、一人ひとりの子どもが表現する考えがすべて受容されることを体現する役割を担うこととなる。

　同じく価値の伝達を退けて子どもどうしの話し合い（ディスカッション）を重視するモラルジレンマ授業では、その成立要件として学級に「公正や正義を重んじ、思いやりを大切にする道徳的雰囲気や風土」を作ることが主張される（荒木 1990: 9）。そのうえで、授業中には子どもが自発的に発言することが推奨されるものの、一段階上位の考え方に触れたり役割取得を促したりするための教師の発問が、授業展開において不可欠となる。

　これらの授業論は、現在に至るまで一般的に実践されている基本型（価値内面化）授業への批判として打ち出されたものである。基本型授業は導入・展開・終末から学習指導を構成する。端的に言えば、このうち導入と終末では子ども自身の生活との関連づけを図り、展開では教材を用いた話し合いが主な学習活動となる。各段階の役割が明確に規定されるため、授業は教師の発問によって進行する。基本型授業では先述の「子どもに寄り添い」「子どもたちの関係を築く」教師像が前提とされ、子どもの主体的な学習が企図される一方で、授業展開における教

師の主導性が必然的に求められる。

(4) 授業における教師の主導性

　道徳の教科化に向けた議論に際して、道徳授業では「読み物の登場人物の心情理解のみに偏った形式的な指導が行われる例があることや、発達の段階などを十分に踏まえず、児童生徒に望ましいと思われる分かりきったことを言わせたり書かせたりする授業になっている例がある」（中央教育審議会 2014: 11）と批判された。こうした批判は、基本型授業が教師の発問を軸として進行することにも起因するであろう。発問のタイミングを計る教師は往々にして子どもたちの発言に込められた思いや意図よりも授業展開を優先してしまうからである。ただしこの問題は、基本型授業のみならず、ディスカッションの深まりに際して教師の発問を重視するモラルジレンマ授業にも該当する。さらに言えば、道徳授業に限らず、子どもの主体的な学習を実現するための教師の指導のあり方の問題に行き着く。

　戦後日本の道徳教育では、「正解」を知っている教師と知らない子どもという図式が成立しない。そのため、子どもに対する教師の姿勢や学級内の人間関係、なかでも子どもの主体的学習を促進する教師のあり方は常に問われてきた。近年、「主体的・対話的で深い学び」をもたらす「考え、議論する道徳」授業への転換が打ち出され、この問題に改めて光が当てられたと言える。

　次節で詳説する茨城県立高等学校の道徳教育実践は、この問題に関わる具体的な取組として注目される。同県では 2007 年度より高校 1 年生に道徳の時間を創設し、2016 年度からはそれを 2 年生にも拡大している。特に 2 年生の道徳プラスでは、生徒の主体的な学習を推進する話し合いや体験的な活動が重視されており、小・中学校の道徳科授業に先鞭をつけると見なすこともできよう。

第 2 節　考え、議論する高校道徳

(1) 茨城県の高校道徳教育実践

　周知のように学習指導要領の高校道徳は、基本的に学校の教育活動全体で行うことになっており、小・中学校のように週一回の「特別の教科　道徳」（道徳

科）の授業で補充・深化・統合することにはなっていない。

　ところが茨城県では必修の道徳教育として、全ての県立高校の1年生で補充・深化・統合を行う「道徳」（年間35単位時間）を総合的な学習の時間で、さらに2年生に対しては特別活動のホームルーム活動の時間を活用した「道徳プラス」（年間10単位時間）が行われており、このような試みは全国的にも極めて少ない。特に高校2年生の道徳プラスでは、「討議型」と「協働型」の道徳教育実践がなされている（茨城県教育委員会 2016: 2-3）。前者では、道徳的価値対立のあるテーマを生徒同士が「討議（話し合い）」を通して問題解決を目指す教育実践が、後者では、道徳的行為に関する体験的な学習を行う「モラルスキルトレーニング」が行われている。どちらの実践においても、道徳的価値の学びを単なる心情的理解で終わらすのではなく、生徒の実践的な意欲や態度を通して理解させることに主眼が置かれている。

　ここで注目したいのは、討議型の道徳教育実践である。討議型の授業では、生徒たちが意見対立のあるテーマを持つ教材をめぐり自由な討議を行い、相互理解を深めた上でクラス全体の討議に発展するようなスタイルを取っている。このようなスタイルの授業で求められるのは、課題や問題を発見し、解決を図る学習活動（J. デューイ）や、相互理解を図るコミュニケーション活動（J. ハーバーマス）、さらには自他の主張をお互いに尊重し合う対話活動（Win・Win 型対話）であり、そうした諸活動に基づいて討議が進められる。そのため討議型の道徳教育実践においては、生徒同士が討議する話し合いに教員も加わる関係性が見いだせるため、共同探究を目指す教育的関係の一形態として興味深い。

　ここでは道徳プラス（2016 年度から実施）の授業モデルとして、2014 年度に先行して行われたA教員によるB高校の授業実践（X組、Y組）を取り上げ（小川ほか 2014: 135-145）、教員へのインタビューや生徒たちの討議活動における言説を分析し、そこから解釈できる生徒同士の関係や教員と生徒との関わりを明らかにすることで、生徒間と教員との関係性がどのように変容していったのかを論究してみたい。

第 13 章　学校における教育的関係の編み直し　197

(2) 公共問題の授業実践

本授業では、以下のような教材「公共施設と住民自治」（小川 2014: 91-93）を使って公共問題の討議活動を行った。

> 　A 町の郊外にゴミ焼却場を建設する計画が立てられたことは、町民の大きな話題になった。A 町は、B 市の郊外に位置し、緑の森林という豊かな環境に囲まれた住宅地になっていた。多くの住民は B 市の職場に通っており共存関係にあったが、A 町の豊かな環境に大きな影響を与えるゴミ焼却場の計画に町民の多くが承服できなかった。都市部の住民たちが大量に排出するゴミを、なぜ A 町が処理しなければならないのか。当然、反対運動が起こり、町民の多くが計画の中止を訴えた。建設の是非をめぐる公聴会は、このような中で開催された。A 町で行われた公聴会には多くの町民だけではなく、B 市の住民や市関係者も多数参加した。

　教材では、この公聴会の記録を取った D 記者が、対立する A 町と B 市の住民や関係者がどのような解決策を提示するかをまとめた新聞コラムを、生徒たち自身が D 記者になって考える内容になっている。公聴会の記録では、A 町長が、建設計画は B 市関係者との慎重な検討会を経て、第三者機関の学術的意見に基づいたものなので、環境問題（ダイオキシン等の汚染物質問題）は起きないと述べる。それに対して A 町民たちは、環境問題への懸念と焼却場の恒久化の問題を主張し、自然保護の立場から反対する。B 市関係者は、B 市のゴミ問題の深刻さを指摘し、勤務先が B 市の住民も多い A 町民の協力を求めるが、議論は平行線のまま次の公聴会に継続されることになる。このようにゴミをめぐる公共問題の解決策を、D 記者がどのようにコラムにまとめるかをめぐり生徒たちは討議することになった。

　授業では、X 組と Y 組それぞれ 7 グループに分かれて対立する公共問題の解決をめぐる議論を行っている。教員は適宜各グループの討議に加わりながら、生徒たちの自由な意見交換を促す役割を果たしている。授業の終末には、各グループ討議のまとめの発表が行われている。

　近年次第に変化してきたといっても、一般に高校教員の教授意識は、義務教

育の小・中学校と比べると専門的な意識が強く、各教科が横断的に連携する教授スタイルよりも、個々の教科のアイデンティティを維持して行こうとする傾向は強い。そのため高校では、教員が主導する講義形式の授業が多いといわれている（ベネッセ教育総合研究所 2016）。A教員もそのような意識を強く持っており、道徳プラスの授業前には、討議型の教育活動に対する次のような不安を抱えていたと語っている。

> 正直に言えば、討議活動を生徒に任せてしまうことに不安を持っていました。本当に生徒たちだけで問題解決へと導くようなD記者のコラムがまとめられるのだろうか。さらに教員が教える際には、環境問題に対する知識・情報を生徒たちよりも多く知っている必要があると思っていました。

このようなA教員の不安から読み取れるのは、授業は教員による教授が前提であり、生徒同士の学びではそれが実現できないのではないかという先入観である。そのため彼にとって教授とは、教員が主体となる教育行為であり、それを生徒に対して施すことを意味している。しかも教授の際に教員は、生徒よりも知識・情報の量を凌駕することが重要であり、その意味で典型的な知識伝達型の教授意識が強いことが分かる。

ところが、A教員の不安とは大きく違って、生徒同士の討議からは多種多様な意見表明がなされることになった（小川ほか 2014: 140-143）。ここでは、グループ討議後の全体討議で出された意見の一部を紹介しておきたい。

> 〈X組〉
> ①ゴミ料金をA町はゴミ焼却場の建設のため安く、B市は高くする。
> ②ゴミの多いB市の料金を高くすることで、ゴミの量を減らす効果も狙う。
> ③ゴミ料金の予算でA町の環境保護（フィルターの点検・修理等）に使う。
> ④焼却場の熱等を利用した福祉施設（温水プール等）や、発電所を建設してA町の電力問題を解決する。
> ⑤焼却場・施設等の雇用はA町を中心にして、失業対策とする。

〈Y組〉
① A町とB市が合併して問題解決に当たる。
② A町とB市の協議の結果を、第三者の立場からC市に評価してもらう。
③ B市に環境保護税をかけA町の諸問題（失業、環境、動植物保護等）の解決を図る。
④ ごみ焼却場に発電所を建設し、A町に電気を安く提供する。
⑤ A町とB市の境界線上にゴミ焼却場を建設することで合意を図る。

このように、生徒たちの全体討議の意見では、単に環境的側面からの解決だけではなく、環境保護税の導入や失業対策等の経済的側面、A町とB市を合併させるという政治的側面からの解決、福祉施設の建設等の社会的側面からの解決策等々、非常に多岐にわたっていた。A教員は、こうした生徒たちの意見に対して次のように語っている。

これほど多様な意見が出るとは思っていませんでした。特にA町とB市双方の主張を第三者のC市に評価させる発想は想定できませんでした。討議中の各グループでは、他者の意見を聞いて、その意見に自分のアイディアを加えていく生徒も多くいました。

　グループ別の討議を経て全体討議に至る学習活動において、授業のイニシアチブは生徒たちに移され、そのためA教員が当初意識していた教員主体の教育的関係ではなく、生徒同士が主体となる教育的関係が現れ、学習活動の中心は生徒たちに置かれることになった。しかも生徒たちの自由な討議活動によって、教員が予期したよりもはるかに多様な解決策が提示された。こうして当初は教える対象と見なされていた生徒たちは、自由なコミュニケーション活動を通して極めて能動的な学習活動を展開し、多様な解決策を模索しながら、異なる考え方や価値観と対峙することになった。
　このように生徒たちの全体討議では、A教員の想定を超える多種多様な意見が出されたが、それらの意見の解決策の内容をつぶさに見ていくと、A町に負担を強いる代わりに、B市が何らかの支援策や対応策を示すものや、A町とB市の双

方がメリットとデメリットを共有する施策や、両者の解決への努力を第三者の立場から公平に判断してもらう方策等、実に様々な意見が出されている。

これら諸々の意見は、その多様さゆえに一致点がないようにも見えるのだが、どの意見も個々の生徒が個人的な考えを一方的に主張したものではなく、個々の見解の中にも共通したものが見いだせるように思う。その意味では、個別の意見が合意形成を目指すことなくバラバラに出されたものではなく、個々の解決方策には確かに違いがあるにしてもA町もB市も両者が納得できるある種の終着点を求めて討議がなされているように思われる。したがって全体討議の意見は、オープンエンドで収束するものではなく、議論の終着点を目指した緩やかなクローズトエンドになっているのではないだろうか。このような合意形成に至る討議活動が、茨城県の高校道徳活動の特徴と言えるだろう。

第3節　シティズンシップ教育が道徳教育に示唆すること

「特別の教科　道徳」の授業では、「社会の持続可能な発展などの現代的な課題の扱いにも留意し、身近な社会的課題を自分との関係において考え、それらの解決に寄与しようとする意欲や態度を育てるよう努める」ことが、学習指導要領に新たに書き加えられた。前節で紹介した道徳プラスの討議型授業は、その具体的な先進事例と位置づけることができる。道徳プラスのように道徳授業において公共問題を扱う場合、学習者である生徒だけでなく、指導者である教師もまたその有効な解決策を知っているわけではない。このような学習を道徳授業で展開するとき、教科化の議論の中で一旦は注目されたシティズンシップ教育の基本的な考え方は、教師と児童生徒との教育的関係、とりわけその教育的関係における教師の立ち位置の問題を考える上で示唆的である。

(1) 道徳の教科化とシティズンシップ教育

シティズンシップ教育

日本語では市民性教育とも訳されるシティズンシップ教育は、世界のグローバル化や知識基盤社会の到来に加えて、貧富の差の拡大、社会分離への不安、

民族主義や人種差別の台頭、投票率の低下などに見られる社会参加への意欲の停滞などといった課題意識を背景に、ヨーロッパやカナダなど世界各地で注目されるようになってきたという（森 2010: 1-3）。イギリスでは 2000 年版のナショナルカリキュラムにおいて必修科目としてシティズンシップ教育が導入され、2002 年から実施されている。イギリスにおいてシティズンシップ教育の必修化に重要な役割を果たしたバーナード・クリックは、このシティズンシップの意味を、「市民的共同社会において公的な目的のために個人が互いに働きかけあうことを理想とし、市民的自由が確保され自由な市民によって活用される状況に結びついたシティズンシップである」と述べている（クリック 2011: 137）。そして彼は、このシティズンシップ教育の目標が、「能動的で責任ある市民を創りだすこと」（同上: 169）だと規定している。

日本の小・中学校におけるシティズンシップ教育の事例としては、お茶の水女子大学附属小学校で 2002 年度から実施された「市民科」と、その後 2008 年度から実施された公共性を育むシティズンシップ教育の実践、東京都品川区の小・中学校で実施された「市民科」、琉球大学附属中学校の「選択社会」として実施された町づくり学習などが挙げられる（水山 2010）。

道徳の教科化とシティズンシップ教育

渡邉満は道徳の教科化の意義として、「政治的な思惑はともかくとして」と断ったうえで、これまでのような個々人の内面の枠内にとどまる学習ではなく、「個々人が各々参画する社会の主体的な構成員として活動するために必要な力を育成する任務」が、道徳教育に課せられていることを明示したことにあると指摘している（渡邉 2016: 7）。こうした授業改善の方向性をさらに推し進めると考えられるのが、教科化の議論の中で登場し、結果的に学習指導要領には示されなかったが注目を集めたシティズンシップ教育である。

道徳教育の充実に関する懇談会が平成 25 年 12 月に取りまとめた報告書「今後の道徳教育の改善・充実方策について」では、「自分自身も社会に参画し、役割を担っていくべき立場にあることを意識させたり、社会の在り方について多角的・批判的に考えさせたりするような、社会を構成する一員としての主体的な生き方に

関わる教育（いわゆるシティズンシップ教育）の視点に立った指導も重要となる」（道徳教育の充実に関する懇談会 2013）と指摘された。

シティズンシップ教育が示唆する教育的関係

　シティズンシップ教育の導入はたち消えてしまったものの、道徳科の授業では現実の社会に存在する諸問題を取り扱うことが強調された。2017年改訂の学習指導要領では、道徳科の授業において、「社会の持続可能な発展などの現代的な課題の取扱いにも留意し、身近な社会的課題を自分との関係において考え、それらの解決に寄与しようとする意欲や態度を育てるよう努めること」が授業の留意点として挙げられている。現実の社会問題を道徳学習の課題として位置づける必要性は、先述した渡邉の主張にも表れていたとおりである。

　現実の社会問題には通常、正解が予め存在しているとは考えられない。そのため、こうした学習は正解の伝達というスタイルではなく、まさに多面的・多角的に考え、議論することを必要とする。先述したクリックは、重要な社会概念や道徳概念はつねに、異なった集団により、異なった目的のために、異なった仕方で定義される、「本質的に論争的な概念」であると述べている（クリック 2011: 13）。したがって、教師も「最適な解決策を知らず、それを求める者」として子どもたちと同様の立ち位置から現実の社会問題と対峙することになる。

　ガート・ビースタは、シティズンシップ教育が特定の市民像を設定した上で、そのモデルへと子どもたちを社会化するような教育になってしまうのではないかと懸念する。「もし私たちが民主主義とはなんであり、民主主義が意味するものはなんであるかを容易に定義できるとすれば、教育の仕事というのはある意味で簡単である。というのも、わたしたちは、次の世代を、すでに前もって決められた民主的なアイデンティティへと社会化するだけでよいからである」（ビースタ 2014: iii-iv）。その意味で、シティズンシップ教育における教師と子どもたちの関係は、「主体－客体」関係ではなく「主体－主体」関係となることが求められる。

(2) 社会的で構成的な道徳教育へ

個人を出発点とした公共性の構築

　茨城県で実施されている道徳プラスのような討議型のシティズンシップ教育を道徳教育へ導入することは、道徳的な内容に関する以下のような原理的変更をもたらすといえる。

　道徳を、既存の社会における価値観やルールの伝達という社会化の観点から捉えると、そこにはすでに定まった道徳的内容が存在し、道徳授業ではその社会で通用している（流通している）正しい内容を伝達する時間だということになる。インカルケーションと呼ばれる道徳教育の原理はこの観点から構成されている。

　他方、道徳を個人的な価値観として捉えた場合、道徳の内容は一人ひとり異なるため、「正解」は設定されず、個々の価値観に対しても「正しさ」を問うことはできないとされる。道徳教育の原理では、価値の明確化という考え方がこれにあたる。価値の明確化においては、一人ひとりの価値観はそれぞれ個々人によって構成されていると捉えられる。

　インカルケーションのようにその正しさが確定したものを確定的と表現するならば、インカルケーションとは社会的で確定的な道徳の捉え方を表している。この場合、正しさは確定していると考えられているため、その教育原理は伝達とならざるを得ない。しかも、一人ひとりの考え方は道徳の内容には反映されない。他方、価値の明確化の場合には、道徳は個人的なもので、かつ確定していない構成的なものとして捉えられ、その結果、道徳において正しさが問えないという状況を招いてしまう。

　これに対して、討議型のシティズンシップ教育は社会的で構成的な学習であるという特質を有する。この場合、個人の自由な意見を出発点とした上で、その自由な意見を吟味することで道徳的な正しさをも求めることができる。もちろんこの場合、道徳的な正しさは既存のものとしてではなく、議論を通して構成されるものである。

　こうした討議型のシティズンシップ教育における社会的で構成的な道徳学習は、いわば「個人を出発点とした公共性の構築」をめざすものである。従来の観点では、公共性とは社会を支える一種の秩序を意味し、こうした秩序は既存の社会に

既に存在しているものと捉えられている。したがって、公共性を重視するという態度は必然的に既存の価値観や思想の受容を求めてきた。2006年の教育基本法改正時にも公共の精神が強調されたが、そこで含意されていたのは、「公共の精神等、日本人が持っていた『規範意識』を大切に」し、「それらを醸成してきた伝統と文化」を尊重することであった（文部科学省 2006）。そのため、教育基本法の改正は既存の社会秩序や日本の伝統文化の重要性を喚起するものとして捉えられたのである。

しかし、個人の考えを出発点とした構成的なものとして公共性を捉えるならば、それは既存のものではなく、たえず吟味され構成されるものとなる。しかも、集団による吟味を経ることで、個人を出発点とした公共性はたんなる主観を越えて、ハーバーマスのいう「真理の合意説」、すなわち、妥当性要求の間主観的な承認による妥当性が付与されたものとなる（ハーバーマス 2000: 97-98）。

(3) 社会的で構成的な道徳教育における教育的関係
社会的で構成的な道徳教育における教師の立ち位置の問題

道徳授業においてこのような公共性、すなわち、個人を出発点とした公共性の構築をめざす場合、それが教師による伝達型の授業では達成不可能であることは明白である。この意味で、教師と児童生徒との教育関係は「主体 – 主体」関係としてひとまず表現されるだろう。

ただし、ここでの教師の「主体」と、児童生徒の「主体」は決して同一の意味内容を示すものではないことに注意が必要である。社会的で構成的な学習においては、確かに教師は児童生徒同様、唯一の正解や有効な解決策を知っているわけではない。個人を出発点とした公共性の構築という難題の前に立ちつくしているという意味では、教師は学習者と同列に立っているといえる。

しかしながら、教師が学習者と完全に同列に立つとき、つまり両者が共に「学習者」という同質な主体として立ち現れるとき、両者の間に教育的関係は成立不可能となる。なぜなら、教師は学習者とは異なる「教師」という役割を引き受けなければ教師として学習者の前に立つことはできず、それゆえ教育的関係も成立不可能となるからである。教育が単なる対等な人間関係を越えて、教育的関係と

いう固有で専門的な関係となるためには、教師が学習者とは異なる固有で専門的な役割を担わなければならない。

　前節の茨城県の事例でも、生徒同士の主体的な討議による合意形成活動に対して教師がどのように向き合うのかは大きな課題として残されているといえよう。おそらくその際に教師は教師固有の役割を担う主体――児童生徒とは異なる役割を果たす主体――として児童生徒に立ち会う必要があるのではないだろうか。

教えることの復権？

　教育的関係において学習者の主体性が強調される近年の傾向に反発して、教師の「教える」という行為の復権を叫ぶ声も聞かれるようになってきた。たとえば先に引用したビースタは、伝統的な教授方法に対する批判が教師の役割を「壇上にいる賢人」から「子どもの傍らにいる支援者」や「子どもの後ろにいる仲間」へと変えてしまっている教育学の現状に対する問い直しとして、『教えることの再発見』という著書を著している。ビースタはこの本の中で、「教えるということの中に、あるいは教えることを通して、生徒が世界の中に、世界とともに主体として存在することを意味するもの」（ビースタ 2018: 5）を探索する可能性を見出している。日本でも、市川伸一が、「導入部分から自力発見、協同解決を促し、帰納的に知識を獲得させようという『教えずに考えさせる授業』」を批判して、「教えて考えさせる授業」を提唱している。市川が求めていることは、教師が丁寧に教えて子どもに習得させる活動と、子どもによる探究活動との結びつきやバランスである（市川 2008: v）。

　教えることの復権とも呼びうるこの動向は、子どもの主体性を重視する教育的関係において、教師の専門的な役割に再度目を向けるという意味では意義あることである。だが、こうした動向がたんなる「先祖返り」になってしまっては意味がないだろう。また、教えることと学ぶこととのバランスによって教師と学習者との関係を語ろうとする試みも、教師の教えるという行為が課題を孕んでいた従来通りのまま再肯定されてしまうという点で、問題の解決と呼ぶことはできない。教えることの復権においても、「教える」という行為の質的転換が求められなければならないのである。そして、教えるという行為の質的転換を探る手掛かりは、子どもの主体

性を育てるという営みの中で、教師がどのようにその固有で専門的な役割を果たしうるかという点にあるだろう。

教師の多重な役割

これを道徳教育にひきつけて考えてみよう。シティズンシップ教育から示唆を得て、道徳教育を社会的で構成的なものとして再構築したならば、「正解を教える」教師と「正解を教えられる」子どもという関係は成立しえない。「正解を知らない」という意味で、教師は子どもと同列に位置づけられるのであり、教師も子どもも「学ぶ」存在となる。だが、学校での授業場面を思い浮かべれば、教師はただ子どもと同じく「学ぶ」だけではいられない。

「正解」をさし示すことはできなくても、教師が子どもたちに提供できるものはある。例えば、納得解や解決策に到達するために考慮する必要のある事柄や、考慮した方がよい事柄については、一から子どもたちが模索し探索するよりも、教師があらかじめ材料をそろえ、必要に応じて提示することができるだろう。議論を進めるときに有効な方法やツールは、教師がこれまでの教職経験をもとに、また子どもの発達段階に配慮しつつ、準備しておいて、子どもたちに提案することができるだろう。つまり、子どもが課題意識を持てるようにしたり、その課題意識に沿った教材を提示したり、教材を通して考えられそうな論点を抽出したり、議論の進め方にアドバイスをしたりすることができるのは、「学習者ではない」教師である。

たしかに、こうした教師のふるまいは、旧来の「教える」行為のなかに含まれていたようにも思えるだろう。だが、それらの行為は「正解を教える」という目的に最短で到達するための手段とみなされていたのではないか。一方、社会的で構成的な道徳教育では、納得解に近づくための議論が重視されており、複数ある選択肢のなかから議論を展開するにふさわしい方法を選び出すことが求められる。そのため、教師はあらかじめ準備したものを教師の意図に基づいて学習指導案通りに与えるのではなく、子どもの学習の展開に応じて臨機応変に差し出す必要がある。また、教師が示したものが学習に活かされるかどうかは、教師ではなく子どもたちが決めることであろう。教師は子どもたちの学習を牽引するのではなく、促進する役割を担うのである。

社会的で構成的な道徳授業において、教師はいくつかの役割を果たすこととなる。すなわち、「正解を知らない」がゆえに「ともに学ぶ」者として、子どもたちと同じ目線に立つ。子どもより少し先を見通すことにより、子どもたちの学習の進行に有効と思われる手立てを講じる。その手立ての有効性は子どもたちが決めるのだが、再び子どもと目線を合わせることで、教師自身によっても検証される。授業者としての教師によって一時間の授業は評価され、次の学習構想へと結びついていく。もちろん、子ども自身の思いや願いを汲み取り、言語化してくことも時には求められる。このように考えるならば、教師の主体性は、ただ「教える」だけではなく、また、子どもと同じように「学ぶ」だけでもない多重な役割を、子どもたちの学習状況に応じて自覚的に使い分けるところに発揮されるのである。

今後の課題と展望

　学校でおこなわれている道徳教育を窓口として教育的関係の実際を見てみると、そこには「教える－教えられる」という「主体－客体」関係や「学ぶ－学ぶ」という「主体－主体」関係だけには収束されえない教師と子どもの関係性が求められることが明らかになった。一言では言い表されない教師－子ども関係はそのつどの状況に応じて変容する文脈依存的な関係となり（坂越 2008: 143）、その一端を担う教師には、学習内容や授業の各段階、個別具体的な子どもに臨機応変に関わろうとする多重役割意識が必要となるのである。

　とはいえ、実際の学校現場を思い浮かべたとき、必ずしもすべての教師が多重役割を果たしているとは言えないかもしれない。教育的関係のステレオタイプ的理解が形成され、教師自身がそのステレオタイプに従って子どもに接していることは否めない。つまり、教師は自らが果たしうる多様な役割を、置かれた状況に応じて縮減してしまっているのである。だからこそ、道徳教育に対して半世紀以上前から――「道徳の教科化」ではなく「道徳の時間」の特設の時代から――示されてきたさまざまな教師像が、現実に一般的に見られるものとはなりえず、理念として存在したにすぎなかった状況が長く続いていると言える。

　けれども、先の見通しがたい今後の社会における学校教育の存在意義を考える

なら、これからの教師に多重な役割を意識的に演じ分けることが求められるのは不可避であろう。本章では道徳教育（道徳授業）における教師のふるまいにしか言及できなかったが、おそらく各教科の特性や学校段階によって異なる教師の役割があるだろう。それらを明らかにすると、より多重な教師の役割が描き出されるにちがいない。

引用参考文献
荒木紀幸，1990，『モラルジレンマ資料と授業展開 小学校編』明治図書．
市川伸一，2008，『「教えて考えさせる授業」を創る―基礎基本の定着・深化・活用を促す「習得型」授業設計―』図書文化．
茨城県教育委員会，2016，『高校2年生の道徳プラス 道徳教育指導資料』．
小川哲哉，2014，『主体的な〈学び〉の理論と実践―「自律」と「自立」を目指す教育』青簡舎．
小川哲哉，渡邉英一，渡邊哲郎，2014，「公共性を考える道徳教育実践―高校道徳の事例から―」『茨城大学教育実践研究33』．
教育課程審議会，1951，「道徳教育振興に関する答申」，貝塚茂樹（監修），2003，『戦後道徳教育文献資料集 第I期4』日本図書センター．
クリック，B.，関口正司（監訳），2011，『シティズンシップ教育論―政治哲学と市民―』法政大学出版会．
坂越正樹，2008，「教育的関係」，小笠原道雄，森川直，坂越正樹（編）『教育学概論（教育的思考の作法2）』福村出版．
中央教育審議会，2014，「道徳教育に係る教育課程等の改善等について（答申）」
道徳教育の充実に関する懇談会，2013，「今後の道徳教育の改善・充実方策について」
ハーバーマス，J.，三島憲一，中野敏男，木前利秋（訳），2000，『道徳意識とコミュニケーション行為』岩波書店．
ビースタ，G.，上野正道，藤井佳世，中村（新井）清二（訳），2014，『民主主義を学習する―教育・生涯学習・シティズンシップ―』勁草書房．
ビースタ，G.，上野正道（監訳），2018，『教えることの再発見』東京大学出版会．
ベネッセ教育総合研究所（編），2016，『第6回学習指導基本調査 DATA BOOK（高校版）』（https://berd.benesse.jp/shotouchutou/research/detail1.php?id= 5081：2018年11月10日閲覧）
水山光春，2010，「日本におけるシティズンシップ教育実践の動向と課題」，『京都教育大学教育実践研究紀要』第10号．
森実，2010，「民主主義の危機とシティズンシップ教育」，中山あおい，石川聡子，森実，森田英嗣，鈴木真由子，園田雅春『シティズンシップへの教育』新曜社．
文部科学省，2006，「教育基本法改正法成立を受けての文部科学大臣談話」
文部科学省，2008a，『小学校学習指導要領解説 道徳編』
文部科学省，2008b，『中学校学習指導要領解説 道徳編』
文部省，1951，「道徳教育のための手引書要綱―児童・生徒が道徳的に成長するためにはどん

な指導が必要であるか」，貝塚茂樹（監修），2003，『戦後道徳教育文献資料集 第Ⅰ期 4』日本図書センター．
文部省，1958a，『小学校道徳指導書』
文部省，1958b，『中学校道徳指導書』
文部省，1959，『新しい道徳教育のために』東洋館出版社．
文部省，1999a，『小学校学習指導要領解説 道徳編』
文部省，1999b，『中学校学習指導要領解説 道徳編』
渡邉満，2002，「自己形成的トポスとしての『教室という社会』の再構成―『共生』に基盤をおく道徳教育の可能性―」，教育哲学会（編）『教育哲学研究』第 85 号．
渡邉満，2016，「学校教育の基盤に位置づく道徳教育の課題―グローバル化する現代社会において教育と道徳教育をどのように考えるか―」，渡邉満，押谷由夫，渡邊隆信，小川哲哉（編）『「特別の教科 道徳」が担うグローバル化時代の道徳教育』北大路書房．

さらに勉強したい人のための文献案内

①渡邉満，押谷由夫，渡邊隆信，小川哲哉（編），2016，『「特別の教科 道徳」が担うグローバル化時代の道徳教育』北大路書房．
　　合意を基礎とするハーバーマスの討議倫理学に基づいた道徳教育について、様々な観点から検討された論文が多数所収されている。また、茨城県での高校道徳についても詳しく知ることができる。

②ビースタ，G.，上野正道，藤井佳世，中村（新井）清二（訳），2014，『民主主義を学習する―教育・生涯学習・シティズンシップ』勁草書房．
　　民主主義を学習するということは、伝達という学習モデルではなく、構成主義的な学びになるということが明確に述べられていて、シティズンシップ教育についての重要な視点を学ぶことができる。

第14章　メディア利用のイデオロギー性と抵抗可能性
―メディアのイデオロギー性へいかに抵抗するか

時津　啓

本章の概要

　本章は、教育学におけるメディア概念に注目し、メディア利用のイデオロギー性とそれに対する抵抗可能性を検討する。具体的には、教育哲学の領域で立ち上がった広義のメディア概念――ここでは、言語、身体、都市などが典型的なメディアと見做される――に注目し、これまでとは異なるレベルでメディアのイデオロギー性を捉える。そして、そのイデオロギー性へいかに抵抗できるか。テレビ黎明期における S. ホール（Stuart Hall）の教育実践と若者文化論に焦点をあて、その抵抗可能性を検討する。

　今日教育哲学の領域で議論されている新たなメディア概念は、広義のメディア概念であり、教育（授業設計、カリキュラム編成、教育的関係も含めた教育行為全般）をこれまでとは異なったものとして描き出し、教育の再定義の可能性を開いている。本章は、この議論をアーキテクチャの議論と結びつけ、メディア利用自体が有するイデオロギー性を描き出す。具体的には、実物教授も含めた授業内でのメディア利用自体にイデオロギー性を見出し、その構造を明示する。そして、ホールの試みを手がかりにメディア利用が常に固定化を伴いながらも、抵抗の可能性を有していることを示したい。

第1節　教育学におけるメディアに関する議論

(1) 危険物／教授メディアとしてのメディア
　危険物としてのメディア

教育学はメディアの悪影響を問題にしてきた。例えば、マスメディアをめぐる議論はその典型だろう。例えばカナダで展開されているメディア・リテラシー論は、アメリカ発のマスメディア情報が次々とカナダへ入り込み、若者に悪影響を与えていることを危惧した現職教員らが始めたものである。それゆえに、メディア・リテラシー論は、マスメディアからの情報に対して批判的な読解を生徒に求める。生徒は教育を通して、マスメディアという危険物に対する批判的態度や懐疑心を育て、メディアの悪影響を軽減すべきとされるのである。

教授メディアとしてのメディア

次に視聴覚教育をはじめとした教育論を取り上げよう。「視聴覚機器（テレビやパソコンなど）をいかに授業内で利用する（できる）のか」という問いは多くの教育（学）者が考えてきたことである。これは現在進行形の議論である。例えば、iPadを使った授業開発、ビックパッドが各教室に置かれ、それを使用した授業が推進されるといった具合である。ここでは教授するための道具・手段としてメディアを位置づけ、新たなメディアが登場するたびに、教授上の可能性を議論している。

(2) 広義のメディア

新たなメディア概念

教育哲学者の今井康雄は「メディアに関する議論は、教育学においてごく周辺的な位置しか占めてこなかったように思われる」（今井 2004: 4）と述べ、上述してきたメディア観を次のように特徴づける。第一に、危険物としてのメディアは、「メディアが教育の外側からやってきて教育を攪乱する異物としてイメージされてきた」（今井 2004: 4）ことを示している。第二に、教授メディアについて言えばメディア以前に想定された授業に外から付け加わる、そして支障なく授業にしたがってもらわなければ困る、やはり異物として扱われる」（今井 2004: 4）。

ここで今井が問題にしているのは、メディア自体が教育的な意図とは別に、あるいはそれをこえているのではないかというものだろう。そして今井は言語を典型とするメディア概念を提唱する。教師による指示、意見を引き出すこと、あらゆる教育行為は言語を介して行われている（今井 2004: 5）。そのため、このメディア概念に

したがえば、メディアは教育の外部ではなく、教育の内部に存在するということになろう。

今井のほかにも、教育哲学者の矢野智司は典型的なメディアを身体と見做し、メディアがメッセージをありのまま伝える道具と捉えることを問題にする。そして、人の経験や体験を媒介するモノやコトの視点から教育行為を捉えようとする（矢野 2014）。さらに、教育哲学者の山名淳は都市をメディアと見做し、メディアがモノやコトとして存在することに注目し、その観点からアーキテクチャとしてのメディアがいかに人間の行為や考えを拘束するのかを示す（山名 2015）。このように教育哲学者の中には、広義のメディアに注目し、そこから教育行為を定義しなおそうとする者もいる。

モノとしてのメディア――二つの事例から

現在今井らは新たな展開としてモノとしてのメディアという考えを提唱している。例えば、今井はナチズム期の授業映画に注目し、それが即物的な構成であるにもかかわらず、授業実践においてはイデオロギー的に利用されたことを見出している。例えば、ハジロコチドリという授業映画は鳥の生態を映したある種のドキュメンタリーである。しかしながら、それが授業実践では優生学の文脈で取り扱われ、動物の本能の重要性として扱われている。本能があるものだけが生き残ることができる、そうでないものは生き残れない、と（今井 2014: 6）。もちろん、映画は加工物であり、上記の例は教師が意図にしたがって、うまくメディアを利用した例だろう。逆のケース、すなわちうまく利用できないケースも存在する。

2008 年に TBS で放送された『エジソンの母』を取り上げよう。小学校一年生の担任教師はみかんを使って「1 + 1 = 2」を教えようとする。「ここにみかんが 1 個あります。そしてここにもう 1 個みかんがあります。1 個のみかんと 1 個のみかんを足すと 2 個になります。1 足す 1 は 2 です。わかりましたか」。そうすると、ある児童が「どうして？」と疑問を投げかけ、前に出てきて片方のみかんを半分にする。「僕はお母さんとみかん食べるときはこうして食べるよ。こうすると 1 + 1 = 3 になるよ」「それにみかんに中には 12345678、8 房あるから 1 + 1 は 10 よりもっと多くなるよ」「それに 1 個のみかんにはつぶつぶがいっぱいあるから 1 + 1 はもっ

ともっとすっごくおおいよ」。教師はモノを使用して、児童に分かりやすく伝えようとした。しかしながら、ここで児童は教師の意図とは異なった解釈を行っている。

この二つの事例から明らかになるのは、次のような仮説である。すなわち、ハジロコチドリの授業映画が示すように、メディア利用それ自体がイデオロギー性を有しているのではないか。さらに、『エジソンの母』の事例が示すように、子どもにはそのイデオロギー性に対して抵抗する余地があるのではないか。次節では、まずメディア利用のイデオロギー性を検討していく。

第2節 メディア利用のイデオロギー性

(1) メディア利用と教育的関係

保護主義に基づくメディア利用

近年の学校教育の動向に注目しよう。というのも、ここには相反する二つの利用法が同時進行しているからである。例えば、一方で新しく改訂された学習指導要領ではプログラミング教育が推奨されている。生徒らは、あらゆる教科で情報通信ネットワークの構成、情報活用のための基本的な仕組みを理解するように求められている。他方で、多くの学校はスマートフォンをはじめとした情報機器を持ち込むことを禁止している。学校は、生徒らにスマートフォン等を学校に持ち込ませまいと躍起になっているようにも思える。

このような事態にもメディア利用のイデオロギー性を見出すことができる。プログラミング教育の推奨には産業界の意向をくみ取ることも可能である。さらに、スマートフォンの持ち込み禁止には学校による管理の意向をくみ取ることもできよう。どのように考えるべきだろうか。ここで手がかりとなるのが保護主義という考えである。

イギリスのメディア教育学者 D. バッキンガム（David Buckingham）は、「保護主義をこえて」という論文の中で、メディア教育には「防衛」の側面があると述べている。バッキンガムによれば、「防衛」とは、メディアの否定的な影響に対して、さまざまな方法で子どもに予防接種（inoculate）を施し、保護しようというものである（Buckingham 1998: 36）。例えばイギリスにはジャーナリズムや通俗小

説、広告に素材を求め、授業を行う伝統があった。バッキンガムによれば、その使命は「文学的遺産と、それが体現・表象している言語、価値、国家繁栄の保存 (salvation) であった」(Buckingham 1998: 34)。

さらに、バッキンガムは左派的な教育理論（例えばアメリカの H. ジルー (Henry Giroux) ら批判的教育学者）が次のような教育的関係を描いていると指摘する (Buckingham 1996: 644)。左派的な教育理論は、児童・生徒への「エンパワーメント」と抑圧からの「解放」を追求している。そのため、「いかに児童・生徒が抑圧されているのか」に重きを置き、児童・生徒をポピュラー文化などの「受動的な被害者」と見做す。その一方で、教師はポピュラー文化のイデオロギー性を明示し、児童・生徒へ「エンパワーメント」と「解放」をもたらす「救世主 (saviours)」として描き出される。

確かに一見積極的に教育のメディア利用を説く言説（例えば視聴覚教育等）は、保護主義という考えとは異なるように思える。そもそも危険物であるならば、積極的に教育で利用しようとはしないはずである。しかしながら、今井の言葉を借りて説明した通り、ここでメディアは教育にとってあくまで異物であり、支障なく授業内におさまる存在である。裏を返せば、生徒に害を及ぼさない範囲でメディアは利用できるという確信を読み取れる。プログラミング学習に典型的に示されるメディア利用の根本にも保護主義を確認できる。敷衍すれば、保護主義の範囲内、教師の管理内で児童・生徒の自発性や学習意欲を喚起するためにメディア利用は説かれていると言えよう。

メディアの中の教育的関係

上述してきたように、異物としてメディアを捉えると、メディアは教師の管理下で、排除あるいは利用されるものと捉えることができる。しかしながら、今井らにしたがえば、むしろメディアは教育にとって都合よくコントロールできるものではない。例えば、授業場面、生徒指導の場面で教師は言語を使用して生徒に自らの意図や教育内容を伝えようとする。しかしながら、『エジソンの母』の事例が示すように、そこには常に誤解や誤読が付きまとう。教師はそれを回避するために言語を重ねる、あるいは教材という形に変えて再度伝え直す。メディアの上にメディアを重ねて教育的意

図を伝えている。つまり、教育にとってメディアは重層的かつ内在的存在である。

　矢野の動物絵本に関する研究に注目して敷衍しておこう。矢野にとって動物絵本は、「子どもとわたしたちが、この他者としての動物と出会うためのメディア」である（矢野 2002: 28）。そこで擬人化という技法が多用されるが、これは動物を人間の側に引き込む技法とのみ見做すことはできない。逆に人間を相対化し、動物の側へ人間を引き込む技法でもある。子どもへ動物絵本を贈る大人の意図は、子どもの人間化にあるのだろう。しかしながら、現実的な動物絵本の作用は大人の意図をこえて、脱人間化とも呼べるものをもたらす（矢野 2002: 91）。

　今井の言葉を借りれば次のようになろう。注意しなければならないのは、このような事態を次のように考えてしまうことである。教師の意図は、メディアによって攪乱され、その攪乱を鎮めるためにはメディアを排除、あるいは適切にメディアを利用するべきである。事態は逆である。教師の意図は、「メディアのメカニズムに組み込まれることによってはじめて作用を持つ」（今井 2004:37）。そのため、問われるべきは教師の意図に対するメディアの先行性であり、「教育する側の意図をいかに屈折させ、他方では教育される側の『自由』をいかに挑発しているのか」（今井 2004: 37）ということになろう。

(2) メディア利用に内在するイデオロギー

アーキテクチャ

　今井らによれば、メディアは、教師の意図に対する先行性を有している。さらに、児童・生徒の「自由」を挑発している。このような議論と問題意識を共有し、より積極的にメディアによる管理を説くのが哲学者の東浩紀である。東はアーキテクチャという言葉を使用し、現代社会における管理の問題を考えている。東が直接影響を受けているのは L. レッシグ（Lawrence Lessig）である。レッシグによれば、行為の制約には、「法」「社会的規範」「市場」「アーキテクチャ」が関係するとされる（レッシグ 2007(2006)）。東は喫煙を例にあげている（東 2007: 46）。未成年者の喫煙は「法」で規制されている。レストランでの喫煙のように「社会的規範」で規制されることもある。あるいはたばこの値段が上がれば喫煙は制約されることもあろう。すなわち「市場」の動向は喫煙を左右する。そして、タバコの技

術的な側面（フィルタの有無や煙の量）に応じて喫煙の可能な機会は増減する。これが「アーキテクチャ」である。東は社会学者の大澤真幸との対談でマクドナルドが回転率を上げるために設置している硬い椅子を「アーキテクチャ」の一つとしてあげている。椅子が硬いため、利用者は長時間留まることができず、その分回転率は上がるというわけである（東・大澤 2003: 34）。

　東はこのようなモノによる管理を環境管理型権力と呼ぶ。これは、「個人認証と情報処理による環境管理を通した秩序管理」と定義づけられる（東 2007: 49-50）。この権力は、教育に典型的に示される規律訓練を通した秩序の維持とは明確に違うとされる。例えば、ホームレスが駅構内で寝泊まりしないようにするにはどうするか。ホームレスを説得すること、法で規制すること、無料の宿泊施設を準備することも考えられる。しかしながら、「アーキテクチャ」による環境管理は、寝ることができないようにオブジェを置くと考える。

二層構造

　もちろん、今井らが唱える教師の意図に対するメディアの先行性という観点から東の議論を考えるならば、設置者の意図がそれほど直接的にメディアの作用として反映されるのかと疑いたくなる。矢野が描き出した動物絵本の例が示すように、メディアは大人や設置者の意図とは異なった形で作用すると考えるからである。しかしながら、彼らの意図にしたがっていようが、そうでなかろうが、メディアの作用だけに着眼すればメディア利用がイデオロギー性を有していることは重要である。

　ここで言うメディア利用のイデオロギー性とメディア・リテラシー論が想定するメディアのイデオロギー性とは異なっている。メディア・リテラシー論が想定するイデオロギーは、メディアからの情報レベルにある。そして、その実践の中で若者や子どもはそれを読み解く。しかしながら、今井が述べるハジロコチドリという授業映画、『エジソンの母』の授業内で使用するみかん、矢野が言う動物絵本、東が述べるマクドナルドの椅子にも、イデオロギー性を確認できる。それぞれは、教師・大人・設置者の意図がそのまま反映された場合もあれば、そうでない場合もあるが、いずれもメディア利用にイデオロギー性を確認できる。このようにメディアのイデオロギー性は二層構造を有していると考えられる。

そのように考えるならば、次に問題となるのはこのメディア利用レベルのイデオロギー性に対する抵抗である。次節では、一つの事例としてホールの「ポピュラー芸術」運動を取り上げ、メディア利用レベルのイデオロギー性へいかに抵抗するのかを検討する。

第3節　教育実践としてのカルチュラル・スタディーズ

(1) ホールと「ポピュラー芸術」運動の歴史的位置づけ

ホール

まず簡単にホールの経歴を紹介しよう。ホールは1932年ジャマイカのキングストンで中産階級の家庭に生まれた。1951年、ローズ奨学金でホールはオックスフォード大学へ進学し、その後ロンドン大学、バーミンガム大学、オープンユニバシティで教壇に立った。彼は、イギリス社会で生じた問題に応答し続けた人物として知られ、サッチャー政権をサッチャリズムと呼び、その分析で一躍有名になった。とりわけ、バーミンガム大学の研究所で行ったメディア研究、人種問題に関する研究によって、彼はカルチュラル・スタディーズという一つの潮流を方向づけた。そして、2014年に没するまでこの潮流を牽引した人物と言える。

教育学におけるホール研究は、サッチャリズム分析やメディア研究の成果に限定されている（大田1992: 331, Buckingham 2003: 7-8=2006: 13-14, Masterman 1989 (1985): 4=2010: 8）。しかしながら、カルチュラル・スタディーズが一つの教育実践としてスタートしたことは強調されるべきであろう（ウィリアムズ2016(1983): 238）。この点に注目するならば、ホールの『ポピュラー芸術』（1964）という著作は重要な位置づけとなる。なぜなら、この著作には、一年足らずの中等教育学校の補助教員としての経験、その後の編集者としての経験、ロンドン大学の教壇に立つ傍ら、P. ワネル（Paddy Wannel）と共同で進めた映画とテレビの研究といった初期ホールによる教育論とメディア論が詰まっているからである。

「ポピュラー芸術」運動の歴史的位置づけ

『ポピュラー芸術』の中でホールは保護の対象（映画）を特定し、良い映画と

良くない映画を選別しようとする。ここには美学的なメディア理解の側面が認められ、後にメディア教育学者らはこの点を批判した。具体的には、ホールもまたメディアを善悪で判断しており、生徒らにそのような判断力を身につけることを求めている。これは、ホール以前に行われてきた保護主義かつエリート主義と同様である。その結果、テレビという最も生徒らにとって身近なメディアへの教育的アプローチを発展させなかったと批判される（Buckingham 2003: 8=2006: 14, Masterman 1989（1985）: 55-58=2010: 72-76）。

しかしながら、ホールが1960年代にメディアを教材化しようとしたことは重要である。例えば、同時期のイギリスでは次のような社会変化が生じていた。第一に、対抗文化や若者文化の台頭である。例えば、ビートルズは『ポピュラー芸術』が出版される2年前の1962年に『ラブ・ミー・ドゥー』で、ローリングストーンズは1963年に『カム・オン』でデビューしている。つまり、対抗文化や若者文化をリードするグループが次々とデビューし、生徒たちは新たな文化に熱狂し、対抗文化や若者文化の形成に参加する。第二に、1964年に政権を奪取した労働党は1965年に各地方当局へ送った通達の中で、中等教育総合計画の提出を求めた。総合制中等学校が推奨され、それまで階級にしたがって進学先が決まる傾向にあった複線型システムから総合制中等学校の単線型システムへと移行した。

これまでとは異なったスタイルとテイストをもった対抗文化・若者文化が社会の反発を受けながら登場した。そして、同時に教育の民主化が生じて、従来ならば異なった種類の学校に通っていたはずの生徒らが同じ教室で学習するようになった。教師たちは、そのような生徒たちが形成する文化、彼らの興味関心に敏感になったはずである。そのような時代状況の中でホールはメディアの教材化をテーマにした『ポピュラー芸術』を書いた。

(2) ホールのメディア教育論
コード概念に基づくメディア教育

ホールは『ポピュラー芸術』の中で、「研究項目」をあげて、教材となり得るテキストの分析を行っている。例えば、恋愛コミックには「キスや抱擁がいつも付加しているが、誘惑やベットシーン、予期せぬ妊娠にまで行き着くことはない。コー

ドが若い読者の慎みの感情を保護しようと介入してくるからだ」(Hall and Wannel 1964: 186)。

恋愛コミックに見出すことができるコード——ホールは「10代のコード」と呼ぶ——は、確かに性交渉や妊娠を遠ざけている。しかしながら、同時に「この状況（恋愛している状況）にいないことは思春期と言えるほど成熟していないことを意味し、10代のコードに属していないことを意味する」(Hall and Wannel 1964: 187)。ホールが恋愛コミックのコードに見出すのはこの二重性である。すなわち、コードは沿わないもの——恋愛コミックのコードで言えば性交渉や妊娠——を排除する。同時に、コードは沿うもの——恋愛コミックのコードで言えば思春期——を積極的に作り出す。

彼はメディアの教材化を通して、コード概念にしたがったメディア教育論を展開した。メディアは教材化されることでテキストになり、教師も児童・生徒にとっても読み解くべき対象となった。恋愛コミックについて言えば、生徒らは、恋愛コミックで描かれていないシーンをピックアップして、コードの存在とそれに沿わないものを明示できるようになる。逆に積極的に描かれているシーンをピックアップして、コードの存在とそれによって積極的に作り出されたものを判断できるようになる。この試みは、メディア・リテラシー論の原型ともいえるもので、生徒がメディアを読み解くという新たな教育活動を可能にした[1]。

モノとの関係を通した文化形成

その後、ホールは若者文化へも注目するようになる。ホールは次のように言う。「商品はまた、文化的記号でもある。商品はすでに支配文化によって意味と、連想と、社会的な暗示で満たされてしまっている」(Hall and Jefferson 2006(1976): 42)。本来商品は、支配文化の内部において意味やその利用方法が決定されていた。例えば安全ピンは学校文化の中では名札を制服などにつける際に利用される。パンクはこの安全ピンをピアスの代わりに使用し、ワッペンの代わりに破れた服にも付ける。パンクがピアス代わりに、あるいは破れた服のアクセントとして安全ピンを使用したことは次のことを意味する。すなわち、この行為は若者たちによる支配文化へのカウンター（対抗）であると同時に、労働者階級の若者という「下位（サ

ブ）集団」による文化形成であった、と。

　ホールは言う。「サブカルチャーとして想起される物事がスタイルを作り上げるのではない。その対象がどのように着こなされるのかという『スタイル化の活動』がスタイルを作り上げる」(Hall and Jefferson 2006(1976): 42)。若者たちは、モノとの関係を通して積極的に文化の形成に関わっている。ホールは、ここに可能性を見出す。若者たちは、メディア利用自体を変える。そして、メディア利用に内在するイデオロギーに抵抗する。

　ここに存在するメディア教育、あるいはメディア学習は、単に教師が主導してプロパガンダへの抵抗を促すものではない。さらには、教師の意図にしたがったメディアの利用でもない。むしろ、若者がモノと関係を結び、モノを利用して主要な文化──例えば学校文化──へ抵抗する。しかしながら、この文化形成は学校の内部へ価値観として入り込み、生徒たちの認識へ影響する。ホールが明示するのは、文化形成がモノとの関係を前提としており、若者のメディア利用が主体性に基づいて行われていることである。さらに、その利用はメディア利用に存在するイデオロギー性への抵抗なのである。

今後の課題と展望

　多くの人が電話ではなく、パソコンとほぼ同じ機能の端末を持ち歩く時代となった。しかしながら、その時代になってもメディア教育論は単純である。一方で若者がメディアに影響を受けているから、その影響を減らすべきと唱える。本章で取り上げた保護主義やメディア・リテラシー論もこの立場である。しかし他方で、若者は十分にメディアに対して批判的であり、情報機器の操作についても大人よりも長けている。だから、メディア教育は不要であると唱える。つまり、楽観論／悲観論の二分法に集約されてしまう。

　確かにこれらの議論は一面を言い当てている。しかしながら、児童・生徒はメディアからの情報レベルでのみ規定されているわけではない。さらに、彼らはメディアの操作に長け、情報に対して懐疑的・批判的であっても、その利用法や懐疑的・批判的態度自体が市場や政治的議題設定の範疇内で固定されている可能性

は十分にある。児童・生徒にとってメディアとは、危険／安全と二分法で捉えることはできない、さらにその利用も従順／批判といった二分法で捉えることもできない。メディアもその利用も、経済的・政治的に絡み合った「複雑なもの」である。

　ホールの試みは、児童・生徒がメディア利用レベルのイデオロギー性へ抵抗し、新たな文化を形成する可能性を示している。新たなメディアが登場するたびに、児童・生徒は市場原理や政治的思惑、あるいは社会的慣習にしたがってその利用法を固定化されていく。このイデオロギー性へいかに抵抗できるのか。ホールの試みは、固定化の権力が強力であると同時に、オータナティブな批判的メディア利用の可能性が常に開かれていることを示している。

注
1　コード概念自体に L. アルチュセール（Louis Althusser）や A. グラムシ（Antonio Gramsci）の影響を見出すことができる。ホールは、アルチュセールやグラムシに依拠して、人間の経験が根源的であるのではなく、コード化作用の効果としても理解されるべきであると説いている。

引用参考文献
東浩紀，2007，『情報環境論集－東浩紀コレクション S』講談社．
東浩紀，大澤真幸，2003，『自由を考える──9.11 以降の現代思想』NHK ブックス．
今井康雄，2004，『メディアの教育学──「教育」の再定義のために』東京大学出版会．
今井康雄，2014，「教育学におけるモノとメディア──ある研究アプローチの構想と提案」，東京大学大学院基礎教育学講座『研究室紀要』第 40 号，3-35．
ウィリアムズ，R.，山田雄三（訳），2016 (orig.1983)，「成人教育と社会変化」，R. ウィリアムズ，川端康雄他（訳）『想像力の時制』みすず書房，229-246．
矢野智司，2002，『動物絵本をめぐる冒険』勁草書房．
矢野智司，2014，『幼児理解の現象学──メディアが開く子どもの生命世界』萌文書林．
山名淳，2015，『都市とアーキテクチャの教育思想』勁草書房．
レッシグ，L.，山形浩生（訳），2007 (orig.2006)，『CODE VERSION 2.0』翔泳社．
Buckingham, D., 1996, Critical Pedagogy and Media Education: A Theory in Search of a Practice, *Journal of Curriculum* 28(6), 627-650.
Buckingham, D., 1998, Media Education in the UK: Moving Beyond Protectionism, *Journal of Communication* 48(1), 33-43.
Buckingham, D., 2003, *Media Education: Literacy, Learning and Contemporary Culture*, Polity．＝鈴木みどり他（訳），2006，『メディア・リテラシー教育──学びと現代文化──』世界思想社．
Hall, S. and P. Whannel, 1964, *The Popular Arts*, Hutchinson.
Hall, S. and T. Jefferson, 2006 (orig. 1976), *Resistance Through Rituals: Youth Subcultures in Post-War Britain* (2nd Edition), Routledge.
Masterman, L., 1989 (orig. 1985), *Teaching the Media*, Routledge．＝宮崎寿子（訳），2010，『メ

ディアを教える——クリティカルなアプローチへ』世界思想社.
大田直子,2010,『現代イギリス「品質保証国家」の教育改革』世織書房.

さらに勉強したい人のための文献案内

①今井康雄,2004,『メディアの教育学——「教育」の再定義のために』東京大学出版会.
　広義のメディア概念(「中間にあって作用するもの」)を採用し、「教育」を再定義する試みである。内容は、教育学とポストモダン、教育改革、戦後教育学等と多岐にわたり、メディア概念の可能性を明示している。

②プロクタ, J., 小笠原博毅(訳),2006,『ステュアート・ホール』青土社.
　ホールの思想的特徴、政治的スタンス等を時系列的に解説し、ホール思想の展開を示した書である。本章で取り上げた初期ホールのみならず、メディア研究やアイデンティティ論も含むホールの思想全般を紹介している。

第15章　ポスト・トゥルース時代の教育的関係

―アドルノの政治教育論から

白銀夏樹

本章の概要

　ポスト・トゥルースの時代といわれる現在、「教師が無知な生徒に真実を教える」という学校教育の素朴なイメージが揺らぎつつある。しかし、たとえばアクティブラーニングの中で、ある生徒が虚偽の情報を集め偏見に満ちた主張を行った時、教師はどのように対応すればよいだろうか。

　本章では、ポスト・トゥルースの時代状況における教育的関係を考える手がかりとして、ドイツの社会哲学者アドルノ（Theodor Wiesengrund Adorno, 1903-69）の政治教育論に着目したい。アドルノは、虚偽と非合理な権威に服従しやすい人々の傾向にナチズム再来の危険を読み取りながら、その状況に対する抵抗を政治教育の課題として訴えていた。アドルノの危機意識とポスト・トゥルースの時代の問題を重ね合わせながら、現代の教育的関係の課題と可能性の一端を示してみたい。

第1節　ポスト・トゥルースの時代と教育

(1) ポスト・トゥルースの時代

　2016年、オックスフォード英語辞書は「ポスト・トゥルース（post-truth）」を「今年の言葉」に選んだ（The Oxford Dictionaries 2016）。「アメリカ・ファースト」を掲げ大統領に当選したドナルド・トランプが選挙活動中に虚偽の発言を繰り返したとする報道を参照しながら、オックスフォード英語辞書はこの言葉を「世論の形成において、感情や個人の信条へのアピールが客観的事実より影響力を持つ状況を言い表した形容詞」と定義した。またポスト・トゥルースのドイツ語

訳「postfaktisch」を 2016 年の言葉に選んだドイツ語協会は、「政治的・社会的な議論では事実よりも感情が重視され」、「エリートへ反感を覚えながら、現実には無関心で、明らかな嘘を喜んで受け入れる」人々の傾向とともに、「真実の希求（Anspruch auf Wahrheit）」ではなく「『感覚的な真実』の発露（Aussprechen der »Gefühlte Wahrheit«）」をポスト・トゥルースの時代の特徴とした（GfdS 2016）。「フェイクニュース」や「オルタナティヴ・ファクト」という言葉も飛び交ったアメリカ大統領選挙、また EU 離脱を問うたイギリスの国民投票で離脱派が勝利した直後に自ら主張の誤りを認めた出来事は（菅野 2016）、真偽の定かでないナショナリスティックな言説が政治的に力を持つ時代の幕開けを告げるものだった。

　日本もまたポスト・トゥルースの時代を迎えている。ソーシャルメディア（誰もが発信できるインターネットのサイトやソーシャル・ネットワーク・サービス（SNS）など）に虚偽の情報が蔓延する状況とそのメカニズム、さらにその政治との関連には多くの批判が向けられている（たとえば山田ほか 2016、一田 2018）。日本でのその契機としては 2011 年 3 月 11 日の福島第一原子力発電所事故が挙げられよう。原発報道をめぐるマスメディアの報道に対する不信感が多くの人をソーシャルメディアに導き（たとえば武田 2011）、他方でソーシャルメディアの政治的利用が一般化することで（たとえば西田 2018）、日本の政治的言説もまたポスト・トゥルースの特性を帯びるようになった。この特性について日比嘉高は、①ソーシャルメディアの影響、②事実の軽視、③感情の優越、④分断の感覚[1]、の四要素に整理している（津田・日比 2017: 26）。真偽も発信者も定かでなく時に排他性を帯びた言説がソーシャルメディア上で急速に拡散され、政治とも連動しながら偏見や憎悪が煽られ（永田編 2018）、人々の分断が進んでいる状況だといえよう。

(2)　ポスト・トゥルース時代の学校教育

　「真実を記述する教科書を用いて生徒に真実を伝える教師」という教育観の自明性もまた揺らいでいる。この自明性を問う裁判としては、1965 年から 30 年以上にわたって争われた「家永教科書裁判」がよく知られている。この裁判では検閲禁止や学問の自由に対する教科書検定制度の正当性が中心的な争点となっていたが、最後の訴訟にあたる第三次訴訟では、「南京大虐殺」の記述削除を求

めた当時の教科書検定意見に対し、最高裁が「裁量権の逸脱」を認めたことで注目が集まった。ただしその背景として、従来の歴史教育を「自虐史観」として批判する言論が台頭しはじめていたことも見逃せない（たとえば藤岡 1997）。この時期以降、歴史の叙述全体を支える歴史観とともに国家観・道徳観といった価値観も政治的な論点となり、1999 年の国旗国歌法制定と複数の教育委員会によるその指導の徹底へとつながっていった。

　この中でも特にポスト・トゥルースの時代を象徴するのが「江戸しぐさ」の取り扱いである。文部科学省が全国の小中学校で配布してきた小学五・六年生用『私たちの道徳』には、「当時、『商人しぐさ』と呼ばれていた」江戸時代のマナーとして「江戸しぐさ」が扱われている。この「江戸しぐさ」は複数の教科書や教材に取り上げられてきたが、2014 年の原田実『江戸しぐさの正体』の出版を機に史実ではないことが広く知られるようになり（原田 2014）、民間の出版社はその掲載を取りやめていった（原田 2016）。しかし文部科学省は「歴史的事実だとは言っていない」としながらも「マナーを教える」「礼儀を考えてもらう」趣旨から、虚構であることの言及もないまま 2018 年現在も掲載を続けている（原田 2018）[2]。歴史観・国家観・道徳観など価値観に関わる教育が政治的に主導される中、「虚偽・虚構を教えることが許されるのか」という問いが顕在化しつつある。

第 2 節　ポスト・トゥルース時代の教師の困難とその歴史的文脈

(1) ポスト・トゥルース時代の教師の困難

　もっとも、匿名で真偽の曖昧な情報が錯綜するソーシャルメディアとは異なり、人と人とが現実に向き合う対人的な関係を前提とした教育的関係では、虚偽と知りながら進んでそれを教えることに多くの教師は抵抗感を持つだろう。これは「真実を教える」という教師としての使命感や自負によるところが大きいだろう。教師が教えたある内容の虚偽に生徒が気づくと、他の教育内容も虚偽ではないかという疑念が生徒に生まれ、教師の言葉に耳を傾けなくなることも予想される。教育内容の真実性は、生徒が教師の言葉に耳を傾け続ける重要な条件であるといえる。

　だが、生徒自身が調べ、考え、議論し、探究活動に取り組むアクティブラーニ

ングが推進されている現在、教師はより大きな困難を意識せざるをえない。ひとつは生徒が収集する情報の真偽である。ソーシャルメディアは利用者の選好を先取りした情報が集まりやすく（津田・日比 2017: 29）、また SNS 上では主に右派的な言説を（ほぼ）自動的に拡散する「ボット」「トロール」「サイボーグ」と呼ばれる「世論操作メカニズム」が機能しているといわれる（一田 2018: 201-246）。真偽不明の情報の氾濫の中で、生徒の探究活動が偏向しない保証はない。

ディベートのような話し合い活動にも注意が求められる。話し合いの対立の構図をつくるために偏った極論が過大評価され、学界等で認められた定説と対等なものであるかのように議論の俎上に乗ることがある[3]。また議論の内容の真偽よりもゲームのような議論のプロセスとその勝敗に生徒の関心が集中することも少なくない。さらに、ある見解とそれを主張する生徒の人格との同一視によって、議論の勝敗が生徒を「傷つける／傷つけられる」ものとして受け止められることもある[4]。

生徒の少数意見によって議論の新たな広がりが生まれることは少なくない。生徒の収集した情報が教師や他の生徒の見解を正すこともある。反対に、生徒の全員が唯一の正解に容易にたどり着けるアクティブラーニングには限られた意味しか見いだせないだろう。だが生徒を対立させる話し合い活動で、自分で集めた偏向的な情報と自分の人格を同一視し、「傷」も厭わない論戦が繰り広げられるなら、教師は真偽の検証よりも生徒の感情への配慮を優先して「いろいろな考えがあるね」とオープンエンドを採らざるをえないかもしれない。「生徒に真実を伝える教師」という構図がアクティブラーニングの導入とともに変容しつつある現代の教育において、生徒の学習内容の真実性を保障することは難しいものとなっている。

（2）ポスト・トゥルース時代の教育的関係の歴史的文脈

このような教育的関係における困難をもたらしたものとして、ここでは①真実観、②教育と政治の関係、③子ども観、という三つの思想史的文脈に注目してみたい[5]。

真実をめぐる価値観の優位

「江戸しぐさ」を許容する言説が象徴する事態、すなわち個々の事実の真偽よりもそれを通して物語られる価値観を優先する事態は、「歴史認識」をめぐる

20世紀後半の思想の動向と無縁ではない。そこでは過去の出来事とその記述の一致に「歴史の真実」があるとする実証主義的な歴史観に対して多くの批判が向けられた。たとえばバーリンは歴史を叙述する言語が価値自由ではなく、むしろ距離をとった記述もまたひとつの価値観の表明となることを指摘した（Berlin 1969=1971）。またホワイトは過去の出来事と記述の一致を尊重しながらも、歴史の叙述の全体はその執筆者の語りや思考の形式さらには選好や世界観と密接に結びついているとした（White 1973=2017）。歴史の真実（トゥルース）とは、過去の個々の出来事の真偽という事実（ファクト）の次元だけでなく、それらの叙述を支える歴史観や道徳観といった価値観の次元にも関わっている——こうした認識の広がりが、1970年代からのホロコースト否定論の台頭、あるいは1990年代の「自虐史観」言説の流行の背景にあるといわれている（その批判的な指摘としてはEaglestone 2004=2013および岡村2018を参照）。

教育の再政治化

他方で、政治による教育の主導を批判する際にしばしば前提とされる「子どもは政治から遠ざけねばならない」という理解は、必ずしも戦後教育に一貫したものではなかった。森田伸子によれば1940年代後半から1950年代半ばまで子どもは政治的主体として理解されていた（森田1998）。小玉重夫によれば1950年代後半以降、文部省の掲げた教育の中立性の論理（による教育運動の抑圧）や教育学における子ども理解の変容によって教育と政治が乖離した。そして福祉国家としての脆弱性を抱えながら、それを議論する政治的意味空間が未成熟なままに、1990年代から政治主導の新自由主義的な教育改革が進められるに至った（小玉2016）。「教育の再政治化」と小玉が呼ぶ近年の動向においては、普遍的な教育観や政治観を前提として相互の中立性を堅持することはもはや困難であり、むしろその想定は政治的意味空間の未成熟を温存するものとなる。

子どもの自主性と充足感への着目

さらに、アクティブラーニングにおいても少なからず期待されている「子どもの自主的な活動を促し充足感を与える教育」という教育観は、20世紀初頭の新教育

に起源を認めることができるが、しかしそれも社会的状況と無縁ではなく歴史的にも変容している。今井康雄は18世紀末からのドイツ教育思想史を分析し、子どもの自主性と感情を優位に置く新教育の教育観がナチズムの介入を許容するに至った過程を明らかにした（今井 2015）。また松下良平によれば、日本の戦後教育における「楽しい授業」「楽しい学校」の称揚は1970年代はじめに生まれたが、その後の学校批判や消費社会化の流れの中で変容し、現在の瞬間的な「楽しさ」の消費としての学習と、教師によって統制された「楽しさ」の演出としての教育は、学校教育をめぐる構造的な問題や矛盾を隠蔽しながら社会への適応を促進するものになっている（松下 2003）[6]。

ポスト・トゥルースの時代の教育的関係を構想するには、「客観的な真実」「政治とは無関係な教育」「子どもの自主性と感情の尊重」という従来の前提を問い直すことから始められねばならないだろう。

第3節　アドルノの教育論

こうした問い直しに通じるものとして、個々の情報の虚偽を見極めるだけでなくメディアの様々な作用を意識化するメディア・リテラシーの教育をまずは挙げることができる（本書第14章参照）。また小玉は事実を軽視し価値観に重きを置く言説を反知性主義と批判しながらも、「教育の再政治化」を来たるべき市民教育の好機ととらえている（小玉 2018）。大人の思い通りにならない子どもの他者性に着目し、介入・干渉の限界を認める他者論もそうした問い直しに通じるであろう（本書第10章参照）。だがここでは、そうした問い直しの視座のひとつとして、ナチスドイツを現代社会の象徴とみなし批判したアドルノの思想を取り上げてみたい。彼の生きた時代状況は現代とは異なるが、しかしその思想は「客観的な真実」「政治とは無関係な教育」「子どもの自主性と感情の尊重」という問題の全体に触れるものだった。

(1)「脆弱な自我」の批判

この問題全体に関わるアドルノの思想を確認する前に、まずは彼の問題意識を

確認しよう。

　そのユダヤ的出自から、ナチスドイツを逃れアメリカに亡命したアドルノは、ファシスト・プロパガンダで用いられる詐術のパターンの分析やステレオタイプを流布する文化産業の批判を進める一方で（竹峰 2007 参照）、それらの影響を受けやすい人々の心理的特徴を明らかにする大規模な調査研究を進め、その成果を『権威主義的パーソナリティ』にまとめた（Adorno et al. 1950=1980）。またドイツ帰国直後には、戦後ドイツの人々が暗黙に抱き続けていたユダヤ人への偏見やヒトラーの擁護といった「非公式の世論（nicht-öffentliche Meinung）」を明らかにする共同研究『グループ実験』に携わった（Pollock ed. 1955）。そして 1960 年代にはナチスドイツの時代に向き合うことを避けるかのような同時代の言説――たとえばユダヤ人の追放や大量殺人に対する婉曲的な表現や沈黙、「ガス室で死んだのは 600 万人ではなく 500 万人足らずだ」という主張、「私は知らなかった」「私たちもヒトラーの圧政に苦しんだ」という弁明、あるいは大量殺人の原因はユダヤ人のほうにも「何らかの」きっかけがあったという根拠のない転嫁など――を厳しく批判しながら政治教育を語り、「過去の克服」の論者として知られることとなった（Adorno 1971=2011）。こうしたアドルノの批判の根底にあったのは、現代の人々の「脆弱な自我」に対する問題意識であった。

　アドルノはフロイトの精神力動論（psychodynamics）に基づいて個人の自我形成プロセスを理解していた。それによれば、個人の自我は無意識的なエス（イド）と超自我との葛藤、特に自我理想としての父親への同一化とそこからの離脱によって果たされる。しかしこのプロセスは近代市民家族によってかろうじて実現しうるものでもあった。現代社会では、社会的なものの代理者でありながら子どもを庇護するものでもあった近代市民家族は衰退し、個人はその幼少期からマスメディアや文化産業の製品といった社会的なものに直接晒される。そのため現代の人々は確固とした自我という審級を確立することのないまま、無意識や情動のレベルと社会的なものが直結する「エスと超自我がひとつに結びついている」状態にある。プロパガンダは無意識や情動に直接的に働きかけ、また個々人も無意識や情動のレベルからそれに自発的に適応することで、脆弱な自我ゆえの根本的な不安を埋め合わせようとする――このようにアドルノは現代の人々の「脆弱な自我」をとらえていた（白銀 2016）。

このような観点からいえば、たとえば根拠なき陰謀論で敵対者をでっちあげ、その排除を訴える扇動家は、人々を憎しみによって結び付け集団的ナルシシズムを鼓舞することで「脆弱な自我」を埋め合わせてくれる存在である。追従者の側も「脆弱な自我」を代補する集団的ナルシシズムを維持するために、自らにはマゾヒスティックに、他者にはサディスティックに、抑圧的な平等主義を課すようになる。ナチスドイツの否定性を緩和するかのような言説が流行するのも、「脆弱な自我」を防衛する心理的なメカニズム（防衛機制）に寄与するからである。アドルノは現代の人々に権威主義、大勢順応主義、社会的に流布されたステレオタイプの無反省な受容、他人への情緒的なつながりや自己省察の欠如、合理性へのフェティシズムなどを認めながら、そこにサディズムとマゾヒズム、シニシズムと熱狂、排除と抑圧的な平等といった合理的なものと非合理的なものの共存を読み取り、その根底にある「脆弱な自我」を批判していた。

(2) アドルノにおける社会の真実と教育

「脆弱な自我」の問題意識に支えられたアドルノの教育論では、どのような議論が展開されているか、続いて上述の三つの思想史的文脈から確認してみよう。

否定的な社会の真実

アドルノにおいて真実という言葉——Wahrheit の一般的な訳語でいえば「真理」——の用法は多様であるが、社会批判の文脈においては主に否定的な現状に向けられている[7]。「全体は真理である」というヘーゲルと近現代の全体主義を批判して「全体は非真理である」というテーゼを掲げ（Adorno 1980: 55=60）、また現状の「偽りの社会の中で正しい生活はあり得ない」とも述べるアドルノにとって（Adorno 1980: 43=42）、現代社会はアウシュヴィッツ再来の可能性を孕むものであり、その合理性と非合理性の絡み合うメカニズムを否定的な真実として告発することこそ、彼の社会批判が課題とするものであった。

「抵抗への教育」の政治性

このメカニズムの批判は、アドルノの晩年の教育論においても主題のひとつで

あった。たとえば健全な生活のイメージにあふれたテレビ番組の批評や、全体主義的な国家体制の批判などを学校の授業に取り入れることを彼は提案していた。そしてこの批判が同時にステレオタイプや大衆操作に対する一種の「予防接種」となり（Adorno 1971: 27=34）、またそれに誘導されやすい自己の反省の契機となることを彼は期待していた。こうした社会批判＝自己省察をめざす教育を、彼は現状に対する「抵抗への教育」と呼んでいた（Adorno 1971: 145=204）。

子どもの感性への期待

　この「抵抗への教育」は、大人のように自我が脆弱化する前の子どもへの期待に支えられている。アドルノは子どもに対して、違和感や苦痛をきっかけに否定的な現状を自ら見抜く力、そして現状を超越した何ものかへの憧れを抱きながら現状が全てではないことを感じる力を認め高く評価していた（白銀 2017）。集団やルールへの適応を強いる学校の体制は、こうした力を鈍化させながら否定的な現代社会への適応を準備する機関になっているとアドルノは批判し、そうした学校の強制的な諸契機の除去を要求していた（白銀 2015）。

　アドルノはカントの道徳哲学を扱った講義の中で次のように述べている。「絶対的善とは何か、絶対的規範とは何かを私たちは知りたいとは思いません。（中略）しかし、非人間的なものとは何か、私たちはとても詳しく知っています」（Adorno 1996: 261=290）。この「非人間的なもの」をめぐる違和感や苦痛を契機として子どもが社会批判＝自己省察に開かれること、そこにアドルノの教育に期待する真実があった。

今後の課題と展望

　これまでの検討をふまえると、アドルノの思想から「虚偽の回避」という示唆を得ることができる。善き理想としての真実観が揺らぎ、感性に訴えかける虚実の入り混じった情報と政治に大人も子どもも巻き込まれ、分断へと誘われているポスト・トゥルースの時代、政治との距離を誤認したまま子どもの自主性と充足感の演出に勤しみつつ真実の伝達者を自負することは教師にとって難しい。この状況下で、

教師として真実になおもこだわるなら、それは「虚偽の回避」というかたちをとることになるだろう。自分自身の誤りやすさと弱さを直視しながら、個々の事実をめぐる虚偽は虚偽として退けること。子どもの感性への期待を基盤としながら、虚偽に誘う／誘われる社会的・政治的・心理的メカニズムの批判と反省を共有すること。この教育的関係には、社会的悪の回避を共に探求する大人と子どもの社会的連帯を認めることができるだろう。

　最後に、アドルノが遺したままの「自我の確立」という問題に触れておきたい。それは「脆弱な自我」の問題である。ナチズムとポスト・トゥルースの時代に通底するものが「脆弱な自我」であるならば、その根本的な変革は個々人の自我の確立によってもたらされると考えられる。しかしアドルノは自我を脆弱にする社会や学校のメカニズムを告発しその除去を訴える一方で、あるべき自我の確立の方途について論じることはなかった。これは確かに、何らかの理想を万人に徹底する制度化そのものに暴力性を認めるアドルノの思想の帰結ではある。しかしアドルノの思想を離れて、自我の確立に寄与することこそが教育的関係の課題となるのではないだろうか。子どもがその生まれた家庭の多様性を反映して多様であるように、自我の確立を一律に制度化することは避けられねばならない。むしろ対面的な人間関係を結ぶ教師にできるのは、自我の確立の根底にある、ひとりひとりが存在することの承認であろう。「どのような主張をしようとも、あなたの存在の尊厳を認めている」――アカウントをいつでも抹消できる匿名性を帯びたソーシャルメディアとは異なり、対面的な関係だからこそ伝え続けられるこのメッセージが基盤となって、はじめて「きっとあなたは変われる、私も変われる、そして社会も変えることができる」という善き理想としての真実への希望に教育的関係は開かれるのではないだろうか。

注
1　ここでいう「分断の感覚」として、たとえば、マイノリティや移民などの排斥を「率直」な感情として訴える自国中心主義的な主張が求心力を持つ一方で、それに反対する側も過激化する例が挙げられる（津田・日比 2017: 37-42）。互いに異なる「真実」を掲げながら、「われわれ／われわれの敵」という分断の意識を過激化させた感覚の現状をとらえている。
2　2018年度に始まった小学校道徳科でも、複数の教科書において二宮金次郎の記述などに

歴史的誤謬があることが明らかになった。しかし文部科学省は「定められた教育内容をきちんと扱っているかどうかが最大の要点。事実の正確性は、道徳学習への支障の有無で可否を判断している」と検定の基準を述べ、誤謬を許容している（「道徳って何だっけ」朝日新聞 2018 年 10 月 8 日朝刊）。
3　倉橋耕平によれば、学校教育と教育学におけるディベート文化の広がりの契機は 1990 年代の「歴史修正主義」に認められる（倉橋 2018）。倉橋は当時の「歴史修正主義」が、学界などの定説に論戦を挑むことで異端の自説が対等であるかのように振る舞いながら、それを学校に浸透させた過程を明らかにしている。
4　大平健や森真一によれば、「傷つける／傷つけられる」ことを避ける予防的な「やさしさ」は、「人格崇拝」という規範として現代日本の若者を中心に広く共有されている（大平 1995, 森 2008）。
5　なお、この三つの教育思想史的文脈のほかにも、政治の側の問題意識が教育に向けられるに至った文脈についてもまた検討する必要があるだろう。
6　ただし松下は「楽しい授業・学校」を批判することで「辛い授業・学校」を肯定しているわけではなく、「楽しい／辛い」「子ども中心／社会中心」の二項対立の超克を求めている。
7　本章ではアドルノの真理（真実）概念について、社会的・心理的なメカニズムに絞って論じているが、彼の思想全体においてこの概念は極めて多義的である。まずアドルノはこのメカニズムを一般的な真理としてシニカルに論じるのではなく、このメカニズムが貫徹していないがゆえに生まれる個別具体的な排除・抑圧・毀損に注目し、その痛みに支えられた批判と反省に真理性を認めていた。ただしこの真理もやはり善や理想ではない。善であり理想である状態をアドルノは「多様なものの共生」というユートピアとして暗示するにすぎないのだが（Adorno 1973: 153=182）、しかし悪しき現状がその自明性を失う経験にも——社会批判や自己反省に伴う経験だけでなく現代芸術の経験にもアドルノは言及する——アドルノはユートピアの契機としての真理性を認めていた。こうしたアドルノの真理概念はイーグルストンも指摘するように（Eaglestone 2004）、「命題と対象の一致」という一般的な真理（真実）概念よりも、ハイデガーのアレーテイア概念に代表される「世界の開示」という現代思想的な真理概念に接近しているが、その詳細な検討は今後の課題としたい。

引用参考文献
一田和樹，2018，『フェイクニュース—新しい戦略的戦闘兵器』角川新書．
今井康雄，2015，『メディア・美・教育—現代ドイツ教育思想史の試み』東京大学出版会．
大内裕和，高橋哲哉，2006，『教育基本法「改正」を問う—愛国心・格差社会・憲法』白澤社．
大平健，1995，『やさしさの精神病理』岩波新書．
岡本充弘，2018，『過去と歴史—「国家」と「近代」を遠く離れて』御茶の水書房．
菅野幹雄，2016，『英 EU 離脱の衝撃』日経プレミアシリーズ．
倉橋耕平，2018，『歴史修正主義とサブカルチャー—90 年代保守言説のメディア化』青弓社．
小玉重夫，2016，『教育政治学を拓く—18 歳選挙権の時代を見すえて』勁草書房．
小玉重夫，2018，「ポスト・トゥルースの時代における教育と政治—よみがえる亡霊、来たるべき市民」，教育思想史学会『近代教育フォーラム』第 27 号，31-38 頁．

白銀夏樹，2015，「アドルノ教育論の社会心理学的基盤―自我形成をめぐる問題に焦点を当てて」，関西学院大学教職教育研究センター『教職教育研究』第 20 号，45-61 頁．

白銀夏樹，2017，「アドルノの教育思想―自然と啓蒙の概念をめぐって」，教育思想史学会『近代教育フォーラム』第 26 号，31-41 頁．

武田徹，2011，『原発報道とメディア』講談社現代新書．

竹峰義和，2007，『アドルノ、複製技術へのまなざし―〈知覚〉のアクチュアリティ』青弓社．

津田大輔，日比嘉高，2017，『「ポスト真実」の時代―「信じたいウソ」が「事実」に勝る世界をどう生き抜くか』祥伝社．

永田浩三（編），2018，『フェイクと憎悪』大月書店．

西田亮介，2018，『情報武装する政治』KADOKAWA．

原田実，2014，『江戸しぐさの正体―教育をむしばむ偽りの伝統』星海社新書．

原田実，2016，『江戸しぐさの終焉』星海社新書．

原田実，2018，『オカルト化する日本の教育―江戸しぐさと親学にひそむナショナリズム』ちくま新書．

藤岡信勝，1997，『「自虐史観」の病理』文芸春秋．

藤田英典，2014，『安倍「教育改革」はなぜ問題か』岩波書店．

松下良平，2003，「楽しい授業・学校論の系譜学―子ども中心主義的教育理念のアイロニー」，森田尚人，森田伸子，今井康雄（編）『教育と政治―戦後教育史を読みなおす』勁草書房，142-166 頁．

森真一，2008，『ほんとはこわい「やさしさ社会」』ちくまプリマー新書．

森田伸子，1998，「戦後の終わりとティーンエイジャーの創出―子ども史の 1950 年代」，『日本女子大学紀要人間社会学部』第 8 巻，239-253 頁．

山田慎太郎，藤井聡，宮川愛由，2016，「政治家の政治的言説における詭弁に関する実証的研究」，人間環境学研究会『人間環境学研究』第 14 巻 2 号，155-164 頁．

Adorno, Th. W., 1971, *Erziehung zur Mündigkeit*, Frankfurt am Main: Suhrkamp Verlag. ＝原千史，小田智敏，柿木伸之（訳），2011，『自律への教育』中央公論新社．

Adorno, Th. W., 1973, *Negative Dialektik, Gesammelte Schriften 6*, Frankfurt am Main: Suhrkamp Verlag. ＝木田元ほか（訳），1996，『否定弁証法』作品社．

Adorno, Th. W., 1980, *Minima Moralia, Gesammelte Schriften 4*, Frankfurt am Main: Suhrkamp Verlag. ＝三光長治（訳），1979，『ミニマ・モラリア―傷ついた生活裡の省察』法政大学出版局．

Adorno, Th. W., 1996, *Nachgelassene Schriften Abteilung IV: Band 10*, Frankfurt am Main: Suhrkamp Verlag. ＝船戸満之（訳），2006，『道徳哲学講義』作品社．

Adorno, Th. W., Frenkel-Brunswik, E., Levinson, D. J., Sanford, R. N., 1969, *The Authoritarian Personality*, New York: Harper & Brothers. ＝田中義久，矢沢修次郎，小林修一（訳），1980，『権威主義的パーソナリティ』青木書店．

Berlin, I., 1969, *Four Essays on Liberty*, London: Oxford University Press. ＝小川晃一，小池銈，福田歓一，生松敬三（訳），1971，『自由論』みすず書房．

Eaglestone, R., 2004, *The Holocaust and the Postmodern*, Oxford: Oxford University Press. ＝田尻芳樹，太田晋（訳），2013，『ホロコーストとポストモダン―歴史・文学・哲学はどう応答したか』み

すず書房.
GfdS[Gesellschaft für deutsche Sprache], 2016, GfdS wählt »postfaktisch« zum Wort des Jahres 2016. https://gfds.de/wort-des-jahres-2016（2018年9月14日閲覧）
Pollock, F. (ed.), 1955, *Gruppenexperiment*, Frankfurt am Main: Europaische Verlagsanstalt.
The Oxford Dictionaries, 2016, Word of the Year is Post-truth. https://en.oxforddictionaries.com/word-of-the-year/word-of-the-year-2016（2018年9月14日閲覧）
White, H., 1973, *Metahistory*, London: Johns Hopkins University Press. ＝岩崎稔（監訳），2017，『メタヒストリー』作品社.

さらに勉強したい人のための文献案内

①**イーグルストン，R.，田尻芳樹，太田晋（訳），2013，『ホロコーストとポストモダン──歴史・文学・哲学はどう応答したか』みすず書房．**
　ポストモダン思想は実証主義的な歴史観を批判したが、また20世紀末のホロコースト否定論や歴史修正主義の台頭に対しても厳しい批判を向けていた。真実というものをどのように理解するのか、その思想史的な格闘の試みである。

②**アドルノ，Th. W.，原千史，小田智敏，柿木伸之（訳），2011，『自律への教育』中央公論新社．**
　アドルノの著書は難解で知られるが、本書は講演・対談集であり、詳細な注記と解説の助けもあって読みやすい。同時代のドイツに向けられたアドルノの批判には、現代の日本にもそのまま当てはまりそうな箇所もある。また何らかの理想からではなく、「アウシュヴィッツの回避」という否定的なものから教育を考えている点で、稀有な教育論である。

第16章　教職倫理教育
―教師として倫理的に適切な判断ができるために、
何がどのように教えられるべきか

丸山恭司・丸橋静香

本章の概要

　現在日本においては教職の専門職化が進められている。しかし、その基底をなす教職倫理についての議論は進んでいない。そこで本章では、教育という営み（教育的関係）の原理的な考察から、教職倫理教育においていかなる内容がどのような方法で教授されるべきかについて論じる。本章において教育的関係とは、教える者－教えられる者が平等な関係でロゴス（言語）を介して真理や規範を探究する対称的な関係性と、教える者が自身や向かい合う者（教えられる者）のうちに他者性（ロゴスには還元されないもの、あるいはパトス）を承認する姿勢に基づく非対称な関係性の二つが交叉するものと理解する。教育的関係をこのように捉えることで、教職倫理教育の内容として、一方においては公正・公平・規則遵守等が、他方においては他者の承認・ケア等が示唆される。またこれらは教職倫理教育の方法論として、一方では論理性を重視する議論、他方では他なるものと関わることを遮断しないコミュニケーションを要請する。これらを踏まえ最後に、ケースメソッドによる教職倫理教育を具体的に提案する。

第1節　教職倫理教育の必要性
　　　―なぜ専門職倫理として教職倫理が教えられねばならないか

(1)　教職の専門職化とその現状

　教職の専門職化が進んでいる。教職大学院の設置は、修学年限の延長を求めるものである点において、教職の専門職化を進める一要因となっている。一方、

教職大学院のカリキュラムとその実践は、技能の獲得に偏っているために教職の専門職化を十分に進めることができていない。

「専門職化」とは、ある職業が専門職の諸要件を満たすことにより、社会から専門職として認知される過程ないし機能をいう。満たされるべき専門職の諸要件には、①高度な知識・技能を獲得している、②職能集団を形成している、③組織的に養成される、④社会から尊敬され自律性が付与されている、⑤社会的責任と高い倫理基準が求められる、等がある（Parsons 1968; Roos 1992）。たとえば、③の「組織的養成」でいえば、就学期間が長くなり高度化されればそれだけ専門職化が進んだと見なしうる。専門職の典型に挙げられる医師の場合、日本では高等教育における 6 年間の修学が国家資格を得る必須要件となっている。教師の場合、戦前の中等教育における養成から、戦後の高等教育（学部教育）における養成に移行し、さらに大学院での養成が主軸となろうとしている点で、確かに専門職化が進んできたといえる。

専門職には高い倫理基準が求められることを受けて、技師養成カリキュラムには技術者倫理が、看護師養成カリキュラムには看護師倫理が組み入れられている。教員養成の場合、専門職倫理教育の必要性、内容、方法等に関する議論すら十分になされていない（Maruyama/Ueno 2010）。これまで、教育愛を強調する精神主義か、対応手続きのマニュアル化で満足してきた傾向にある。教職の専門職化を進めるためには、専門職倫理教育として教職倫理教育がカリキュラム化され、実施される必要があろう。

(2) 教職倫理の根拠としての教育的関係

教職倫理は、外的要因である社会からの期待や法的規定とともに、内的要因である教育的関係の特性に方向づけられる。医師や弁護士など多くの専門職がクライアントとの関係にその倫理的制約を受ける。教職の場合は、教育的関係という他の専門職にはない特別な関係によってその専門職倫理が根拠づけられる。もちろん、教育的関係は教職に限らず、広く教育的営み全般に生じる。親と子の間にも教育的関係は生じうるし、師匠と弟子の間にも、また上司と部下の間にも生じる関係である。ただし、教職の場合、教育的関係のこの一般的特性とともに、

公的に根拠づけられた職業教師と児童・生徒・学生の間で取り結ばれる特殊な教育的関係が介在する。こうした教育的関係の状況に応じた複雑な特性が、その都度に求められる教職倫理の内容を規定するのである。

　教育的関係の特性として、学習内容をめぐる非対称性が挙げられる。この非対称性ゆえに、知識や技能の習得が中心課題となる学校においては、教師が生徒に対し未熟な者を見下す眼差しを向けたり、人権侵害といった暴力的働きかけを行いながらも、それらの暴力性に気づかないことになりやすい（丸山 2005）。学校教師は生徒を教育・評価する責務と権限を国家から与えられており、成果を上げようとして行き過ぎた暴力を行いやすい環境にある。行き過ぎた暴力を避けるためにも教職倫理が専門職養成としての教師教育において教えられなくてはならないのである。

第 2 節　教職倫理教育の原理

(1) 教育的関係―教職を規定するもの

　それでは、教職倫理とはどのようなものであるべきか。まず教育とはどのような関係性なのかを討議倫理学の議論を手がかりに探ってみよう。

相互主体的関係としての教育的関係理解の重要性

　20 世紀はじめ、それまでの技術的・操作的な教育理解に対抗するかたちで、ノール（H. Nohl）は「成長しつつある人間に対する成長した人間の情熱的関係」として教育的関係を定義した（坂越 2001: 81）。その後、20 世紀の言語論的転回という哲学の動きや、大人－子どもの権威的な関係性への反省を背景に、20 世紀後半には相互主体的関係が、教育的関係として提案されるようになる（今井 1985; 1999）。このとき、しばしば参照されたのが、ハーバーマス（J. Habermas）がアーペル（K. –O. Apel）とともに進めてきた討議倫理学（Diskursethik; discourse ethics）、あるいはハーバーマスのコミュニケーション的行為の理論であった。なお、こうしたドイツの動きは日本の教育実践にも影響をもたらしている（例えば、渡邉 2016）。

　これら討議倫理学やコミュニケーション的行為の理論によれば、懸案となる問

題について、相互が対等な関係で根拠を証示しながら話し合いを行いそのつど合意を形成し、それを遵守していくことによってより良き合理的な社会が実現される。こうした平等な主体－主体間の話し合いは討議（Diskurs）と呼ばれ、これは一方の主体がもう一方を客体として、自身の目的を達成するために道具的・操作的に関わる行為（戦略的行為）と対照をなすものとして特徴づけられる（Habermas 1983=2000; 1995(1981)=1985, 1986, 1987）。こうした考え方を参考にしたとき、教育という関係は、教師が主体、子どもがその操作客体という関係性ではなく、教師と児童・生徒は、お互いに意図を有した平等な関係にあると理解することができるようになる。教師と子どもは、相互主体として知や規範について合意形成を図っていく共同行為をなすのである（例えば、Burckhart 1999; Masschelein 1991; 渡邉 1999; 野平 2007）。

　このような討議倫理学的な教育的関係理解は、現代きわめて重要であると言えるだろう。なぜなら、哲学的には現代社会はポスト形而上学の時代と言われ神等の絶対的根拠は想定できず、したがって大人が子どもに絶対的に提供しうる正しい知や規範も存在しえないからである。また、実際の生活世界においても、外国にルーツのある児童・生徒の増加や、ジェンダー規範の変化などによって、従来自明と思われてきた文化や価値が揺らいでいる。こうした現代の状況は、大人が子どもとともに真理や規範を共に構築していくという討議的な教育的関係の重要性を物語っているといえるだろう。

〈他者〉に目を向けることの重要性
　しかしながら、教育という関係はこのような関係性でのみ説明されるだろうか。討議は、きわめて高次な知的・論理的な言語能力、合意された真理・規範を遵守する行為能力を前提とする。このことは、言語能力が未形成な子どもに関わる教育という営みの理解と矛盾する。さらに、障がい等で論理的な言語的表出が困難な人々を、教育（の構想）から締め出すものになってしまう。あるいは、言語の力（ロゴス）を強調することで、子どもなどに接し向かうときに作用する情感（パトス）に目を閉ざすことにもなる。このように考えるなら、討議的関係だけで教育という営みを捉えることは無理がある。とすれば、このような討議的関係には統合・

包摂しきれない者／もの——本章ではこれを〈他者〉と呼ぶこととする——との関係も教育的関係のなかに適切に位置づけることが必要といえるだろう。そこで、このことを考えるために、ここではアーペルの討議倫理学、とりわけ晩期の「共同責任（Mitverantwortung; co-responsibility）」の議論に注目したい。

しかし、そもそもなぜアーペルなのか。アーペルこそ、ハーバーマスが批判するように（Habermas 1983, 106=153）、言語というロゴスを至高とし第一哲学を志向するのではなかったか。つまり、言うなれば、アーペルの討議倫理学に〈他者〉の位置はないのではないか。そうであれば、むしろ「他者」を積極的に論じるハーバーマスの議論を検討することの方が適切ではないのか。

たしかにハーバーマスは、フェミニズム等の承認論へ関連することをとおして、「他者の受容」を問題にしている（Habermas 1999 (1996) =2004）。そのさい、ハーバーマスは、何らかの要因でマイノリティとなり不公正な扱いを受けている人々の関心は、生の意味や価値をめぐって彼／彼女から声があがることで、生の諸条件を是正する法整備へ繋がっていくと論じる。しかし、ここにはロゴスの外部にいる〈他者〉への認識の甘さがある。というのは、声があがり、それによって合意を追求する討議が生じることをやや楽観的に期待してしまっているからである。声・言葉をもたない者、論理的思考へはまだ至っていない者の関心が、どのよう配慮されるかについての認識・考察が不徹底となっている。この点において、ハーバーマスの他者論には限界がある。

〈他者〉が可能にする討議的関係
——アーペル「共同責任」概念におけるヨナスの影響が示すもの——

アーペルは、ハーバーマスとは対照的に、人間のロゴスに一切の優位を見るが、しかしそのことで逆にロゴスの限界にぶつかり、それをめぐる議論を1990年代に入り新たに展開している。そこでは「共同責任」概念が中心になっている。このアーペルの「共同責任」論は、討議的関係とそこに還元されない〈他者〉との関係が問題となっており、討議倫理学と〈他者〉との関係性を考えるうえで、新たな気づきをもたらすものになっている。ただし、ここで強調しておきたいのは、本章はアーペルの「共同責任」論そのものに意義を見出すのではなく、アーペル

のこの議論遂行が示すことの意味合いに着目するということである。なお、こうした見方は、デリダ（J. Derrida）の脱構築的な哲学的立場から、討議倫理学を批判的に検討している宮﨑裕助（2004）の議論に負っている[1]。

アーペルは討議倫理学の基礎に「共同責任（Mitverantwortung）」を見る。これは、人が有意味な言語コミュニケーションを他者に向けてなすとき（つまり対話ないし討議を行おうとするとき）、つねにすでに承服している根源的（primordial）な規範的事実を指している。すなわち、対話者の同権性を承認し、その上で彼／彼女らに応答し討議の実現に共に責任を持つという事実である。なお、アーペルはこの「共同責任」の根源的な規範性を、遂行的矛盾に訴えて証明する。かりに「私はあなたとともに責任を負っていない」（「共同責任」の否定）と主張する者がいるとしても、その彼／彼女の言語行為の遂行は、その真理要求（「共同責任」の否定）と矛盾する。それゆえ、アーペルによれば討議時の「共同責任」は根源的な規範性を有するものとして根拠づけられる（Apel 2000）。

ここで注目したいのは、アーペルのこの「共同責任」には、ヨナス（H. Jonas）の「責任の原理（Prinzip Verantwortung）」（Jonas 1984 (1979)）との格闘が影響を及ぼしているということである。ヨナスの言う「責任（Verantwortung）」とは、力を有した者が非力な者に直面することによって、それに応じそこに手を差し伸べることを避けられなくなるという言わば人間学的な事実を指している。そしてこの人間学的事実は、感情に駆動されている。アーペルはこうしたヨナス的な応答／責任が、討議の生起にも働いているとみる（Apel 2001, 103f.）。ただし、アーペルは、この非対称な責任感情は、相互主体的な討議的応答の関係性に先行するとは考えない。あくまで両者は「等根源的（gleichsprünglich）」である（ebd., 105）。アーペルは、ヨナスの「責任」を、自身の討議倫理学の立場から、「共同責任」へと転換しているのである（Sikora 2003, 67f.）。

こうした「共同責任」概念は——アーペルの意図とは別に——、討議的関係にとって、ヨナス的な応答責任（ないしはケア論的関係性）が不可欠な契機であることを示唆している[2]。討議的関係には還元されない、つまり討議能力や合意遵守の行為能力を有しているかどうかは問われない者、そしてその彼／彼女に生じている解決や改善を要する事態への感応が、討議主体ないしは討議的関係を可

能にしているということである。討議倫理学は、その〈他者〉によって逆説的なかたちで可能となっているといえよう。

教育的関係：対称的なロゴス的関係と非対称なパトス的関係の交叉

このことは教育的関係理解にとって非常に重要な意味をもつ。すなわち、教育的関係を一方において討議的関係として理解しようとすれば、それは必然的・同時的に討議的関係を志向する教師という主体の出来契機として、ヨナスの責任概念が示唆するような非対称な応答責任的関係への志向をも他方で要請しなければならないということである。このように考えるとき、教育的関係は、言語を媒体として合意を論理的に形成していく討議的・対称的な関係（ロゴス的関係）と、一方が他方に直面することで不可避的に応答し責任を感じるような非対称な関係（パトス的関係）の二つを構成要素とすると言えるだろう。そのさい、後者が前者を駆動し、そのことによって前者の討議的関係が生じるという意味で、討議的な関係性と応答責任的な非対称の関係性は、垂直的に交叉していると見ることができる。

ただし、ここで注意しておきたいことはこの二つの関係性は相互補完関係にあるということである。というのは、たしかに対称的な討議的関係は非対称的な応答関係によって可能になるが、しかしこの非対称的な応答関係のあり様は討議的な関係によって吟味にさらされる必要があるからである。教師にとって〈他者〉との出あいに身を開いておくことは重要であるが、その〈他者〉との関係のあり方が双方の当事者にとって不具合なものとなる可能性も否定出来ないからである（例えば、一方の教師にとっては過剰すぎる負担であったり、他方の子どもにとっては教師の独りよがりすぎる配慮であったりする等）。それゆえ、討議的関係と応答責任的関係は相互に補完しあう関係なのである。

(2) 教職倫理の内容

さて、このように教育的関係を捉えるなら、教職に求められる倫理はどのようなものになるだろうか。ここでは、公教育を念頭に置きながら考えてみたい。そのさい、主に討議的関係を重視する教職倫理を「討議論的な教職倫理」、討議的関

係の外部への配慮に主に関心を置く教職倫理を「他者論的な教職倫理」と便宜的に呼ぶことにする。

討議論的な教職倫理
・公平・公正・法令遵守
そもそも、討議倫理学ないし討議を重要視するということは、人格間の平等性、公正性——普遍的な関心を考慮し、正しさに関心をもつこと——、そして討議によって合意された決定事項の順守——規則遵守（法令遵守）——の意義を承認することを意味するだろう。とりわけ、学校教育の公的性格を考えたとき、これらがまずは教職倫理として重要となる。
・対称的・相互主体的な関係としての教育的関係理解
したがって、教師は——ここまで述べてきたことと重なるが——児童・生徒を意図をもつ主体として平等な関係でとらえ、彼／彼女らと、討議的な話し合いによって知や規範の共同構築をめざす、という姿勢が求められるだろう。
・討議能力形成の重要性を理解する
また、こうしたことは、討議能力（対話パートナーを平等な人格と見なす、論拠を挙げて主張する、皆が納得できる理由での合意を目指す等）の重要性も含意する。この能力を、児童・生徒において育むのみならず、教師自身もそれを身に付けることが、教師にとっての倫理的課題になる。

他者論的な教職倫理
・非対称関係としての教育的関係理解と多様性・複数性の維持・創設
討議的関係は、討議能力には統合・回収されないような者／もの（への関係性志向）によってこそ始まるのであった。とすれば、その討議主体＝教師は自己自身をそもそも本質的に形成している者／ものの有意味性を積極的に認めなければならない。具体的には、言語能力がまだ十分ではない子どもの意見、障がいゆえに論理的な言語を表出することが困難な人々の表現、異なる文化にいる（から来た）人々の主張、あるいは同じ文化圏にいる人でもまったく意見が合わない人の意見。さらには、教師自身の感情的なもの等々。これらの人々あるいは自身の感

情などの〈他者〉とともにあらねばならないことを、承認しなければならないのである。教師は、一方では討議による合意形成という意味でそれらの解消を目指しながらも、他方においてはそれらは克服・解消不可能であるという自覚を徹底してもたねばならないのである。アレント（H. Arendt）の語を用いれば、教師には、多様性・複数性の維持・創設という倫理が要請されるのである。

・ケアする／される人間像理解及び関わりにおけるパトスの意義

また、討議の契機として「責任／応答」に着目するということは、人間――教師である自分も、また向かい合う児童・生徒も――をまさにケア・気遣い・責任（応答）を担う存在として捉える重要性も含意するだろう。したがって、ここからは、教師自身が受動性・感応性を働かせながら、関わりに臨むことが教職の倫理として重要になることも明らかとなるだろう。

第3節　教職倫理教育の方法としてのケースメソッド

ケースメソッドとは

それでは、こうした教職倫理は、どのような方法で教えることができるだろうか。ここでは、その一つの方法としてケースメソッドを提案したい。

ケースメソッドとは20世紀に入り、主に米国において専門職教育（法曹、医師等）の教授法として開発されたものである。日本でも、経営学や看護学等、即座の判断がつねに求められ、しかもその判断力の継承（教育）が課題になるような分野において導入され、近年は教師教育においても実践されはじめている（例えば、日本教育経営学会実践推進委員会 2014）。本章では、米国において、ストライク（K. Strike）らが教職倫理教育として提案・実践している進め方を主に参照する（Strike/Soltis 2009）。

彼は、教師が遭遇する倫理的なジレンマのケース（事例）を、学生にディスカッションさせる。取り上げられるテーマは、罰、知的自由、多様性、公正・公平な扱い、（生徒の）宗教観、民主主義、教師のバーンアウト、親との関係、セクシャルハラスメント等、多岐にわたる。一例を挙げると、スポーツ推薦で入学してきたスター学生の取扱をめぐるものがある。その学生が学期末試験において不正

を行っていたことを見つけた新人教師が、それを処罰委員会に報告するのか、学生の進路（奨学金の剥奪・退学の可能性等）を考え、言わないでおくのかをめぐって悩むケースである。ストライクは、これらのケースについて、非帰結主義と帰結主義の二つの視点から考えさせることを提案する。先に挙げた例に則して言うと、「嘘はだめだから不正を報告すべきだ」と考えるのが非帰結主義的思考であり、学期末試験の不正を報告することで生じるさまざまな帰結（学生個人のその後の人生の不調、スポーツ実績で大学が受けうる多様な利益）に着目するのが帰結主義的な思考である。こうした二側面での思考を踏まえたディスカッションが倫理的探究のレッスンになると考えられている。

他者を理解し合意を形成する言語能力の形成

倫理的思考のレッスンという意図に加え、こうしたケースディスカッションで期待されているのは、言語運用能力による他者理解の技倆の獲得である。ストライクによれば、ひとは生まれ育った共同体において通用する一次的道徳言語を習得する。しかし、他者との対話に際して、この道徳言語では十分ではない。公共的道徳言語が必要となる。この言語によって、ひとびとは公共的案件に関して折り合いをつけつつ、合意できない相手とも平安に生活を送ることができる。ストライクは、この公共的道徳言語の基盤を、ロールズ（J. Rawls）の「重なり合う合意」に求めている。

ストライクによれば、授業に参加する学生ははじめ一次的道徳言語しか持ち合わせておらず、自らの見解を他の学生にうまく説明することができない。あるいは偏狭な見解をぶつけ合うのみである。しかし、ディスカッションを繰り返すうちに、ある程度折り合いをつけることができるようになる。そうしたプロセスにおいて、倫理推論能力が育成されると考えられている（Strike 1993）。

他者論的視座からの言語能力育成の必要性

ここで、ストライクが求めるディスカッションのイメージは、あくまで——本章での言い方をすれば——討議論的なものであり、他者論的な教職倫理を十分にはカバーしきれないことに留意しておきたい。「多様性」や「共生」に関するケース

をディスカッションすることで、他者論的な倫理に接近することは一定度は可能である。しかし、ここで問題にしたいのは、ディスカッションの対象ではなく、そのディスカッションで用いられる言葉の質、ないしはコミュニケーションのモードである。ストライクが目指すのは、「公共的道徳言語」の獲得である。言わば、知的で論理的な、汎用的言語能力である。もちろん、今まで述べてきたようにこうした言語能力は重要である。しかしながら、他者を〈他者〉として保持し大事にするという他者論的倫理と、自説を論理的に述べ合意を形成しようとするコミュニケーションは本質的には相容れない。というのも、そうしたコミュニケーションは、究極的には合意という一元化を志向するものであるため、原理的には多元性と矛盾するからである。したがって、また別種のコミュニケーションのモードが要求されるのである。そこで、このもう一つコミュニケーションのあり様を「会話」として明確にしておきたい。

「会話」

　表象主義を批判し、言語論的転回を経由して解釈学的転回へ向かうことを提言したローティ（R. Rorty）は、その『哲学と自然の鏡』を「人類の会話のなかでの哲学」という節で閉じている（ローティ 1993）。この標題はオークショットの論文「人類の会話のなかでの詩の声」を踏まえて名づけられたものであった。オークショット（M. Oakeshott）によれば、会話は、多様な声が存在しているから可能になる。異なる声がお互いを承認し合い、お互いが同化し合うことを要求せず、予定もしない。「多種多様な思想が翼を得て飛び立ち、お互いの動きに呼応し、お互いが生き生きとした力を発揮するように刺激し合いながら戯れ合う」（オークショット 1988: 213）のである。

　ローティは、こうした会話の特性を「共約化」と対比して描いている（彼はここで科学史家クーン（T. Kuhn）が論争を引き起こした「共約不可能性」を念頭においている）。ローティによれば、認識論に即した哲学（討議倫理学もここに含まれる）は、共約可能であること、すなわち、「諸言明が衝突し合うと思われるあらゆる点に関する論争を決着するに際して、いかにしたら合理的一致が得られるのかを示すような一連の規則をわれわれが持ちうる」ことを前提にする（ローティ 1993:

368)。この場合、哲学の役割は、「万人の共通の地盤を知っている文化の監督者の役割」（ebd., 370）である。一方「会話」を前提とする哲学は、解釈学に即して、「さまざまな言説の間をとりもつソクラテス的媒介者の果たす役割」（ebd.）を担う。

　異質性を認めつつ、お互いに刺激し合い、一致できるときにはそのことを享受する、この「会話」的なコミュニケーションが、教職倫理教育には求められるのである。

　もちろん、自らの合理性を唯一の正しさとして前提としない会話の技倆を教えることは容易ではないだろう。一律に因果関係のもとでは制御しがたい働きかけであり、会話の技倆を多少なりとも心得た者を交えた会話を実際に繰り返すことによってしか修得しえない技倆であろう。ウィトゲンシュタイン（L. Wittgenstein）は、「言語の呪縛と解放」を主題に、そうした教育の重要さと困難を彼の哲学教育の実践のうちに示していた。言葉を使うということは、既存のものの見方に囚われていることであり、その枠組から学習者を解放するのは容易なことではない。それゆえ、ウィトゲンシュタインはケンブリッジ大学における彼の授業において、さまざまな事例を示し問いかけることによって、学生らに既存のものの見方から自らを解放する機会を与えようとしたのであった[3]。

　このように会話の技倆の教育とは、他者と出会うことを通じて、自らを自らの呪縛から解放する技倆の教育である。教職倫理教育においても、こうした会話モードのコミュニケーションを通して、学習者を自らの囚われから解放することが重要である。それによってこそ、多様性・複数性をとりもつ教師が実現するのである。

今後の課題と展望

　今日の教育をめぐっては、一方では批判的思考やプログラミング教育に代表されるように論理的な資質や能力（ロゴスの力）を育むことが、他方では人間の生はそうした論理的な力で汲みつくされるのか（されるべきではないのではないか）という観点から〈他者〉の余地を残すこと、あるいはパトスに期待を掛けることが――二者択一的ではないにせよ――立場を二分して論じられているように思われ

る。当然、教職倫理教育も、どちらの立場に重心を置くかによって、その内容や方法が変わってくるだろう。しかし、本章では、こうしたやや二分した教師教育をめぐる議論状況に対して、「どちらも」という方向性を、教育的関係の原理的考察から導いた。ロゴス的に子どもに関わろうとする姿勢は、子どもへのパトスに支えられている。子どもをはじめとする〈他者〉が存在する余地を守り・残し、それらに驚き・当惑するパトスの力が教師にとっては重要である。しかし、またそのパトス的関わりは、少なくとも専門職として教育に携わる立場にあっては、ロゴスの力によって精査されることに開かれていなければならない――。

そして、この教職倫理教育の方法として、ケースメソッドを提案した。例えば「公正」や「多様性」をテーマに、判断に困るようなケースを非帰結主義的、帰結主義的の二方面から検討させ、ディスカッションさせるというものである。これによって、教育の場面おける倫理的思考を論理的に鍛えることができる。加えて、意見の異なる他者ともコミュニケーションを継続するという「会話」モードにも留意させる重要性を指摘した。

今日、教職倫理に関わっては、教員養成段階の集大成に位置づけられる教職実践演習において「使命感や責任感、教育的愛情等」の育成・定着が要請されている。教員研修段階では、各都道府県教育委員会が教員育成指標を策定し、教職に関する倫理的項目が挙げており、また日本教育経営学会は校長の専門職基準のなかに「倫理規範」の項目を置き、これをケースメソッドで教えることも提案している。しかしながら、教職倫理についての原理的な研究、それに基づく実践開発は、教育学全体においてはまだ緒についたばかりであり、専門職教育としては議論が十分に深められているとはいえない。

今後は、本章で示したような原理的な提案がさらに深められ[4]、教師教育の場面に適用されていかねばならない。教育の倫理的問題に積極的に応答する教育の倫理学の構築、展開も求められるだろう。

注
1 宮﨑は、討議倫理学そのものの遂行的矛盾を、すなわち自らの立場を根拠づけるためになすコミュニケーションの「理想的な想定」が、「理想化不可能な他者との根本的な対立関係に依存することではじめて主張可能になっている」ことを明らかにしている（宮﨑 2004, 179）。

2　この論証については、詳しくは丸橋 2016 を参照されたい。
3　このことは詳しくは、丸山 2007 を参照されたい。
4　このことに関わって、丸山 2001 も参照されたい。

引用参考文献

今井康雄，1985，「解放的教育学」小笠原道雄（編）『教育学における理論＝実践問題』学文社，115-138 頁．

今井康雄，1999，「ハーバーマスと教育学」，原聰介他編『近代教育思想を読み直す』新曜社，221-239 頁．

オークショット, M., 1988,「人類の会話における詩の声」，澁谷浩他（訳）『保守的であること：政治的合理主義批判』昭和堂．

坂越正樹，2001『ヘルマン・ノール教育学の研究』風間書房．

日本教育経営学会実践推進委員会（編），2014,『次世代スクールリーダーのためのケースメソッド入門』花書院．

野平慎二，2007，『ハーバーマスと教育』世織書房．

丸橋静香，2016，「K・-O・アーペルの討議倫理学における「共同責任」概念の教育学的意義：H・ヨナスの責任原理への批判的応答の検討をとおして」，『教育哲学研究』第 113 号，75-93 頁．

丸山恭司，2001，「教育倫理学の可能性」，『教育学研究紀要』第 46 巻第 1 部，28-33 頁．

丸山恭司，2005，「教育現場の暴力性と学習者の他者性」，越智貢（編）『岩波応用倫理学講義 6 教育』岩波書店，116-131 頁．

丸山恭司，2007，「言語の呪縛と解放：ウィトゲンシュタインの哲学教育」，『教育哲学研究』第 96 号，115-131 頁．

宮﨑裕助，2004，「行為遂行的矛盾をめぐる不和：デリダと討議倫理学の問題」，『フランス哲学・思想研究』第 9 号，172-185 頁．

ローティ, R., 野家啓一（監訳），1993,『哲学と自然の鏡』，産業図書．

渡邉満，1999，「道徳教育の再構築：コミュニケーション的行為理論を通して」，小笠原道雄（監修）『近代教育の再構築』福村出版，83-101 頁．

渡邉満，2002，「教室の規範構造に根ざす道徳教育の構想」，林忠幸（編）『新世紀・道徳教育の構造』東信堂，112-129 頁．

渡邉満，2016，『「特別の教科　道徳」が担うグローバル化時代の道徳教育』北大路書房．

Apel, K. -O. 2000, *First things first. Der Begriff primordialer Mit-Verantwortung. Zur Begründung einer planetaren Makroethik*, in: Kettner, M.(Hrsg.), *Angewandte Ethik als Politikum*, Frankfurt/M.: Suhrkamp, 21-50.

Apel, K. -O. 2001, *Primordiale Mitverantwortung. Zur transzendental-pragmatischen Begründung der Diskursethik als Verantwortungsethik*, in: Apel, K. –O./Burckhart, H., *Prinzip Mitverantwortung. Grundlage für Ethik und Pädagogik*, Würzburg: Königshausen & Neumann, 97-121.

Burckhart, H., 1999, *Diskursethik, Diskursanthropologie, Diskurspädagogik*, Würzburg: Königshausen & Neumann.

Habermas, J., 1983, *Moralbewusstsein und kommunikatives Handeln*. Frankfurt/M.: Suhrkamp= 三島

憲一他（訳），2000，『道徳意識とコミュニケーション行為』岩波書店．
Habermas, J., 1995(1981), *Theorie des kommunikativen Handelns*. Band 1,2, Frankfurt/M.: Suhrkamp= 河上倫逸他（訳），1985-1987，『コミュニケイション的行為の理論』（上・中・下）未来社．
Habermas, J., 1999(1996), *Die Einbeziehung des Anderen*. Frankfurt/M.: Suhrkamp= 高野昌行（訳），2004，『他者の受容』法政大学出版局．
Jonas, H., 1984 (1979), *Das Prinzip Verantwortung. Versuch einer Ethik für die technologische Zivilisation*, Frankfurt/M.:Suhrkamp= 加藤尚武（監訳），2000，『責任という原理：科学技術文明のための倫理学の試み―』東信堂．
Maruyama, Y./Ueno, T., 2010, *Ethics Education for Professionals in Japan: A Critical View*, in: Educational Philosophy and Theory, 42-4, 438-447, Blackwell.
Masschelein, J., 1991, *Kommunikatives Handeln und pädagogisches Handeln. Die Bedeutung der Habermasschen kommunikationstheoretischen Wende für die Pädagogik*. Weinheim: Deutscher Studien Verlag.
Parsons, T., 1968, *Professions*, in: Sills, D. (ed.), International Encyclopedia of the Social Sciences 12, New York: Macmillan.
Roos, P. A., 1992, *Professions*, in: Borgatta, E. F./Borgatta, M. L. (ed,), Encyclopedia of Sociology, New York: Macmillan.
Sikora, J., 2003, *Zukunftsverantwortliche Bildung. Bausteine einer dialogisch-sinnkritischen Pädagogik*. Würzburg: Königshausen & Neumann.
Strike, K.A., 1993, *Teaching Ethical Reasoning Using Cases*, in: Strike, K. A./Ternasky, P.L. (ed.), Ethics for Professionals in Education, New York: Teachers college Press(Columbia University).
Strike,K. A./Soltis, J.F., 2009, *The Ethics of Teaching*, 5th ed., New York: Teachers college Press(Columbia University).

さらに勉強をしたい人のための文献案内

①坂越正樹，2001，『ヘルマン・ノール教育学の研究』風間書房．
　本章では、教育的関係の原理的な考察から、教職倫理として論理的な資質形成へ関心をもつこと（ロゴス志向）と今ここのかけがえのない生への配慮に関心をもつこと（パトス志向）の「どちらも」が重要であることを論じた。このことは、すでに20世紀はじめノールが議論していたことである。しかし、ノール教育学の一方のパトス志向性はナチズムに包摂されていく。本書は、そのノール教育学の軌跡を描いたものである。一方の極に寄りすぎることの危険性、それゆえロゴス志向とパトス志向の緊張関係に留まって教職倫理を構想することの重要性を、教育学の歴史から示唆してくれる書である。

②ビースタ, G., 藤井啓之，玉木博章（訳），2016，『よい教育とはなにか―倫理・政治・民主主義』白澤社．
　ビースタの本書も、ハーバーマス的な討議民主主義の意義を十分に承知しつつも、そのロゴス志向ゆえにその外部を排除してしまう問題性を認識し、〈他者〉の余地を残すことを教育の

重要なしごとの一つとして明らかにしている。ビースタはこのことを、今日の教育政策の問題点や教育哲学・政治哲学の最新動向を踏まえ論じている。こうしたビースタの議論は、本章の問題意識と関連しており、ここで提案した教職倫理教育の理解を助け、その先を考えるきっかけを与えてくれるだろう。

コラム 3 ── 教師教育

　中央教育審議会答申「教職生活の全体を通じた教員の資質能力の総合的な向上方策について」（平成 24 年 8 月 28 日）において「学び続ける教員像」が提示され、これまで以上に教師の専門性や資質能力に大きな関心が寄せられている。学校を取り巻く状況の変化は激しく、様々な教育課題が顕在化している中、教師の資質能力の向上は喫緊の課題となっている。教師は、自律的に学び続けることで、着実に資質能力を高めていくことが期待されるとともに、教師の成長を制度的に保障するための仕組み作りも進められている。近年では、教員育成協議会の設置、教員育成指標の策定等により、キャリアステージに応じて求められる資質能力が具体的に明示されることになった。このような政策の動向を踏まえつつ、これからの時代に求められる教師の専門性について考えたい。

　教師の専門性とは何か。しばしば教師は、メジャーな専門職である医師や弁護士と比較され、マイナーな専門職（準専門職）として位置づけられてきた。しかし教師の専門性は、これまで十分に明示されてきたわけではない。なぜなら、教師の職務の範囲は広く、また教職の特性を踏まえると、教師の専門性を明確に規定することは容易ではないからである。こうしたなか、教師の専門性を考える手がかりとして注目されているのが、ドナルド・ショーン（Schön, D.A.）の理論である。

　ショーンは、『省察的実践者』（1983 年）において、19 世紀以降に発展した実証主義の遺産である「技術的合理性」モデルを批判している。「技術的合理性」モデルとは、科学の理論や技術を厳密に適用する、道具的な問題解決を目指すものである。しかしショーンによれば、「私たちの知の形成は、行為のパターンや取り扱う素材に対する感触の中に、暗黙のうちにそれとなく存在している」ものであり、「私たちの知の形成はまさに、行為の〈中（in）〉にある」という（Schön 1983=2007: 50）。またショーンは、行為の中で省察するとき、人は「すでに確立している理論や技術のカテゴリーに頼るのではなく、行為の中の省察を通して、独自の事例についての新しい理論を構築する」（Schön 1983=2007: 70）と述べている。ショーンの理論を踏まえるならば、教師の仕事は、科学的な知識や技術の適用（道具的な問題解決）ではなく、複雑な状況の中で実践すること（行為の中の省察）であると言える。学校現場の諸課題は、様々な要因が絡み合う複雑な状況の中で生じており、教師は、日々

試行錯誤しながら教育実践を行っている。それゆえ教師に求められるのは、今直面している状況を読み解き（状況との対話）、状況に応じた判断や意志決定を行うことのできる力である。そして、このような力の育成こそが、今求められていると言えよう。

　現在、ほぼ全国の都道府県に教職大学院が設置され、教育委員会と連携しつつ、教師の専門性を高める取組みを進めている。しかし、教師の職能成長の在り方を考えた時、教師の専門性を高めることは必ずしも容易ではない。なぜなら、教師の専門性は、教師一人ひとりが置かれた状況の中で発揮されるからである。また、近年の教育課題の多様さを踏まえると、個人レベルの努力では限界があり、同僚の教員と協働して課題解決に取り組む姿勢が求められる。それゆえ、リフレクション、他者と協働する力、合意形成をはかる力は、これまで以上に重要となる。第16章で取り上げられたケースメソッドは、参加者が事例を手がかりにディスカッションを行い、疑似体験を通じて判断力や合意形成能力を育成しようとする有効な手法であると考えられる。

　これからの時代の教育を展望した際、グローバル化の進行、人工知能などの技術的発展を背景に、社会は大きく変化していくことが予想される。また近年、キーコンピテンシーや21世紀型スキルの重要性が指摘されているように、これからの学校教育や子供の学びの在り方も変化していくことは必然である。それに伴い、今後、教師の役割は、どのように変化していくのだろうか。教師の専門性をいかに規定していくかが課題として残されていよう。

引用参考文献

Schön, D.A., 1983, The Reflective Practitioner: How Professionals Think in Action, New York: Basic Books. ＝2007, 柳沢昌一, 三輪健二（監訳）『省察的実践者とは何か―プロフェッショナルの行為と思考』鳳書房.

塩津英樹

おわりに

　「教育的関係」という視角を通して、私たちは教育現象の何を見て取ることができるのだろうか。
　教育学を学び始めた頃——もう30数年前のことであるが、「教育的関係」という言葉と出会い、ワクワクした記憶がある。これまで捉えることができていなかった何かを新たに見せてくれる視角のように思えたからである。実際当時、哲学や社会学でキーワードとなりつつあった「間主観性」「他者性」「メディア」といった言葉がもっていたのは関係性への視角であった。この「教育的関係」という言葉を紹介・解説してくださったのは、広島大学で開講されていた学部生向けの集中講義「教育人間学」を担当くださった坂越正樹先生ではなかったろうか。坂越先生は当時、福岡女子大学にお勤めであり、その後間もなく広島大学に異動された。

　本書は坂越先生が広島大学を定年退職されるのを機に編まれた論集である。
　本書は二つの性質を併せ持つ。一つは、監修者である坂越先生が切り拓かれたいくつかの研究分野に応じるかたちで、執筆者それぞれがこれまでの研究成果を「教育的関係の解釈学的研究」としてまとめた集大成的特質である。分野としては、ドイツ精神科学的教育学を結節点とする教育思想史的学説史的系譜研究、陶冶論、道徳教育論、教師教育論等になる。執筆者のなかにはこれらの分野から自分自身の研究テーマを絞り込み、坂越先生に指導を受けた経験をもつ者も多い。
　そしてもう一つの性質は、これからの教育的関係論を展望し、新しい研究を創らんとする挑戦的実験的特質である。「はじめに」で触れられているように、いま「教育的関係」に着目して論ずることは、人間と人間の〈あいだ〉の問題を中心としつつ、さらに人間とモノ、人間と世界との関係に目を向けることによって、教育の現在をあらためて問おうとする教育学的思考の実験的営みを意味する。とり

わけ 8 本の共著論文は、複数の考えがぶつかり合い調停されるという、共同執筆の過程において生じる新構想が期待された。残り 8 本の単著論文であっても新機軸を模索した論考となっているはずである。

　言うまでもなく、「教育的関係」に着目し論ずることは関係性の存在を前提としている。実体 a や実体 b のみに目を向けるのではなく、それらの間に見出される関係 R 自体を主題化するのである。
　ただ、この aRb（a は b に対して関係 R にある）という関係式の有り様には注意を要する。確かに、人間 a と人間 b の間に関係性がなくとも、a と b は実体として存在する。しかしながら、人間 a を「教師」と認識するためには生徒の存在が前提になっており、その意味で人間 a が教師であるためには、常に既に教師生徒関係の存立が要件となっているのである。つまり、特定の関係が前提となってはじめて、あるモノがそのようなモノとして認識されるということである。「資質・能力」を個人が獲得した特性として実体的に捉えるのか、それとも、ある関係において個人に帰属されるものとして関係論的に捉えるのかでは、その身につけ方も評価の仕方も大きく異なる。教育的関係論は、子どもや教師の有り様を個体レベルで捉えるのみでは見えて来ないものを、他者との関係、さらには、変容する環境（文化や制度）との関係において捉えることにより、既存の教育現象の新たな見方を提案するのである。

　監修者である坂越先生の定年退職を機に編まれた論集であることから、最後に坂越先生が大学人として歩まれた足跡の一部を記しておきたい。
　坂越先生は多方面に秀でた大学人であった。緻密で重厚な学究経験とこれに基づく適確な研究指導、軽快で楽しい授業、教育学研究科長また副学長としての大学運営手腕、さらには中央教育行政並びに地域の教育への助言に至るまで、どの活動においてもお仕事を完璧にこなされながら暖かくひとを包み込む先生のお姿がある。本書もまた、研究指導によって育てられた者が集いまとめたものである。
　坂越先生は兵庫県にお生まれになり、1972 年に広島大学教育学部教育学科に入学された。大学院時代は、新進気鋭の研究者としてドイツから戻られたばか

りの小笠原道雄先生から学説史研究の手法を学ばれる。教育哲学研究室では、シュプランガーのナチズム問題を取り上げた田代尚弘先生やコミュニケーション的行為理論に基づく道徳教育論を展開された渡邉満先生を先輩にもち、同輩・後輩の上畑良信先生、鳥光美緒子先生、今井康雄先生らと切磋琢磨しながらノール研究を深められた。1981年の広島大学教育学部助手を皮切りに、広島文化女子短期大学講師、福岡女子大学文学部助教授を経て、1988年に広島大学教育学部講師に着任される。間もなく1991年にはフンボルト財団研究奨学生としてドイツ・マールブルク大学に留学され、W. クラフキー教授のゼミに参加された。留学中に築かれたネットワークは、例えば、国際共同研究「日独比較による戦前・戦時・戦後教育学の連続性と非連続性」（科研費・基盤研究 (B)）に活かされている（その成果の一部は、Pädagogik im Militarismus und im Nationalsozialismus: Japan und Deutschland im Vergleich, Julius Klinkhardt, 2006 に結実した）。1999年に学位論文「ヘルマン・ノール教育学の研究―ドイツ改革教育運動からナチズムへの軌跡―」を広島大学に提出され、2001年には風間書房より上梓された。学究活動の傍ら、坂越先生が授業のなかでお話される「子ども論」は学部生を魅了し、多数の学生が先生のゼミ生になることを希望する人気教授であった。2002年から6年間広島大学に教育哲学会事務局が置かれた際は事務局長として学会運営に携わられ様々な改革を進められた。2006年からは広島大学の教育学研究科長、副学長、理事を歴任され大学の飛躍に大いに貢献された。この他、東広島市教育委員会、広島県の協議会、文部科学省中央教育審議会でも教育学の専門家として議論をリードされている。

坂越先生が広島大学に赴任された頃は、広島大学が広島市東千田キャンパスから東広島キャンパスへと移転した時期と重なる。何もない新キャンパスにおいて、一から教育と研究の文化を創られたのが、小笠原先生とともに後進の指導に力を尽くされた坂越先生であった。広島大学が教育哲学研究の一つの発信地として内外から認知されるようになったのも坂越先生のお陰である。本書で執筆者らが示す研究のレベルと質がその学恩に報いるものとなっていることを願う。

編集作業は、編者である山名と丸山とともに、岡山大学の小林万里子と島根

大学の丸橋静香が実質的に加わって行われた。とりわけ小林、丸橋のお二人には、本書の構想の提案に始まり、執筆者への依頼、原稿の督促まで、論集の要となる作業を担っていただいた。お二人の協力なくして本書がスケジュール通りに刊行されることはなかったであろう。

　東信堂社長の下田勝司様には、本書が形を得て世に生み出されるにあたり、多大なるお力添えをいただいた。私どもの提案を出版企画に乗せてくださっただけでなく、こぢんまりとまとまりつつあった本書の構想に対し、もっと野心的であるべきと叱咤激励くださった。「教育的関係」という視角から、現代日本の教育状況を一新させるような、そして、これからの教育のあるべき姿を示唆するような論集を出すように、との励ましであった。下田社長のお言葉がなければ、本書の構成は現行のものと大きく異なっていたことだろう。執筆者を代表して心よりお礼申しあげる。

　　　　　　　　　　　　　　　　　　　　　　　　　　　　　　丸山恭司

事項索引

【英字】

AI ……………………………………………… v

【ア行】

アーキテクチャ………………210, 212, 215, 216
愛と権威……………………………………………6
アウシュヴィッツ………………………………230
アクティブラーニング……………165, 223, 226
アスペクト………………………………………183
アナロジー…………………………………151, 152
アポロン…………………………………44, 57, 58
生きる力…………………………………………58
意志………………………44, 45, 49-51, 53, 55-57
　　意志の哲学…………………………………52
　　力への意志………………………………50, 56
一時的変化………………………………………144
インファンティア………………………………160
エートス…………………………………………163
江戸しぐさ………………………………………225
厭世主義…………………………………………45
応答…………………………………………101, 244
　　応答関係…………………………………242
　　応答責任……………………………241, 242

【カ行】

改革教育……………………………………55, 56
　　改革教育運動………………………………56
外国にルーツのある児童・生徒………………239
解釈学…………………………………………45
解釈学的転回……………………………………246

会話………………………………………………246
学習過程……………………………………145-147
学習者－学習者…………………………………13
学問の自由………………………………………95
家族………………………………………………229
価値………………………………………………173
貨幣化……………………………………………65
貨幣の哲学………………………………………65
神の死……………………………………………49
カルチュラル・スタディーズ…………………217
環境管理型権力…………………………………216
感情作業…………………………………………129
観念論…………………………………46, 53, 54
危機…………………………………………149, 150
技術的操作………………………………………100
規則のパラドックス……………………………179
規範的予期………………………………………174
球体法則観……………………………………31, 36
ギュゲスの指輪…………………………………18
教育的家庭………………………30, 31, 33, 34, 36, 37
教員養成…………………………………………80
共感という名の侵襲……………………………134
教師教育…………………………………………244
教職大学院…………………………………236, 237
教職倫理……………………………………237, 242
　　教職倫理教育……………………………237
共存在…………………………………118-120, 122-124
共通善…………………………………………113, 115
共同感情…………………………………………34
共同責任……………………………………240, 241

共同体 …………………………………… 161
教養 ………………………………… 47-50, 54
教養俗物 …………………………………… 47
儀礼的無関心 ……………………………… iii
近代 ………………………… 44-47, 49, 50, 51, 59
『空中都市 008』 …………………………… ii
グローバリズム …………………………… v
軍隊教育学 ………………………………… 80
ケア …………………………… 126, 137, 244
　　ケア論 …………………………………… 241
　　職業としてのケア ……………………… 136
　　パターナリスティックなケア ………… 130
経験 ………………………………………… 159
形式社会学 ………………………………… 64
ケースメソッド …………………………… 244
言語 …………………………………… 145, 150
言語化 ………………………………… 149, 150
言語活動 …………………………………… 160
言語ゲーム ………………………………… 148
　　言語ゲーム論 …………………………… 178
言語論的転回 ………………………… 238, 246
顕在的カリキュラム ……………………… 146
権力関係 ………………………………… 97, 99
合意 ……………………………………… 239, 240
合意形成 ……………………………… 200, 205
公共問題 ……………………………… 197, 200
構想力 ………………………………… 120-123
公民教育 ……………………… 79, 80, 82, 88
功利主義 …………………………………… 53
声 ……………………………………… 160, 246
国旗国歌法 ……………………………… 225
子どもの発見 ……………………………… 6
コミュニケーション的行為 ……………… 238
コミュニタリアニズム ………………… 113
コンフリクト ………………………… 150, 152

【サ行】

再教育 ……………………………………… 83
差異の中の同一性 ……………………… 135

ザッハリッヒカイト ……………………… 65, 75
サディズム ………………………………… 230
死 ……………………………………… 118, 119
ジェンダー ………………………………… 239
自覚化 ……………………………………… 150
自我形成 …………………………………… 229
自然科学 …………………………… 45, 46, 53, 55
実践知 ………………………………… 145, 146
シティズンシップ教育 …………… 200, 203, 206
市民性 ……………………………………… 91
社会化 ……………………………………… 64
社会現実 …………………………………… 64
自由意志 …………………………………… 71
自由人協会 ………………………………… 20
主体－主体関係 …………………………… 9
純粋贈与 ………………………………… 135
状況の定義 ……………………………… 142
人格 ……………………………………… 173
人格的な関係 ……………………………… 6
新教育 …………………………………… 148, 228
　　新教育運動 ……………………………… 80
神性 ………………………………………… 34
身体 …………………………………… 44, 53-56, 58
身体化 ………………………………… 145, 146, 149
身体的母性 ………………………………… 39
シンボル ……………………………… 142, 145
信頼と服従 ………………………………… 6
人類学 ………………………………… 140, 150, 151
崇高 ……………………………………… 120
スマートフォン …………………………… 213
生 ……………………………… 44-48, 50-55, 57-59
政治的陶冶 …………………………… 79, 80, 82, 89
　　政治的陶冶論 …………………………… 85, 91
精神科学 ………………………………… 45, 57
精神科学的教育学 ……………… 55, 61, 80, 91
精神的母性 ……………………………… 39, 40
青年運動 …………………………………… 70
生の哲学 …………………… 44-47, 49-52, 54-56, 58, 59
　　生の哲学者 ……………………………… 46

事項索引　259

責任 ………………………… 101, 241, 242, 244
世代間継承 ………………………… 168, 169
絶対的自我 ………………………… 21
潜在的カリキュラム ………………………… 146
専門職 ………………………… 237
　教職の専門職化 ………………………… 236, 237
専門職倫理 ………………………… 237
　専門職倫理教育 ………………………… 237
戦略的行為 ………………………… 239
総合制中等学校 ………………………… 218
相互行為 ………………………… 102
相互主体 ………………………… 239
　相互主体の関係 ………………………… 100, 238
　相互主体的な関係 ………………………… 243
相互浸透 ………………………… 175, 177
ソーシャル・ネットワーク・サービス（SNS）
　………………………… 224
ソーシャルメディア ………………………… 224
存在論的転換 ………………………… 151

【タ行】

体験 ………………………… 159
対称的 ………………………… 242
大都市と精神生活 ………………………… 64
対話 ………………………… 101
他者 ………………………… 97, 240, 242
　他者性 ………………………… 98, 148
　他者論 ………………………… 240
誕生 ………………………… 118, 119, 121
注意深いまなざし ………………………… 25
中動態 ………………………… 135
超越 ………………………… 158
超人 ………………………… 58
直観 ………………………… 23
通過儀礼 ………………………… 149
ディオニュソス ………………………… 44, 56-58
ディプローム ………………………… 95
デジタル ………………………… v
　デジタル革命 ………………………… 61, 75

電子マネー化 ………………………… 75
展望 ………………………… 185
討議 ………………………… 239, 240
　討議的関係 ………………………… 239, 241, 242
　討議能力 ………………………… 243
　討議倫理学 ………………………… 238-243
道徳言語 ………………………… 245
道徳プラス ………………………… 196, 200, 203

【ナ行】

ナチスドイツ ………………………… 229
ナチズム ………………………… 228
生の事実 ………………………… 182
ナラティブ・ベイスト・メディスン ………………………… 137
ナルシシズム ………………………… 230
人間形成 ………………………… 140, 142, 143, 146-151
　変容の人間形成 ………………………… 149
人間形成論 ………………………… 152
　古典的な人間形成論 ………………………… 121
認知的予期 ………………………… 174

【ハ行】

パートナーシップ論 ………………………… 85, 88
パートナーシャフト的関係 ………………………… 7
パトス ………………………… 135, 239
母親的教育者 ………………………… 39, 41
ハビトゥス ………………………… 145
パフォーマンス ………………………… 144
非帰結主義と帰結主義 ………………………… 245
非合理 ………………………… 45, 46, 53
表象主義 ………………………… 246
非理性 ………………………… 45
ビルドゥング ………………………… iv, vi, 68
フェティシズム ………………………… 230
フェミニズム ………………………… 240
福島第一原子力発電所事故 ………………………… 224
服従 ………………………… 71
複数性 ………………………… 244
複線型 ………………………… 218

プログラミング ……………………213, 214
プログラム ……………………………173
不和としての教授 ………………………14
文化 ………………44, 45, 48, 50, 51, 53-55
　　客観的文化 ……………………………67
　　主観的文化 ……………………………67
　　文化の悲劇 ……………………………67
　　文化批判 …………………………55, 56
分有 ………………………119, 120, 124
ヘルメーネイア ………………………124
ベルリン大学 ……………………………62
弁証法 ……………………………120-123
変容 …………………144, 149, 150, 152
暴力 ……………………………………238
法令遵守 ………………………………243
ポスト・トゥルース …………………223
ポピュラー芸術 …………………217, 218
ボローニャ宣言 …………………………95
ホロコースト …………………………227

【マ行】

マギスター ……………………………95
マゾヒズム ……………………………230
全き家 …………………………………30
ミメーシス …………………………145, 146

民衆教育 ………………………………80
民主主義 ………………………………50
メディア ………………………………148
メディア教育 ……………………213, 218-220
メディア・リテラシー ………………228
　　メディア・リテラシー論 ……211, 216, 219, 220
モジュール ……………………………95
物語論 …………………………………121

【ヤ行】

役割 ……………………………………173
唯物論 …………………………………53, 59
養育 ……………………………………127

【ラ行】

リスク管理社会 ………………………v
理想的コミュニケーション共同体 ……116
リベラリズム …………………………113
倫理的関係 ………………………102, 104
類似性（アナロジー） ………………186
歴史 ……………………44-48, 50, 51, 54-56
歴史教育 …………………………80, 83
ロゴス ……………………134, 161, 239, 240
ロゴス的関係 …………………………242

人名索引

【ア行】

アーペル, K. -O. ……………………238, 240
アガンベン, G. ………………………………160
東浩紀 ……………………215, 216, 221
アドルノ, T. W. ………………………………223
アリストテレス ………………………………161
アレント, H. ……………………………………244
アンダーソン, B. ……………………………115
家永三郎 …………………………………………224
石牟礼道子 ……………………………………155
伊藤比呂美 ……………………………………157
今井康雄 …… 148, 211, 212, 214-216, 221, 222, 228
ウィトゲンシュタイン, L. ……… 147, 166, 170, 247
ヴィマー, M. ……………………………………98
ヴィルヘルム, T.(エティンガー) ……79, 85, 88
ヴェーニガー, E. ……79, 80, 82, 83, 85, 88, 89, 91
ウェーバー, M.(マックス) ……………………62
ウェーバー, M.(マリアンネ) …………………62
ヴュンシェ, K. ……………………………………8
ヴルフ, Ch. ………………………145, 146, 148
オークショット, M. ……………………………246

【カ行】

カールゼン, F. ……………………………………55
カント, I. ………………………23, 53, 54, 99, 231
ギーゼッケ, H. …………………………………7, 11
ギリガン, C. ……………………………………126
クーン, T. ………………………………………246
熊野純彦 …………………………………………118
クラフキ, W. ……………………………………80
クリック, B. ……………………………………201
ゲーテ, J. W. v. …………………………………128
ケルシェンシュタイナー, G. ……………………89
コーケモア, R. …………………………………142
小玉重夫 …………………………………………227
ゴフマン, E. ……………………………142, 143
小松左京 ……………………………………………ii
コラー, H. -Ch. …… 142, 145, 146, 149, 150, 152

【サ行】

ザルツマン, C. G. ………………………………70
ジェームズ, W. ……………………………………45
シェクナー, R. …………………………………144
シェリング, F. W. J. v. …………………………21
シャイベ, W. ……………………………………55
シュタイナー, R. ……………………………44, 51-58
シュプランガー, E. ………………………………80
シュラーダー=ブライマン, H. …………30, 37-41
シュライエルマッハー, F. D. E. ………………70
ショーペンハウアー, A. ………………45, 52, 54
シラー, J. C. F. v. ………………………………19
ジルー, H. ……………………………………214
ジンメル, G. ………………………………45, 61
ストライク, K. …………………………244-246

【タ行】

鶴見和子 …………………………………………155
ディルタイ, W. …………………45, 61, 62, 69, 79
デューイ, J. ………………………………88, 196

デランティ, G. ……………………………………115, 117
デリダ, J. ……………………………………………241

【ナ行】

仲正昌樹 ……………………………………………122
ニーチェ, F. …………………………………………44-58
ノール, H. ………i, vi, 3, 5, 51, 61, 69, 79, 80, 238

【ハ行】

ハーバーマス, J. …………116, 196, 204, 238, 240
バーリン, I. …………………………………………227
ハイデガー, M. ……………………………118, 233
バタイユ, G. A. M. V. ……………………………117
バッキンガム, D. ……………………………213, 214
原田実 ………………………………………………225
ハルトマン, K. R. E. v. ……………………………52
ビースタ, G. ………………………13, 14, 202, 205
ヒトラー, A. ………………………………………229
日比嘉高 ……………………………………………224
フィヒテ, J. G. ………………………………………19
ブーバー, M. ………………………………………70
プラトン ………………………………………18, 124
フリッシュアイゼン＝ケーラー, M. ………………70
フリットナー, W. ………………………………73, 80
ブルデュー, P. ……………………………………145
フレーベル, Fr. ……………………30-35, 37-41
フロイト, S. ………………………………………229
フンボルト, W. v. ……………………………145, 147
ヘーゲル, G. W. F. ………………45, 46, 47, 147, 230
ペスタロッチー, J. H. ………………………………70
ベルクソン, H. -L. …………………………………46

ヘルバルト, J. Fr. ……………………………18, 70
ホール, S. ……………………………………210, 217-222
ホフマン, D. …………………………………………80
ホワイト, H. ………………………………………227

【マ行】

マッシェライン, J. …………………………………98
松下良平 ……………………………………………228
マロツキー, W. ……………………………………142
宮澤康人 ……………………………………………4, 7
メイヤロフ, M. ………………………126, 135, 137
メンツェ, C. …………………………………………7
森田伸子 ……………………………………………227

【ヤ行】

矢野智司 ………………………212, 215, 216, 221
ヨナス, H. …………………………………241, 242

【ラ行】

ランシエール, J. ……………………………………164
リオタール, J. -F. …………………………………150
リット, Th. …………………………………74, 80
ルーマン, N. ……………………………………iv, 170
ルソー, J. J. ………………………………70, 86-88, 99
レッシグ, L. ………………………………215, 221
レンツェン, D. ……………………………………149
ローティ, R. ………………………………………246
ロールズ, J. ………………………………………245

【ワ行】

若林幹夫 ……………………………………………76

【執筆者紹介】肩書きの後の（　）は執筆担当、監修者・編者は奥付参照。

杉山　精一（すぎやま・せいいち）
　神戸市外国語大学准教授（第 2 章）
　名古屋市生まれ、広島大学大学院教育学研究科博士課程前期修了
　主要著作論文：『教育哲学の課題「教育の知とは何か」』（小笠原道雄編、福村出版、2015 年）、『道徳教育の可能性――徳は教えられるか』（小笠原道雄編、福村出版、2012 年）、『初期ヘルバルトの思想形成に関する研究』（風間書房、1996 年）

松村　納央子（まつむら・なおこ）
　山口学芸大学准教授（第 3 章）
　山口県生まれ、広島大学大学院教育学研究科博士課程後期単位取得退学
　主要著書論文：「フレーベルの自然観と数の教授との関連についての考察」（日本ペスタロッチー・フレーベル学会『人間教育の探求』28 号、2016 年）
　翻訳：『遊びが子どもを育てる――フレーベルの〈幼稚園〉と〈教育遊具〉』（M. ロックシュタイン著、小笠原道雄監訳、木内陽一と共訳、福村出版、2014 年）

諏訪　佳代（すわ・かよ）
　東京都立南多摩看護専門学校非常勤講師（第 3 章）
　鹿児島県生まれ、広島大学大学院教育学研究科博士課程後期修了
　主要著者論文：「栄養教諭教育実習の実態と課題：3 年間の実習指導を通して」（長尾綾子、木谷康子との共著、『滋賀短期大学研究紀要』第 39 号、2014 年）、「ヴィルヘルム帝政期ドイツにおける幼稚園教員養成に関する一考察――ペスタロッチー・フレーベルハウスを中心に」（『教育哲学研究』第 97 号、2008 年）

衛藤　吉則（えとう・よしのり）
　広島大学大学院文学研究科教授（第 4 章）
　福岡県生まれ、広島大学大学院教育学研究科博士課程単位取得退学
　主要著書論文：『シュタイナー教育思想の再構築――その学問としての妥当性を問う』（ナカニシヤ出版、2018 年）、『西晋一郎の思想――広島から「平和・和解」を問う』（広島大学出版会、2018 年）、『松本清張にみるノンフィクションとフィクションのはざま――「哲学館事件」『小説東京帝国大学』）を読み解く』（お茶の水書房、2015 年）

松原　岳行（まつばら・たけゆき）
　九州産業大学教授（第 4 章）
　愛知県生まれ、広島大学大学院教育学研究科博士後期課程修了
　主要著書論文：『新教職概論・改訂版』（赤星晋作編著、学文社、2014 年）、『道徳教育の可能性――徳は教えられるか』（小笠原道雄ほか編著、福村出版、2012 年）、『教育学におけるニーチェ受容史に関する研究――1890-1920 年代のドイツにおけるニーチェ解釈の変容』（風間書房、2011 年）

岡谷　英明（おかたに・ひであき）
　高知大学教育研究部人文社会科学系教育学部門教授（第 5 章）
　広島県生まれ、広島大学大学院教育学研究科博士課程後期満期退学
　主要著書論文：『学びを創る教育評価』（編著、あいり出版、2017 年）、『教育的思考の作法 5 教育哲学の課題「教育の知とは何か」――啓蒙・革新・実践』（共著、福村出版、2015 年、「生命と教育――ドイツにおける哲学的人間学を中心に」を担当）、『教育的思考の作法 4　道徳教育の可能性』（共著、福村出版、2012 年、「ゲーレンの道徳教育論」を担当）

渡邊　隆信（わたなべ・たかのぶ）
　神戸大学大学院人間発達環境学研究科教授（第 6 章）
　兵庫県生まれ、広島大学大学院教育学研究科博士課程単位取得退学
　主要著書論文：『ドイツ自由学校共同体の研究――オーデンヴァルト校の日常生活史』（風間書房、2016 年）、『教員養成と研修の高度化――教師教育モデルカリキュラムの開発にむけて』（名須川知子との共編著、ジアース教育新社、2014 年）、『教員養成スタンダードに基づく教員の質保証――学生の自己成長を促す全学的学習支援体制の構築』（別惣淳二との共編著、ジアース教育新社、2012 年）

田中　崇教（たなか・たかのり）
　広島文教女子大学人間科学部初等教育学科准教授（第 6 章）
　山口県生まれ、広島大学大学院教育学研究科博士課程退学
　主要著書論文：「平和（戦争）と教育学」『教育学概論』（小笠原道雄・森川直・坂越正樹編、福村出版、2008 年）

髙谷　亜由子（たかたに・あゆこ）
　文部科学省総合教育政策局調査企画課外国事情分析調査（コラム 1）
　大阪府生まれ、広島大学大学院教育学研究科教育科学専攻博士課程後期単位修得満期退学
　主要著書：文部科学省編『諸外国の教育動向 2017 年度版』（明石書店、2018 年）、児玉善仁、赤羽良一、岡山茂、川島啓二、木戸裕、斉藤泰雄、舘昭、立川明編集『大学事典』（平凡社、2018 年）、藤原文雄編『世界の学校と教職員の働き方――米・英・仏・独・中・韓との比較から考える日本の教職員の働き方改革』（学事出版、2018 年）、文部科学省編『世界の学校体系』（ぎょうせい、2017 年）

櫻井　佳樹（さくらい・よしき）
香川大学教育学部教授（第 7 章）
島根県に生まれ、山口県で育つ。広島大学大学院教育学研究科博士課程中退
主要著書論文：「ロマンチックラブからみたフンボルトの恋愛結婚と教養理念」（『教育哲学研究』第 118 号、2018 年）、「『教養』概念の比較思想史研究——教育学の基礎概念をめぐって」（小笠原道雄編『教育哲学の課題「教育の知とは何か」——啓蒙・革新・実践』福村出版、2015 年）、「近代西洋社会におけるマナーと社交性」（矢野智司編著『マナーと作法の人間学』東信堂、2014 年）

大関　達也（おおぜき・たつや）
兵庫教育大学大学院学校教育研究科准教授（第 7 章）
北海道生まれ、広島大学大学院教育学研究科博士課程修了
主要著書論文：「公共圏を形成するための教養教育——ガダマー解釈学の観点から」（日本ディルタイ協会『ディルタイ研究』第 29 号、2018 年）、「学習者の問いを喚起する教養教育の可能性——ガダマーの哲学的解釈学と一般教養論の検討から」（日本ディルタイ協会『ディルタイ研究』第 27 号、2016 年）

野平　慎二（のびら・しんじ）
愛知教育大学教育学部教授（第 8 章）
広島県生まれ、広島大学大学院教育学研究科博士課程単位取得退学
主要著書論文：『道徳授業が不安な先生のための特別の教科道徳入門』（共著、明治図書、2018 年）、『人間形成と承認——教育哲学の新たな展開』（共著、北大路書房、2014 年）、『ハーバーマスと教育』（世織書房、2007 年）

矢野　博史（やの・ひろし）
日本赤十字広島看護大学教授（第 9 章）
広島県生まれ、広島大学大学院教育学研究科博士課程単位取得退学
主要著書論文：『教育哲学の課題「教育の知とは何か」』（小笠原道雄他との共著、福村出版、2015 年）、『道徳教育指導論』（丸山恭司他との共著、協同出版、2014 年）、「『ずれ』と教育的コミュニケーション」（日本ヘルスコミュニケーション学会雑誌、2015 年）

藤川　信夫（ふじかわ・のぶお）
大阪大学大学院人間科学研究科教授（第 10 章）
福岡県生まれ、広島大学大学院教育学研究科博士課程単位取得退学
主要著書論文：『人生の調律師たち——動的ドラマトゥルギーの展開』（編著、春風社、2017 年）、『教育／福祉という舞台——動的ドラマトゥルギーの試み』（編著、大阪大学出版会、2014 年）、『教育学における優生思想の展開——歴史と展望』（編著、勉誠出版、2008 年）、『教育学における神話学的方法の研究——教育の神話学のための基礎理論とわが国の「一人前」観念の神話学的探求』（風間書房、1998 年）

奥野　佐矢子（おくの・さやこ）
神戸女学院大学文学部総合文化学科准教授（第11章）
兵庫県生まれ、広島大学大学院教育学研究科博士課程単位取得退学
主要著書論文：『ダイバーシティ時代の教育の原理――多様性と新たなるつながりの地平へ』（共著、学文社、2018年）、『やさしく学ぶ道徳教育――理論と方法』（共著、ミネルヴァ書房、2016年）、『旅する（日常を拓く知5）』（共著、世界思想社、2015年）

寺岡　聖豪（てらおか・せいごう）
福岡教育大学教育学部教授（コラム2）
兵庫県生まれ、広島大学大学院教育学研究科博士課程単位修得退学
主要著書論文：「第22章　教育と平和――被爆体験の継承」（小笠原道雄編『教育哲学の課題「教育の知とは何か」――啓蒙・革新・実践――』福村出版、2015年）、「10　山下徳治とペスタロッチー」（浜田栄夫編『ペスタロッチー・フレーベルと日本の近代教育』、玉川大学出版部、2009年）

鈴木　篤（すずき・あつし）
大分大学教育学部准教授（第12章）
岡山県生まれ、広島大学大学院教育学研究科博士課程修了
主要著書論文：「Wissenstransfer durch staatliche Stipendiaten in Japan vor 1920. Ihre ambivalente Auseinandersetzung mit der deutschen Erziehungswissenschaft」（『Jahrbuch für Historische Bildungsforschung』第15号、2010年）、「一九二〇年代ドイツ「教育の限界論争」の再検討――S・ベルンフェルトの議論を中心に」（『教育哲学研究』第100号、2009年）

平田　仁胤（ひらた・よしつぐ）
岡山大学大学院教育学研究科准教授（第12章）
広島県生まれ、広島大学大学院教育学研究科教育人間科学専攻博士課程修了
主要著書論文：『ウィトゲンシュタインと教育――言語ゲームにおける生成と変容のダイナミズム』（大学教育出版、2013年）、「新しい世界に出会うための教育の技法――ウィトゲンシュタインの蝶番命題が示唆するもの」（『これからのウィトゲンシュタイン――刷新と応用のための14篇』リベルタス出版、2016年）

杉田　浩崇（すぎた・ひろたか）
愛媛大学教育学部准教授（第12章）
滋賀県生まれ、広島大学大学院教育学研究科博士課程後期修了
主要著書論文：『子どもの内面とは何か――言語ゲームから見た他者理解とコミュニケーション』（春風社、2017年）、「エビデンスに応答する教師に求められる倫理的資質」（『教育学研究』第82巻第2号、2015年）、「道徳教育における『規則のパラドクス』の射程」（『教育哲学研究』第112号、2015年）

小川　哲哉（おがわ・てつや）

　茨城大学教育学部教授（第13章）
　北海道生まれ、広島大学大学院教育学研究科博士課程後期修了
　主要著作論文：『主体的・対話的な〈学び〉の理論と実践――「自律」と「自立」を目指す教育』（青簡舎、2018年）、『フリットナー民衆教育思想の研究――ドイツ青年運動から民衆教育運動へ』（青簡舎、2008年）

上地　完治（うえち・かんじ）

　琉球大学教育学部教授（第13章）
　沖縄県生まれ、広島大学大学院教育学研究科博士課程単位取得退学
　主要著書論文：『子どもを学びの主体として育てる』（守屋淳ほかとの共編著、ぎょうせい、2014年）、『道徳科Q&Aハンドブック』（毛内嘉威ほかとの共編著、日本教育新聞社、2018年）、「討議倫理学における『合意』の意義」（渡邉満・押谷由夫・渡邊隆信・小川哲哉編『「特別の教科　道徳」が担うグローバル化時代の道徳教育』北大路書房、2016年）

小林　万里子（こばやし・まりこ）

　岡山大学大学院教育学研究科准教授（第13章）
　京都府生まれ、広島大学大学院教育学研究科博士課程後期単位取得退学
　主要著書論文：「教員養成に対する教育哲学の思考スタイルの変遷」（岡部美香・日暮トモ子・藤井佳世との共著、教育哲学会『教育哲学研究』第100号、2009年）、「子どもの主体的な道徳学習の構想」（渡邉満・押谷由夫・渡邊隆信・小川哲哉編『「特別の教科　道徳」が担うグローバル化時代の道徳教育』北大路書房、2016年）

時津　啓（ときつ・けい）

　広島文化学園学芸学部子ども学科教授（第14章）
　長崎県生まれ、広島大学大学院教育学研究科博士課程単位取得退学
　主要著書論文：「マスメディアの拘束に対するメディア教育の可能性について――D.バッキンガムのメディア教育を中心に」（教育哲学会『教育哲学研究』105号、2012年）、「D.バッキンガムにおける抑圧／自律の二元論とその学校教育論としての可能性――L.マスターマンのメディア教育論との比較から」（カルチュラル・スタディーズ学会『年報カルチュラル・スタディーズ』5号、2017年）

白銀　夏樹（しろかね・なつき）

　関西学院大学教職教育研究センター准教授（第15章）
　広島県生まれ、広島大学大学院教育学研究科博士課程単位取得退学
　主要著書論文：「テオドール・W・アドルノの教育思想」（広島大学大学院教育学研究科提出博士論文）、「アドルノの教育思想――自然と啓蒙の概念をめぐって」（教育思想史学会『近代教育フォーラム』第26号、2017年）、「道徳教育における自律という課題――アドルノにおける道徳哲学と教育」（教育哲学会『教育哲学研究』第112号、2015年）

丸橋　静香（まるはし・しずか）
島根大学大学院教育学研究科教授（第 16 章）
長崎市生まれ、広島大学大学院教育学研究科博士課程後期単位取得満期退学
主要論文：「K. -O. アーペルの討議倫理学における『共同責任』概念の教育学的意義：H・ヨナスの責任原理への批判的応答の検討をとおして」（『教育哲学研究』第 113 号、2016 年）、「J・ハーバーマスのコミュニケーション的行為の理論に基づく話し合い活動の充実方策：ハーバーマスにおけるオースティン言語行為論受容の批判的検討を通して」（『教育臨床総合研究』（島根大学教育学部附属教育支援センター）第 14 巻、2015 年）

塩津　英樹（しおづ・ひでき）
島根大学教育学部附属教師教育研究センター准教授（コラム 3）
和歌山県生まれ、広島大学大学院教育学研究科博士課程単位取得退学
主要著書論文：「J. H. カンペによる「実践的教育者の会」設立過程に関する考察」（『島根大学教育学部紀要』第 49 巻、2015 年）、「汎愛派の「人間」と「市民」に関する一考察──『エミール』注釈を手がかりに」（『人間教育の探究』第 21 号、2009 年）

【監修者】

坂越　正樹（さかこし・まさき）　広島大学大学院教育学研究科教授（第1章）
兵庫県生まれ、広島大学大学院教育学研究科博士課程単位取得退学
主要著書論文：『ヘルマン・ノール教育学の研究―改革教育学運動からナチズムへの軌跡―』（風間書房、2001年）、Pädagogik im Militarismus und im Nationalsozialismus － Japan und Deutschland im Vergleich.（Julius Klinkhardt, Germany　K.-P. Horn, M.Ogasawara ほかと共編著、2006年）

【編　者】

丸山　恭司（まるやま・やすし）　広島大学大学院教育学研究科教授（第16章、おわりに）
広島県生まれ、フロリダ州立大学大学院教育学研究科修了
主要著書論文：『応用倫理学講義6　教育』（共著、岩波書店、2005年）、『道徳教育指導論』（編著、協同出版、2014年）、"Ethics Education for Professionals in Japan: A Critical Review"（共著、in Educational Philosophy and Theory, vol. 42, no. 4, 2010）、A Companion to Wittgenstein on Education（共著、Springer, 2017）

山名　淳（やまな・じゅん）　東京大学大学院教育学研究科教授（はじめに、第5章）
鳥取県生まれ、広島大学大学院教育学研究科博士課程単位取得退学
主要著書論文：『災害と厄災の記憶を伝える――教育学は何ができるか』（矢野智司との共編著、勁草書房、2017年）、『都市とアーキテクチャの教育思想』（勁草書房、2015年）、『「もじゃぺー」に〈しつけ〉を学ぶ』（東京学芸大学出版会、2012年）

教育的関係の解釈学　　　　　　　　　　　　　　　　　　　〔検印省略〕

2019年3月20日　初　版　第1刷発行　　　＊定価はカバーに表示してあります。
2019年5月10日　初　版　第2刷発行

監修 © 坂越正樹　　発行者　下田勝司　　　印刷・製本／中央精版印刷株式会社

東京都文京区向丘 1-20-6　郵便振替 00110-6-37828
〒113-0023　TEL 03-3818-5521（代）FAX 03-3818-5514
　　　　　　　　発行所　株式会社 東信堂
Published by TOSHINDO PUBLISHING CO., LTD.
1-20-6, Mukougaoka, Bunkyo-ku, Tokyo, 113-0023 Japan
E-Mail：tk203444@fsinet.or.jp　http://www.toshindo-pub.com

ISBN978-4-7989-1549-4　C3037　©SAKAKOSHI Masaki

東信堂

いま、教育と教育学を問い直す――教育哲学は何を究明し、何を展望するか	森田尚人 編著	三三〇〇円
教育的関係の解釈学	坂越正樹監修 松浦良充	三二〇〇円
教員養成を哲学する――教育哲学に何ができるか	林 泰成・山名 淳・下司 晶・古屋恵太 編著	四二〇〇円
大学教育の臨床的研究――臨床的人間形成論第1部	田中毎実	二八〇〇円
臨床的人間形成論の構築――臨床的人間形成論第2部	田中毎実	二八〇〇円
人格形成概念の誕生――近代アメリカ教育概念史	田中智志	三六〇〇円
社会性概念の構築――アメリカ進歩主義教育の概念史	田中智志	三八〇〇円
空間と時間の教育史――アメリカの学校建築と授業時間割からみる教育における個性尊重は何を意味してきたか	宮本健市郎	三九〇〇円
アメリカ進歩主義教授理論の形成過程――書き換えられた教育の原理	宮本健市郎	七〇〇〇円
ネオリベラル期教育の思想と構造	福田誠治	六二〇〇円
マナーと作法の社会学	加野芳正 編著	二四〇〇円
マナーと作法の人間学	矢野智司 編著	二〇〇〇円
学びを支える活動へ――存在論の深みから	田中智志 編著	二〇〇〇円
グローバルな学びへ――協同と刷新の教育	田中智志 編著	二四〇〇円
子どもが生きられる空間――生・経験・意味生成	高橋 勝	二四〇〇円
流動する生の自己生成――教育人間学の視界	高橋 勝	二四〇〇円
子ども・若者の自己形成空間――教育人間学の視線から	高橋 勝 編著	二七〇〇円
文化変容のなかの子ども――経験・他者・関係性	高橋 勝	二三〇〇円
アメリカ 間違いがまかり通っている時代――公立学校の企業型改革への批判と解決法	D・ラヴィッチ著 末藤美津子訳	三八〇〇円
教育による社会的正義の実現――アメリカの挑戦(1945-1980)	D・ラヴィッチ著 末藤美津子訳	五六〇〇円
学校改革抗争の100年――20世紀アメリカ教育史	D・ラヴィッチ著 末藤・宮本・佐藤訳	六四〇〇円
アメリカ公立学校の社会史――コモンスクールからNCLB法まで	W・J・リース著 小川佳万・浅沼茂監訳	四六〇〇円
[コメニウスセレクション]		
地上の迷宮と心の楽園	J・コメニウス 藤田輝夫訳	三六〇〇円
パンパイデイア――生涯にわたる教育の改善	J・コメニウス 太田光一訳	五八〇〇円
覚醒から光へ――学問、宗教、政治の改善	J・コメニウス 太田光一訳	四六〇〇円

〒113-0023　東京都文京区向丘1-20-6　TEL 03-3818-5521　FAX 03-3818-5514　振替 00110-6-37828
Email tk203444@fsinet.or.jp　URL:http://www.toshindo-pub.com/
※定価：表示価格（本体）＋税

東信堂

放送大学に学んで——未来を拓く学びの軌跡	放送大学中国・四国ブロック学習センター編	二〇〇〇円
ソーシャルキャピタルと生涯学習	J・フィールド 矢野裕俊監訳	二五〇〇円
成人教育の社会学——パワー・アート・ライフコース	高橋満編著	三二〇〇円
NPOの公共性と生涯学習のガバナンス	高橋満	二八〇〇円
コミュニティワークの教育的実践	高橋満	二〇〇〇円
学級規模と指導方法の社会学——実態と教育効果	山崎博敏	三二〇〇円
高等専修学校における適応と進路——後期中等教育のセーフティネット	伊藤秀樹	四六〇〇円
「夢追い」型進路形成の功罪——高校改革の社会学	荒川葉	二八〇〇円
進路形成に対する「在り方生き方指導」の功罪——高校進路指導の社会学	望月由起	三六〇〇円
教育から職業へのトランジション——若者の就労と進路職業選択の社会学	山内乾史編著	二六〇〇円
教育と不平等の社会理論——再生産論をこえて	小内透	三二〇〇円
マナーと作法の社会学	矢野智司編著	二〇〇〇円
マナーと作法の人間学	加野芳正編著	二四〇〇円
〈シリーズ 日本の教育を問いなおす〉		
拡大する社会格差に挑む教育	西村和雄・大森不二雄・倉元直樹・木村拓也編	二四〇〇円
混迷する評価の時代——教育評価を根底から問う	西村和雄・大森不二雄・倉元直樹・木村拓也編	二四〇〇円
教育における評価とモラル	西村和雄・大森不二雄・倉元直樹・木村拓也編	二四〇〇円
〈大転換期と教育社会構造：地域社会変革の学習社会論的考察〉 西村和雄編		
第1巻 教育社会史——日本とイタリアと	小林甫	七八〇〇円
第2巻 現代的教養Ⅰ——生活者生涯学習の地域的展開	小林甫	六八〇〇円
第3巻 現代的教養Ⅱ——技術者生涯学習の生成と展望	小林甫	六八〇〇円
第3巻 学習力変革——地域自治と社会構築	小林甫	近刊
第4巻 社会共生力——東アジアと成人学習	小林甫	近刊

〒113-0023 東京都文京区向丘1-20-6
TEL 03-3818-5521 FAX 03-3818-5514 振替 00110-6-37828
Email tk203444@fsinet.or.jp URL:http://www.toshindo-pub.com/

※定価：表示価格（本体）＋税

東信堂

溝上慎一監修 アクティブラーニング・シリーズ（全7巻）

① アクティブラーニングの技法・授業デザイン 安永 悟 編 一六〇〇円
② アクティブラーニングとしてのPBLと探究的な学習 松下佳代 編 一八〇〇円
③ アクティブラーニングの評価 石井英真 編 一六〇〇円
④ 高等学校におけるアクティブラーニング：理論編（改訂版） 成田秀夫 編 一六〇〇円
⑤ 高等学校におけるアクティブラーニング：事例編 溝上慎一 編 一六〇〇円
⑥ アクティブラーニングをどう始めるか 成田秀夫 一六〇〇円
⑦ 失敗事例から学ぶ大学でのアクティブラーニング 亀倉正彦 一六〇〇円

学びと成長の講話シリーズ

① アクティブラーニング型授業の基本形と生徒の身体性 溝上慎一 二八〇〇円
② 学習とパーソナリティ——「あの子はおとなしいけど成績はいいんですよね」をどう見るか 溝上慎一 一六〇〇円

大学生白書2018
——今の大学教育では学生を変えられない 溝上慎一 二四〇〇円

アクティブラーニングと教授学習パラダイムの転換 溝上慎一 三八〇〇円

グローバル社会における日本の大学教育
——全国大学調査からみえてきた現状と課題 河合塾編著 三二〇〇円

大学のアクティブラーニング
——全国大学調査からみえてきた現状と課題 河合塾編著 二〇〇〇円

「学び」の質を保証するアクティブラーニング
——3年間の全国大学調査から 河合塾編著 二八〇〇円

「深い学び」につながるアクティブラーニング
——全国大学の学科調査報告とカリキュラム設計の課題 河合塾編 二八〇〇円

アクティブラーニングでなぜ学生が成長するのか
——経済系・工学系の全国大学調査からみえてきたこと 河合塾編著 二〇〇〇円

附属新潟中式「3つの重点」を生かした確かな学びを促す授業
——教科独自の眼鏡を育むことが「主体的・対話的で深い学び」の鍵となる！ 新潟大学教育学部附属新潟中学校 編著 二〇〇〇円

社会に通用する持続可能なアクティブラーニング
——ICEモデルが大学と社会をつなぐ 土持ゲーリー法一 二五〇〇円

ポートフォリオが日本の大学を変える
——ティーチング／アカデミック・ポートフォリオの活用 土持ゲーリー法一 二五〇〇円

ティーチング・ポートフォリオ——授業改善の秘訣 土持ゲーリー法一 二〇〇〇円

ラーニング・ポートフォリオ——学習改善の秘訣 土持ゲーリー法一 二五〇〇円

〒113-0023　東京都文京区向丘1-20-6
TEL 03-3818-5521　FAX 03-3818-5514
Email tk203444@fsinet.or.jp　振替 00110-6-37828　URL:http://www.toshindo-pub.com/

※定価：表示価格（本体）＋税